全国教育科学"十一五"规划 2009 年度国家一般课题

课题名称：网络环境下"双师型"师资培训模式创新研究

课题项目号：BCA090077

网络环境下
职业教育教师培训模式实践研究

主　编　袁南辉
副主编　赵　玉　周元春　赵剑冬

暨南大学出版社
JINAN UNIVERSITY PRESS

中国·广州

图书在版编目（CIP）数据

网络环境下职业教育教师培训模式实践研究/袁南辉主编；赵玉，周元春，赵剑冬副主编 . —广州：暨南大学出版社，2014.9
ISBN 978 - 7 - 5668 - 1278 - 0

Ⅰ.①网⋯ Ⅱ.①袁⋯ ②赵⋯ ③周⋯ ④赵⋯ Ⅲ.①互联网络—应用—职业教育—老师—师资培训—研究 Ⅳ.①G715.39

中国版本图书馆 CIP 数据核字（2014）第 275137 号

出版发行：暨南大学出版社

地　址：	中国广州暨南大学	
电　话：	总编室（8620）85221601	
	营销部（8620）85225284　85228291　85228292（邮购）	
传　真：	（8620）85221583（办公室）　85223774（营销部）	
邮　编：	510630	
网　址：	http：//www.jnupress.com　http：//press.jnu.edu.cn	

排　版：广州市天河星辰文化发展部照排中心
印　刷：佛山市浩文彩色印刷有限公司

开　本：787mm×1092mm　1/16
印　张：16.75
字　数：291 千
版　次：2014 年 9 月第 1 版
印　次：2014 年 9 月第 1 次

定　价：42.00 元

（暨大版图书如有印装质量问题，请与出版社总编室联系调换）

内容提要

本书是教育科学"十一五"规划项目国家一般课题"网络环境下'双师型'师资培训模式创新研究"的成果之一。

本书从理论研究入手，阐述了信息时代职业教育教师面临的挑战、信息技术支持下的职业教育教师专业发展、网络环境下职业教育教师培训模式的变革；应用基于网络环境的职业教育教师培训模式实践研究的基础理论，探索了网络环境下职业教育教师培训模式的构建；开展了基于案例分析的自主学习培训模式研究、基于网络的小组协作学习培训模式研究、基于虚拟情境的探究学习培训模式研究、网络环境下职教师资"双师型"能力提升的应用研究以及未来的网络学习环境研究；详述了职教师资网络学习平台的设计与开发的原理、方法。

本书结合实际探讨了网络化"双师型"师资培训模式的创新与实践、网络化职业教育实践教学的学习与训练、师范技能训练与职业道德品质的远程教学等实践案例。

本书理论与实践并重，提出了许多新的理论与具体方法，提供的很多案例都具有一定的借鉴意义，既为从事职业教育的一线教师、设计人员提供了网络环境下的教学方式方法和设计思路，也为职教师资提供了网络环境下教学与实践能力提升的具体形式、内容。

前　言

　　一直以来，我国政府及相关部门都十分重视提高不同类别、不同层次的教师队伍的整体水平。尤其是 20 世纪之后，随着计算机技术和网络技术的普及，各种远程化、网络化的教师培训都在有计划地实施。近年来，在网络环境下开展的"双师型"教师培训发展很快，模式创新，形式多样。本书是教育科学"十一五"规划项目国家一般课题"网络环境下'双师型'师资培训模式创新研究"的成果之一。该课题在总结和分析国内外"双师型"师资培训模式的基础上，根据"双师型"教师的基本职能和实践教学的实际需求，一方面应用所建设的"双师型"师资培训平台为教师的教学与实践能力提升提供服务与帮助；另一方面针对培训平台具体的建设、网络化的培训模式、培训的方式与方法、培训方案、培训质量等展开研究。

　　本书所做的理论研究有以下几方面：①阐述信息时代职业教育教师面临的挑战、信息技术支持下的职业教育教师专业发展、网络环境下职业教育教师培训模式的变革。②分析基于网络环境的职业教育教师培训模式实践研究的理论基础，主要包括：职业教育理论、教学系统设计理论、教师专业发展理论、建构主义学习理论。③探索基于网络环境的职业教育教师培训模式构建，开展基于案例分析的自主学习培训模式研究、基于网络的小组协作学习培训模式研究、基于虚拟情境的探究学习培训模式研究。④进行职教师资网络学习平台的设计与开发。⑤开展网络环境下职教师资"双师型"能力提升的应用研究。

　　本书在相关实践方面也进行了分析与研究，主要包括：①通过设计适合于网络环境的师资培训新模式（如基于虚拟情境的探究式学习、基于案例分析的自主学习、基于网络的小组协作学习、基于案例推理的职业院校教师继续教育培训模式研究、基于远程视频再现的播放与点评及抛锚式学习等），开展网络化"双师型"师资培训模式的创新与实践。②通过建立体现职业教育特色的实践教学方法与教学设计训练模块，开展网络化职教实践教学与设计的学习与训练。③通过建立基于案例教学与分析、远程视频参与的师范技能训练模块，实现师范技能训练的远程教学。④通过设计与实践基于虚拟情景、虚拟操作及远程控制的专业工种技能以及建设职业技能训练资源库，初步实现某些专业工种的远程虚拟操作和远程控制操作训练。

　　本书由广东技术师范学院袁南辉老师担任主编，并对全书进行修订与统稿。各章节内容主要由赵玉、周元春、赵剑冬、金涛、张进等老师编写。

　　尽管本书在编写过程中作者已尽最大努力，但是限于时间和水平，疏漏或不妥之处在所难免，希望专家和读者不吝指正。

编　者
2014 年 8 月

目　录

第一章　绪　论

《国家中长期教育改革和发展规划纲要（2010—2020 年）》明确指出要大力发展职业教育，把提高职业教育质量作为重点，以服务为宗旨，以就业为导向，推进教育教学改革；实行工学结合、校企合作、顶岗实习的人才培养模式；加强"双师型"教师队伍和实训基地建设，提升职业教育基础能力，建立健全政府主导、行业指导、企业参与的办学机制，鼓励行业组织、企业举办职业学校，鼓励委托职业学校进行职工培训。针对发展职业教育这一使命，《教育部关于推进中等和高等职业教育协调发展的指导意见》（教职成〔2011〕9 号）中指明，职业院校要适应区域产业需求，明晰人才培养目标；紧贴产业转型升级，优化专业结构布局；深化专业教学改革，创新课程体系和教材；强化学生素质培养，改进教育教学过程；改造提升传统教学，加快信息技术应用；改革招生考试制度，拓宽人才成长途径；坚持以能力为核心，推进评价模式改革；加强师资队伍建设，注重教师培养培训；推进产教合作对接，强化行业指导作用；发挥技工学校作用，促进校企深度合作。《国务院关于大力发展职业教育的决定》中明确提出"坚持以服务为宗旨、以就业为导向、以能力为本位、以学生为主体的职业教育办学方针，深化职业教育教学改革"，促进人才培养模式的改革创新，提高学生的综合素质和职业能力，使中等职业教育更好地适应社会经济发展对高素质劳动者和技能型人才培养的要求。

由此可见，职业教育与普通教育有着明显的区别，表现出了自身鲜明的特点。职业教育是以服务为宗旨、以就业为导向的教育，它与普通教育或者高等教育相比最大的不同点在于它所开设的专业具有鲜明的职业属性。因此，职业教育的专业教育必须建立在职业属性的基础上。

另外，职业教育还在教学各环节中表现出一些独有的特性：第一，有较强专业性，培养技术技能型人才是其目标。职业教育的专业指向比较明确，是根据某一职业领域或岗位群对从业者的知识和技能要求而进行的专业教育，以培养技术技能型人才为目标。第二，有明确的就业岗位趋向，是以能力为本位的教育。职业教育是职业对口性很强的一种技能技术教育，主要是偏重理论的应用、实践技能和实际工作能力的培养。根据社会的职业岗位设置专业，以岗位能力要素为核心设置课程。第三，办学具有开放性和灵活性，能适应经济社会发展需要。职业教育具有开放性和灵活性的特点，它与企业紧密联系，在课程设置与教学计划方面都与企业的生产实践有关。第四，教学内容体现现代性、实用性和针对性。职业教育培养的是从事生产、技术、管理、服务等一线的技能型人才，这使得职业教育具有鲜明的时代特色，职业教育必须关注生产技术和生产工艺等方面的发展，从而调整课程设置、教学内容与教学计划，突出新知识、新技术及新工艺的学习。第五，突出区域性，为区域经济、社会发展培养人才。职业教育的办学和管理与社会紧密关联，这表明，职业教育对区域经济发展具有推动作用，同时职业教育发展也必须以区域经济社会发展为支撑，加强校企合作，探索共建教学实习基地，提高职业学校办学的社会效益和经济效益。①

《国家中长期教育改革和发展规划纲要（2010—2020 年)》提出，政府要切实履行发展职业教育的职责，把提高质量作为重点，以表达政府发展职业教育的信念和决心。教育发展的主体是教师，要实现这一宏伟而远大的目标重点就在于职业院校教师的质量。努力造就一支师德高尚、业务精湛、结构合理、充满活力的高素质专业化教师队伍是教育规划纲要中对加强教师队伍建设所提出的目标，是实现未来十年教育蓝图的一项重要保障措施。职业教育的专业教学总是与职业领域的工作过程紧密相连，这就要求从事职业教育的教师要有独特的视野，不仅要具备职业教育教学的能力、广博的专业理论素养和智能结构，而且还应具有随着社会产业结构和技术水准变化而不断更新的行业技能。2009 年 9 月欧洲职业培训发展中心（CEDEFOP）发布了职业教育教师能力标准，这一标准明确指出职业教育教师的四个核心能力领域，即管理、培训、发展与质量保证以及工作关系网构建。在管理方面，职业教育教师能承担管理工作，包括组织和计划、项目管理等方面。在培训方面，职业教育教师日益扮演着学习促进者的角色，需更多地关注学习过程或学习事件以及个体学习者的需求，能对学生的学习进行计划、促进和评估。在发展与质量保证方面，职业教育教师能促进自身的专业发展，促进组织的发展，提升组织的运作绩效。在工作关

---

① 周汝德. 浅论职业教育的特点与教学方法. 农业教育研究，2010，12（4)：12～14.

系网构建方面，职业教育教师除了能在学校内参与教育教学改革、团队建设与合作，还能跟社会、企业建立合作关系。

随着职业教育事业的蓬勃发展，职业教育教师面临着一系列的挑战，如：实践教学模式较难适应当今社会经济发展对技能型人才的需求；课程教学内容的设置没有紧跟技术进步的节奏；教师的职业技能缺乏，自身动手能力不强，职业教育中培养技能型人才的目标在实际教学中难以实现。产生这些困境的原因有：第一，职业教育教师学历结构和知识结构跟不上教师专业化需要，从教能力与研究能力不足。从整体上看，职业院校教师在一些基本要求上，如学历结构等问题很突出，拥有博士、硕士学位的教师所占比例都离教育部的规定存在着差距。另一方面，职业院校教师缺乏相应的教育科学方面知识，教学能力亟待提高，课堂的掌控能力、课堂情境知识和教学监控能力等方面离教师专业化仍有较大差距，而在科研能力上，职业院校教师则更显不足，由于缺乏相应的科研条件，学校也没有浓厚的学术氛围，教师开展科研活动的意识普遍较弱，这远远不能适应当前职业教育改革和发展的需要。第二，职业教育教师专业技术素质相对落后。职业教育教学本质的特征，必定要求职业院校教师在具备一定的理论知识之外，还要掌握相关专业的操作技术技能，能够亲自给学生进行实际操作演示。但是，在职业学校中，既能够将理论教学演绎得精彩纷呈，又能在实际操作中得心应手的老师实在太少，于是就催生了职业教育对"双师型"教师的呼唤。[①]

学习型社会倡导终身学习、终身教育的理念，职业教育的发展以及职业教育教师个人的发展要求职业教育教师必须走专业化发展之路。职业教育教师专业发展不再局限于教师在职进修活动，而扩展到教师职前、职后以及贯穿职业生涯始终的专业化过程。伴随全球教师教育改革研究与教师发展专业化的时代浪潮，教师专业发展已成为时代发展的必然。加之，我们正大力发展职业教育，以师资队伍建设为核心对职业教育进行改革，以实现职业教育可持续、内涵式发展。只有加强职业教育教师的专业化发展，大力提高职业教育教师的专业素质，才能打造高质量的职业教育品牌。随着网络技术和多媒体技术的发展，网络走进教育，学生成为学习的真正主人，自己寻找、选择、获取、运用知识已成为趋势，而教师作为知

---

① 唐智彬. 职业教育教师专业化的困境与出路——教师教育角度的考察. 湖南农业大学硕士学位论文，2007. 18.

识传授者的权威角色面临挑战。在这种新形势下，职业教育教师如何获得自身的专业化发展？探索网络环境下职业教育教师培训模式是关键。

基于网络的职业教育教师培训可以扩大传播的范围，且能提高培训的效率。在国外，基于网络的职业教育教师培训已经开展了较长一段时间，他们都从本国的实际情况出发，做了各个方面的研究与探索。我国在《教育部关于推进教师教育信息化建设的意见》等文件中明确指出：利用计算机网络等多媒体手段，可以保证培训质量，进而提高培训效益。网络不仅仅是职业教育教师培训的工具，同时也是培训的环境，在这个大环境下，由于教学过程中的各因素都在不断改变，因此培训的内容与形式都在不断发展与完善。

培训内容由静止向动态生成转变。网络时代，信息多种多样，人们获取信息的渠道也十分繁多，参与职业教育教师培训的受训者可以根据自己的需求通过不同渠道获得知识，这与传统培训中教师只能通过统一教材而获得知识的学习效果是不一样的。基于网络的职业教育教师培训的内容不局限于培训教材，能体现当今教育及经济社会的发展动态，对职业教育教师个体的发展有较大价值。参训教师通过对这些动态生成性的培训内容进行积累与扩展，可形成满足教师专业发展需求的信息资源库，进而促进教师的专业化发展。

培训形式由单一的授课方式向多样化发展。传统的职业教育教师培训的目标是要求参训教师掌握固定的知识与技能，并达到统一要求与标准。这种统一的培训目标不能兼顾到职业教育教师个体的内在需求，忽略了职业教育教师的个性发展。基于网络的职业教育教师培训从个性发展的内在要求出发，以十分丰富的网络资源为支持，为参训教师提供专业发展所需要的各种内容。在网络环境下，职业教育教师可选择多种多样的学习形式，按照自己的学习兴趣和需要选择适合自身发展的培训形式与途径；此时，参训教师已不再处于被动接受的地位，成了主动接受培训的学习者，他们可以选择合适的培训形式去获取知识与技能，自己制订学习计划，自由选择培训课件、方式和内容，充分体验、讨论、分析、实践、演练和研究。①

---

① 赵磊. 网络环境下促进教师专业发展的培训模式研究. 东北师范大学硕士学位论文，2011. 2 ~ 3.

第一节 信息时代职业教育教师面临的挑战

《国家中长期教育改革和发展规划纲要（2010—2020 年)》提出了加强职业院校教师队伍建设的目标：努力造就一支师德高尚、业务精湛、结构合理、充满活力的高素质专业化教师队伍。职业教育教师专业成长是一个职业教育教师从非专业或半专业人员向专业人员转变的过程，也是职业教育教师职业化的过程。提高职业院校教师业务水平，使其成为业务精湛的教师这一目标的重点体现为着力打造"双师型"的教师。"双师型"的教师是职业院校教师专业发展的一个必然方向，也是职业院校教师的特色所在。目前，许多职业院校的教师大多是从普通教育转型而来，缺乏职业教育观念和教学经验，尤其是随着近几年职业教育的快速发展，大批刚从师范院校和综合性大学毕业的年轻教师加入到职业教育教师队伍中来，他们缺乏足够的教育经验，驾驭职业教育的能力不强，主要体现在专业实践能力不够、不了解职业教育教学模式，导致职业教育失去其应有的特点。

在经济全球化、社会迅速发展的信息时代里，职业教育教师面临着新的机遇和新的挑战。职业教育的目标是培养与我国社会主义现代化建设要求相适应的，掌握了本专业必备的基础理论和专门知识，具有从事本专业实际工作的全面素质和综合职业能力，能够在生产、建设、管理、服务第一线工作的技术应用型人才。然而，目前绝大多数职业院校沿用的人才培养模式已远不能适应我国经济、社会的发展趋势。学科型教育的基础课、专业基础课、专业课的"老三段"课程设置模式，认知实习、课程实习、专业实习的"三层楼"式实践教学模式都无法培养出适应社会经济发展的技能型人才。围绕着重点培养学生实际动手能力和创新能力这一核心，课程设置模式和实践教学模式都必须加以大力改进。教师作为教学中的重要角色，在人才培养的环节中发挥着至关重要的作用，他们必须在新形势下迎接挑战，获得自身专业化发展，以适应职业教育发展的根本要求。

信息时代对职业教育教师的知识与能力提出了新的要求。例如，在知识方面，职业教育教师需具备科学文化知识、专业知识、教育理论知识等；在能力方面，职业教育教师需具备职业教育理念与教学技能、教学任务转移能力、课程开发能力、信息处理能力、动手操作能力、技术推广能力、专业技能、教育科研能力等。

一、信息时代对中等职业学校教师的知识要求

1. 科学文化方面

职业教育教师应具备基础的人文、社会科学知识和科学的世界观、方法论，这些知识有助于职业教育教师跨学科地移植概念和方法，并培养学生创造性地解决问题的能力。

2. 专业方面

职业教育教师需具备四个方面的知识：针对大类专业（职业岗位群）所必需的通用专业基础知识；针对某一职业岗位（工种）所需要的专业特长知识，它是为适应某类职业岗位的职业能力要求而具备的专门知识；专业前沿知识，专指本专业范围内的科学技术新思想、新成就和发展趋势；与专业知识相关的边缘学科、交叉学科的知识。

3. 教育理论方面

因为职业教育和普通教育之间既有共同的规律，又有自身的特殊性，所以职业教育教师不但要懂得教育的一般规律，而且要掌握职业教育的基本理论、方法和手段，比如：职业教育学的基本知识、职业技术教育心理学的基本知识、专业教学的理论与方法、职业指导的基本理论与方法等。

二、信息时代对中等职业学校教师的能力要求

1. 职业教育理念与教学技能

职业院校教师应对国内外先进的职业教育理论及教学模式进行研究和学习，树立现代职业教育理念，了解当代职业教育形式。教师不仅要知道教什么，还要知道怎样教和为什么选择这样教，用科学的理论去指导自己的教学。教师在掌握了先进的教育理念后，就应掌握适用于职业教育的教学方法，如：工作过程导向的任务驱动教学法、角色扮演法、案例教学法等。工作过程导向的任务驱动教学法是以工作过程为基础展开的一种探究式教学方式，教师通过把所需教学的新知识植入到一个或者多个工作方案中，通过一定的引导，让学生在执行任务的过程中，明确工作过程的重点，在教师的指导和帮助下解决问题。这种教学方法能真正地让学生在做中学，在动手中积累经验、建构知识。职业院校学生知识结构参差不齐、基础知识薄弱、学习能力素质较低，通过角色扮演法可以激发学生的学习兴趣，让他们成为学习的主体，在做中学、在学中做。案例教学法可以通

过模拟社会生活中的真实情境，将社会生活中的真实场景呈现在学生面前，使学生以当事人的身份，发现问题、分析问题和解决问题。这种方法能启发学生的思维，激励学生的创新精神，使学生适应21世纪对技术人才的需要。除此以外，教师应掌握先进的多媒体技术和网络技术等高新技术与媒体，运用这些技术与媒体开展教学或者采用技术手段创设虚拟实训场景，提高教学效率和质量，真正培养出适应现代企业需求的人才。

2. 教学任务转移能力

职业教育教师传授的知识和技能属于应用技术范畴，与基础学科相比变化更快、更新周期更短，这些特点使得职业教育的专业教学内容和专业设置经常处于变动之中。同时，职业教育的区域性特点要求其专业设置必须适应区域经济和社会发展的需要，具有较大的灵活性，因此，职业教育教师必须具备专业教学任务转移能力。

3. 信息处理能力

信息时代，知识处于不断更新和发展的阶段，因此，职业教育教师必须不断学习新知识、新技术、新理论，并及时调整或更新自己的知识结构。

4. 动手操作能力

在专业领域内从事实验、生产、技术开发等工作需要较强的动手能力，职业教育教师只有具备了熟练的动手操作能力才能胜任专业教学、技术开发和生产经营等实验教学工作。所以，职业教育教师应精通自己的学科，具有渊博的知识和扎实的专业技能。苏霍姆林斯基曾指出："只有教师的知识面比学校教学大纲宽广得多，他才能成为教学过程的精工巧匠。"信息时代，知识的更新速度非常快，对教师来说，不仅要熟悉所教教材的基本内容，形成完整的知识体系，还要加强业务进修，广泛学习，跟踪学科动态，了解新技能，掌握新信息，不断更新技能体系。

5. 技术推广能力

职业教育要保持生机和活力就必须实行产教结合，开放办学，建立与企业密切合作的关系，因此职业教育教师要具备较强的社会活动能力和技术推广能力。

6. 教育研究能力

职业教育在发展的过程中必然会遇到很多问题，职业教育教师应以职业教育理论为指导，针对教育、教学过程中出现的问题，通过调查、搜集、分析和研究，探索出具有普遍意义的教育教学规律。① 因此，职业教育教师应积极参加教学研究、科学研究和技术服务，注重科研与生产实践相结合。注重利用新技术、新工艺、新材料、新设备等来改造提升传统产业，把科技成果转化为现实生产力。

第二节　职业教育教师专业发展国际视野

一、澳大利亚职业教育教师专业发展探析②

近年来，澳大利亚在全国范围内进行了较大力度的职业教育和培训体系的体制改革和全新职教模式的探索，其改革的成果为澳大利亚参与国际经济竞争奠定了坚实的基础，而多渠道培养职业教育师资是澳大利亚职业教育发展的关键。

（一）澳大利亚职业教育概述

澳大利亚的职业教育比较发达，其主要特色表现在如下几方面：

1. 以资格框架为依据的培训体系

2005 年 7 月，澳大利亚国家培训局被废止，其职能转交给澳大利亚教育、科学与培训部，澳大利亚新的国家培训体系开始运转。澳大利亚资格框架顾问委员会出版了《澳大利亚资格框架实施手册 2007》第四版，取代了 2002 年的第三版。第四版澳大利亚资格框架包括：

15 种资格证书。澳大利亚根据部门的种类设置了每种资格证书的标准。学校教育部门可以颁发高中教育证书和一至四级证书 5 种证书；职业教育与培训部门可以颁发一至四级证书、文凭、高级文凭、职业教育研究生证书和职业教育研究生文凭 8 种证书；高等教育部门可以颁发文凭、副学位/高级文凭、学士学位、研究生证书、研究生文凭、硕士学位和博士学位 7 种证书。职业教育与培训体系是通过一至四级证书与学校教育体系相连接，并通过文凭和高级文凭与大学教育体系相连接的。

---

① 韩向莉．中等职业学校教师队伍建设的现状及对策研究．天津大学硕士学位论文，2003.12～13.

② 原文发表于《职教论坛》2010 年第 27 期，此处内容略有修改。

2. 以 TAFE 学院为主体的职教培训系统

澳大利亚职业教育与培训由注册培训机构提供，且以 TAFE 学院为办学主体。TAFE 即技术与继续教育（Technical and Further Education），是澳大利亚建立在终身教育框架体系基础上的特色鲜明的职业教育与培训制度，也是继十年制义务教育后政府投资主办的最大的职业教育与培训组织。目前，TAFE 学院已经成为全澳最大的以行业为主导的，政府、行业与学校相结合的相对独立的、多层次的综合性职业教育与培训机构，在澳大利亚教育培训体系中占有重要的战略地位。

3. 以"培训包"为核心的培训计划与教学材料

为了构建灵活的由行业驱动的教育与培训系统，制定全国统一的资格体系和能力标准，提高培训质量，促进新学徒计划的实施。澳大利亚联邦政府自 1998 年起，在全国范围内倡导、开发和推广各个行业的"培训包"。所谓培训包，是由行业制订并得到国家认证的一整套培训计划，详细规定了国家统一的资格、行业能力标准和评估指南，并提供相应的辅助材料，如培训教学资料等等。培训包已成为澳大利亚注册培训机构用来为客户提供培训和测试服务的标准和教学资源。培训包主要由包括能力标准、评估指南和资格框架等三项内容的国家认证部分以及包括学习策略、评估材料和专业发展材料等三项支持材料的非认证部分组成。

4. 以行业经验为首的职教师资

澳大利亚的 TAFE 学院虽然几乎都对专业教师的任职资格有着一定的要求，然而，居于首位的却是行业经验方面的要求。一个人要想在技术与继续教育学院获得教师任职资格，首先必须具备在与所教授课程相对应的行业中工作五年的经验，其次才是相应级别的技术与继续教育资格证书、文凭或相同专业的学位证书。例如在维多利亚州发展中心的官方网站上就可以看到，对职教教师入职的最低要求是要有培训和评估四级证书。而有些情况下，没有四级证书也可以教学，但这些新教师在获得四级证书之前需要接受监督。一般来说，这样的新入职的教师拥有行业/专业资格或大量行业经验，但尚未接受过任何正式的师资培训。如果准教师想获得评估和职业培训四级证书资格，可以向各 TAFE 学院寻求协助，通常需要花时间学习或支付学费。

（二）澳大利亚职业教育师资培养方式与教师资格与标准

在澳大利亚，一方面通过高等院校大量培养高学历、高素质的职业教育师资，另一方面从社会大量选聘专业技术人员接受师范教育而成为兼职职业教育师资，为澳大利亚职业教育的蓬勃发展提供了坚实的师资保障。为满足职业教育与培训领域中从事培训与评估工作的个人和组织的能力发展需求，澳大利亚还特别制作了培训与评估培训包，以提供职教教师上岗的准入标准和在职人员的进修指南。

1. 职教师资的培养途径

澳大利亚的职业教育师资培养主要包括大学培养、社会选聘和在职培训三种方式。

（1）大学培养专职教师。澳大利亚的专任职业教育师资主要由大学培养。澳大利亚的大学采取"端连法"或"平行法"的方式培养学生。前者指通过先开设三年的专业学位课程，再开设一年的教育专业课程（又叫"教育证书"课）的方式来担负培养专任职业教育师资的职责。后者指教育专业课程和专业学位课程同时开设。采用"端连法"培养专任职业教育师资的最大优点在于避免了学生在大学生涯一开始时就必须埋头学习教育专业课程，对于部分学生来说"端连法"是最适宜的师资培养途径。而教学实践证明，未来的专任职业教育师资在大学学习期间不可能在8个多月之内就切实掌握青少年成长发展、教育心理学和教育哲学等教育专业课程。因此，从20世纪90年代中期开始，澳大利亚若干所大学引进了四年制本科教育学士学位课程，采取高等教育学院的"平行法"来培养未来的专任职业教育师资。

（2）社会选聘兼职教师。为了弥补职业教育师资的不足，澳大利亚获取职业教育师资的一个重要途径是从有丰富实践经验的专业技术人员中按标准大量选聘、培养兼职职业教育师资。被招聘录用的专业技术人员，一边在TAFE学院从教，一边到大学教育学院接受为期1~2年的师范教育，以获取教师职业资格证书。

（3）重视教师在职培训。澳大利亚政府重视职业教育师资培训工作，并根据职业教育师资队伍的构成特点采取灵活多样的方式，积极开展师资培训工作，包括新教师的上岗培训、教师的在职进修和企业培训。TAFE学院还鼓励和支持教师参加相关的专业发展培训，并给教师建立档案袋，结合教师发展的四个阶段：毕业期、胜任期、成熟期、领导期，开展教师专业发展状况的规划。

2. 澳大利亚职教教师资格与标准——TAA04培训包

2004年7月，革新与商业技能委员会宣布接管教育；2004年11月推出TAA04（1.0），取代原来的BSZ98；2007年8月，修改推出TAA04（2.0）；2008年2月，再次修改推出现行的TAA04（2.1）。TAA04培训包，即培训与评估培训包（Training and Assessment Training Package），是由澳大利亚商务培训部门开发的，旨在满足职业教育与培训领域从事培训与评估工作的个人和组织的能力发展需求，是职教教师上岗的准入标准和在职人员的进修指南。

（1）职教教师资格与标准的构成。TAA04 培训包包含培训计划和教学材料，包括培训与评估的四级证书（TAA40104）和文凭（TAA50104）两种国家资格；由 39 个能力单元和 17 个输入单元组成，56 个能力单元又组合成学习环境、学习设计、授递与促进学习、评估、培训咨询服务、管理与质量服务、语言和数理表达以及从其他培训包中引进的能力单元 8 个能力模块。培训与评估四级证书是进入职业院校任教的最低要求，需要完成 12 个必修核心能力单元和 2 个选修能力单元；文凭是对职教教师的较高要求，通常是学术带头人或专业教学团队的负责人一类的教师需要具备的，一般在获得四级证书的基础上，再增加 5 个必修核心单元和 7 个选修单元。

（2）TAA04 培训包的特点。TAA04 培训与评估培训包最主要的特点是：支持多元化的使用者并能满足其多元化的需求；以学习为中心；整体性；明确的标识；重视教师的关键能力；广泛的能力资格；详细的评估指南。重视职教教师的关键能力是澳大利亚培训包制度的共同特征。对职教教师关键能力的要求明显体现了：学生是教师的服务对象，即"客户"，教师与学生之间需要建立一种良好的客户关系；教师有招生宣传及向社会推介学校的优秀教育产品的义务；强化教师间的合作和教师专业化发展。

（三）澳大利亚教师专业发展政策与标准

澳大利亚全国及各州/领地制定了教师专业标准体系，提出了基于专业发展阶段和专业发展内容两个维度的框架与标准。部分州/领地特别颁布了教师专业发展政策及教师专业发展标准，对各级各类教师的专业发展提供指导与帮助。

1. 教师专业标准

澳大利亚既有面向全国的指导性的教师专业标准，也有符合当地社会条件的各州/领地的专业标准。澳大利亚教育部于 2003 年 11 月正式颁布了全国教师专业标准，提出了基于教师专业发展阶段和教师专业发展内容两大维度的框架（如图 1 - 1 所示）。澳大利亚全国教师协会认为，教师专业发展是一个持续不断的过程，教师从职前到职后共经历三个大的发展阶段：教师的职前准备阶段、教师的入职阶段和教师的专业发展阶段。其中，教师专业发展阶段从毕业阶段开始，逐步向胜任阶段、成熟阶段和领导阶段发展。澳大利亚全国教师专业标准规定了所有学科教师都必须具备的专业要素（包括专业知识、专业实践能力、专业品质和专业关系协调能力四个部分），以衡量教师的专业发展。澳大利亚重视教师质量体系，因而制定了全国教师专业标准框架，并逐步形成了全国教师专业标准体系，给国内不同地区的教师认证建立了共同规范。标准概括出了发展某一层次和学科教师标准的中心维度和品质，不同地区、不同学科的教师可以根据实际情况对各项标准作出具体规定。以昆士兰州为例，澳大利亚昆士兰州教育部于 2005 年 7 月颁布了昆士兰州教师专业标准，界定了昆士兰州州立学校教师的知识、能力与技能，并为教师个人、群体提供框架以反思、讨论和评价教学实践。昆士兰州教师专业标准每一项内容都包含标准描述、标准说明、指导以及所要求的基础知识和能力等，具体的 12 项标准（如图 1-2 所示）为：①为个人与群体构建灵活多样且新颖的学习经历；②促进学生语言、文字与计算能力的发展；③为学生提供具有智力挑战的学习经历；④为学生提供与校外世界相关的学习经历；⑤为学生提供具有包容性、参与性的学习经历；⑥整合信息技术以促进学生的学习；⑦评估与报告学生的学习状况；⑧支持学生参与社会发展和实践；⑨为学生创设安全有利的学习环境；⑩与社区建立广泛的联系；⑪对自身的专业团体作出贡献；⑫投身于自己的专业实践等。

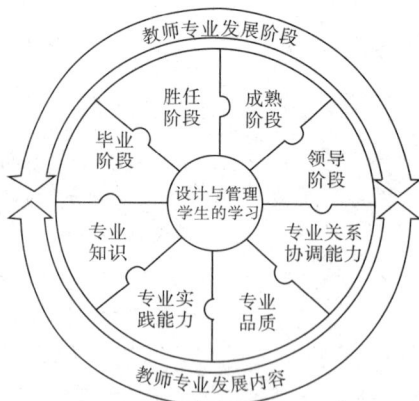

图 1-1 全国教师专业标准体系   图 1-2 昆士兰州教师专业标准

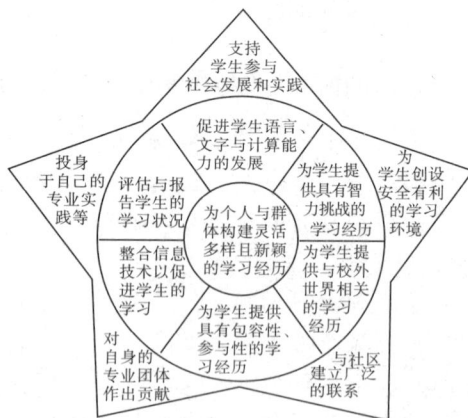

2. 教师专业发展政策与标准

澳大利亚不仅制定了教师专业标准，还制定了指导教师专业发展与培训的政策与标准。以昆士兰州为例，昆士兰教师学院依据《昆士兰州教师专业标准》制定了《政策：持续专业发展框架》，指出"持续专业发展"以教师专业标准与专业发展为中心，原则是批判性反思、发展和强化实践，灵活地与教师个人的专业实践相整合，强调教师学历与行业经验的重要性。教师要达到持续专业发展的要求，需要在雇主的指导与支持、学校的支持和个人的认识三方面取得平衡；需要参与一定范围的不同类型的持续专业发展活动；需要保证完成最低的学习时间要求（全职教师每年不低于 30 个小时，非全职教师酌情缩减）。

昆士兰州教育部为了支持有效的专业发展的设计、开发与实施，于1998 年颁布了《昆士兰州教师专业发展标准》，2009 年又根据成人学习的趋势变化（如认识到学习需要时间并且最好是嵌入工作场所的经验和做法；强调个人发展、协作学习、跨文化培训、及时性、包容性和相关性；与跨部门的工作环境相配合）而重新修订。《昆士兰州教师专业发展标准》为教师达到昆士兰教师学院持续专业发展框架中重新注册要求的有效专业发展提供帮助与支持。专业发展标准主要强调开发专业发展项目或从事专业发展活动需遵循七个方面的原则：①一致性。专业发展要与部门的政策、框架及其他监管要求保持一致，并要与学校、职业技术学院或单位为个人制订的工作能力的增长计划相一致。②有明确的依据。专业发展的内容以当前的研究、需求、问题和挑战为依据。③灵活的学习环境。专业发展发生的环境设计要依据对成年人何时、何地、如何学习这些问题的研究结论，设法满足参与者的需求。④内容的关联性。专业发展的内容要与参与者的需求和相关背景有关。⑤主动学习的过程。专业发展的促进者使用各种主动学习的策略吸引参与者，促进他们的学习，达成学习的目标。⑥沟通。专业发展的收获、机会和资源要以一种引人入胜的、清晰的、完整而及时的方式传达出去，让每个相关的雇员都能够接触到。⑦成果评价。专业发展的成果评价主要基于对参与者经验的评估、过程和组织的审查以及学习成果在工作中的应用情况的评价。

（四）澳大利亚职业教育教师专业发展的组织与实施

随着社会的进步，职教教师的工作内容发生了扩展性变化：教师的工作场所不仅包括教室、工厂，还有因特网；教师的角色从教学转向促进学生的学习，而促进学生学习需要更广的知识与能力范围；教师还是跨组织和多元化团队里的一员，需要与非教学人员协同工作。职业教育机构往往指责教师欠缺行业最新的相关经验和知识，不熟悉现代工作场所中的先进技术和工作方式。同时，职教教师还要应对不断增长的客户和学习者的数量所带来的压力。教师在教学技能方面的不足主要涉及灵活性教学、全纳性教学、时间管理、信息管理和知识管理、如何跟上职业教育和培训领域教与学新方法的变化等方面。面对各种压力与挑战，各级各类职业教育机构为其教职员工提供各种专业发展的机会以提高他们的技能，丰富他们的知识。具体的专业发展一般围绕职业教育机构的战略方向展开，并关注其对教师个人和职业教育机构的价值与作用。所有 TAFE 院校都积极地通过正式和非正式的培训、实习等为他们的员工寻求专业发展的机会。

1. 教师专业发展的组织

为从事职业教育与培训工作的教师提供专业发展和培训活动的组织有：大学、公共和私立注册培训机构、澳大利亚国家培训局及其附属机构和委员会、州/领地的教育和培训部、州/领地的公共服务办事处、行业培训咨询机构、行业和专业协会。专业发展组织与提供者各不相同，其提供的每一个专业发展活动的性质有很大差异。以维多利亚州为例，在《创新经济的知识与技能宣言（2002）》里维多利亚教育和培训部部长提出了建立 TAFE 发展中心，以提高整个维多利亚 TAFE 学院员工的专业水平的建议。TAFE 发展中心旨在通过以下几个方面提高 TAFE 教职员工的知识和技能：行业技术和行业的参与；为新入职教师提供的奖学金；卓越的教学和学习计划；领导和员工发展计划；对专家和工作人员的支持奖学金；中心举办的一系列为期一到两天的活动；与 TAFE 有关的议题（如改造领导人员）；商业道德；以及对多元文化和语言多样性的学生施教等等。每一年年初，TAFE 发展中心都会公布这一年的重要事件和专业学习系列计划。

2. 教师专业发展的实施

澳大利亚职教教师的专业发展得益于澳大利亚国家培训局的几个措施。其中最重要的是"重塑未来"的倡议，使大家重视技术教育师资的"专业化"问题。关于职教教师的专业发展，重点围绕以下几个方面：如何与行业和社区发展可持续的伙伴关系；通过对课程的设计提高教学质量；采用新的学习模式以使学生选择学习类型和喜好；基于行动的学习和使用评估系统制订个人学习计划。

早期的教师专业发展举措主要是针对尚未修读教师预备课程的新晋教

师设计的，重在意识的提高和技能的发展，主要采取"培训培训师"的模式。20 世纪 90 年代，应对政策的变化，州与领地层面都开发了一些大范围的专业发展项目，包括："实施能力本位的培训"、"能力本位的培训在行动"、"咨询客座教师的专业发展"、"全国过渡计划"、"国家专业发展委员会项目"以及"构建未来和学习范围"等。行动学习方法对组织的变革和教师的发展有重要影响。

与职业教育与培训机构开发的项目一样，正式的专业发展项目，如"重塑未来"、"灵活性学习领导者和学习圈"，促进了新技术新方法（包括灵活性授递方法）在教与学中的运用。非正式的专业发展项目，如"伙伴和指导者"也非常成功。很多教师专业发展项目直指教师的教学技能。

以昆士兰州的持续专业发展政策为例，教师可进行的专业发展活动种类多样，可包括对教育系统的变革作出积极的贡献；参加与教学有关的课程、工作坊、会议、度假学校或在线课程；为专业发展而参加由国家或州组织的认证考试；向同事就教学方法、研究结果或当代教育问题作正式的报告；领导本校课程或政策的发展；通过监督或指导向职前教师或新教师提供专业支援；开展教育研究或行动研究项目；积极参与海外教师的交流；为做研究、写论文、做报告等而进行专业阅读；开展正式的研究以提升在教育或相关领域的教学区资格。

3. 教师专业发展的趋势

教学是由多种要素和多个方面组成的，多重环节开展并受诸多因素制约的复杂性活动。从教师的角度讲，目前有六种较为典型的教与学的变化，这些变化不仅仅影响了学生，同样也影响到从事教育培训工作的教师，也可以将其看作是教师驱动的教与学的变化：①确定真实的任务；②同伴学习；③运用数字化学习技术；④基于工作的学习；⑤个别化学习；⑥为支持新的实践注册培训机构而进行的内部的专业技能转移（成立保证教学/培训质量与效果的专门机构）。这六种变化影响着教师的专业发展。热衷于变革与专业发展的教师有共同的特点：他们善于反思，善于对学习者负责并受学习者尊重，善于与当地的企业密切合作，善于向其他同行学习并与之分享自己的知识。

4. 教师专业发展中存在的问题

高标准的专业支持下的职业教育教学资格对未来高质量的职业教育与培训系统至关重要。但目前澳大利亚的职业教育与培训系统的教师队伍出现断层；培训与评估四级证书也渐渐失去职业与行业的信任；州和领地政府消减资金，聘用临时教师，不能为职教教师获得适当的教学资格和专业发展提供足够的支持。随着国际著名的公立 TAFE 系统中最引人注目的职教教师逐渐退休，职业教育与培训领域将面临职教教师没有广被接受的教育资格这一危机。如果要保持社会对其职业教育与培训系统的信任，必须与教师所在专业的或其他相关领域的人深入讨论职教师资队伍的未来。从企业招来的教师渴望得到培训与专业发展，因此对其进行培训，以使他们在新的有挑战性的岗位上有效地工作；职业教育教师需要比原来掌握更多的知识与技能以应对学生的期望和变化；工作场所的教学与评估的重要性也需要教师掌握更高级的知识与技能。所有的教师和培训人员都需要获得适当的技能以使自己的业务能够满足职业教育与培训系统及未来的需要。非教学人员、临时与合同教师也需要专业发展，以助他们理解和支持教师的教学导向。由于更详细地了解新的授递方法对有关管理人员至关重要，所以涵盖教育观念与方法的管理者的专业发展也应给予高度重视。而实际上专职教师比兼职教师更有可能获得专业发展的机会，而就专职教师来说，全职教师又比非全职教师有可能得到更多的专业发展机会。

（五）对我国职教教师专业发展的启示

教学质量的提升关键在于教师质量，教师质量提升的关键在于教师的专业化。澳大利亚职业教育与培训领域在推进教师专业化进程中，建立了完善的教师资格证书制度，制定了易操作的教师专业发展政策与标准，加强了常规化的教师在职培训，有组织，有落实，取得了一定成效，为我国的职教师资建设与教师专业发展提供了参考依据。

1. 构建符合职教特色的教师资格证书制度

我国的教师职业资格证书制度已实行多年，但是至今为止对职业院校的教师资格申请并没有特殊的要求。职业院校作为一种特殊的教育类型，主要是培养适应社会生产、管理、服务一线的从业人员，因而对学生有着较高的实践技能要求，并要求学生具有某种岗位的职业资格证书。但是作为教师，其教师资格证书却完全等同于普通院校，目前仍没有实践技能的要求。目前我国对职教教师比较明确的要求指向是要其成为"双师型"教师。2004 年教育部《高职高专院校人才培养工作水平评估方案（试行）》中指出，双师素质教师是指具有讲师（或以上）的教师职称，又具备下列条件之一的专任教师：①有本专业实际工作的中级（或以上）技术职称（含行业特许的资格证书）；②近五年有两年以上（可累计计算）在企业第一线本专业实际工作经历，或参加过教育部组织的教师专业技能培训并获得合格证书，能全面指导学生专业实践实训活动；③近五年主持（或主要参与）过两项应用技术研究，成果已被企业使用，效益良好；④近五年主持（或主要参与）过两项校内实践教学设施建设或提升技术水平的设计安装工作，使用效果好，在省内同类院校中居先进水平。显然，双师素质教师的含义还是比较宽泛灵活的。但要培养"双师型"教师，应确立明确的"双师型"教师资格的评判标准。"双师型"教师资格应包括学历、专业技能水平、专业实践经验、教育理念与教学技能等几方面。

2. 实行科学的师资管理制度

澳大利亚对职教教师采取聘任制；注重对教师的教学工作评估；实行科学的师资管理制度。对于新教师，澳大利亚颁布了若干有利于新教师迅速成长的特殊政策，其中最主要的两条倾斜政策是减轻新教师的工作量和为新教师提供观摩邻近学校教学的机会。而我国在目前情况下，由于受管理和经济、社会发展水平等多方面因素的影响，不同地区职教师资数量与质量存在不同的情况，但职教教师学历普遍偏低，新晋教师又来源单一（大部分是应届本科生或应届硕士生）的情况普遍存在。青年教师缺乏实践经验和教师职业素养，但又没有足够的个人可支配时间去学习补充。从这一点来看，政府与学校应实行科学的师资管理制度。

3. 创造有利的教师专业发展条件

职业教育是一种终身教育，从事职业教育教学的教师自身也应是终身学习者。最有效的专业发展是自主的发展，而自主的发展离不开外部条件的支持。社会与学校应创造有利于教师专业发展的外部条件，从时间、资源、政策等方面加强对教师的支持，加强对教师的多元培训，鼓励教师成为终身学习者。目前职教教师最欠缺的是行业经验，应有计划地选派教师到相关企事业单位兼职或在职进修，学习最新的技术管理规范；鼓励理论课教师到相关企事业单位熟悉技术的应用、行业的现状；鼓励技能课教师去相关企事业单位承接课题，搞科研和技术开发；鼓励教师把行业和技术领域中的最新成果不断引入课堂。

二、信息技术支持的美国社区学院教师专业发展①

美国政府及社会各界非常重视职业教育。社区学院是一种 1~2 年的短学年制高等教育机构，因其主要为所在社区的经济、社会发展服务而得名。社区学院约 70% 是公立的，是美国实施高等职业教育的主要机构，距今已有一百多年的历史。从办学目标来看，社区学院包括职业教育、转学教育、普通教育和社区服务。其中，职业技术教育是社区学院教育的重点，它的培养目标是半专业技术人员或半专业熟练劳动人员；另外，社区学院还为有志于到大学继续学习的高中毕业生开设课程，学生结业后通过考试获得副学士学位，转入大学三年级学习。社区学院具有广泛的开放性，学生不分年龄、种族或民族均有机会加入学习。社区学院收费低廉，学生可以在家食宿，因而吸引了大量成年人，尤其是妇女和少数民族学生。

（一）美国社区学院教师专业发展面临的挑战

社区学院的属性对教师专业发展提出了挑战，教师的专业发展需要在重视学生学习结果的社会要求下满足特殊学生群体的需要。社区学院教师专业发展遇到的主要挑战有：学生的多元化和学生学习目标的差异；有效教学的技能；通过多样化的授递系统进行教学传播。社区学院要服务于年龄从 15 岁到 95 岁的学生，且社区学院的教师专业发展离不开较宏观的教师发展和组织发展。社区学院的教师不仅要有专业学科知识和技能，还要具备教学的基本技能，包括协助学生在常规教育和个人发展的同时掌握基本的学术研究技能并为工作和职业做好准备。教师在教授专业知识之外，还要教给学生终身学习的技能。为应对多样化的学生，社区学院的教师尤其需要良好的人际交流技能。社区学院的课程向实验、模块、加速、世代、随机进入/随机退出、同步、异步、学习社区等形式转变。这些课程形式的变化要求教师重新思考教学内容的组织。

（二）信息技术对教师专业发展提出的要求

近年来，世界各国都十分注重教育与信息技术的结合，信息化环境下

---

① 原文发表于《教育与职业》2011 年第 26 期，此处内容略有修改。

的教师专业发展成为世界关注的共同焦点，各国都把信息技术促进教师专业发展列为新课题。迈克·富兰在《变革的力量——透视教育改革》一书中指出了身处变革时代教师发展所需要的条件：未来的教师将作出道德目标的承诺；大量地增加教育学方面的知识；教师的工作必须高度地互动和协作；教师将在新的结构条件下工作，这种新的结构更注重共同体的作用。

2000 年，国际教育技术协会（ISTE：International Society for Technology in Education）联合教育领域各种有影响的团体，制定了国家教育技术标准 NETS（National Educational Technology Standards）和相应的绩效指标，其中《全体教师的教育技术基本标准》反映了教师教育方面的专门研究，从技术的操作和概念，策划和设计学习环境和过程，教学、学习与课程，测评与教育，工作实效和职业实践，以及社会、伦理、法律、人性方面的问题这六个方面规定了所有教师的教育技术标准和绩效指标，这些研究说明了应该如何向教师提供关于信息技术应用于教育的基本概念、知识、技能和态度。

高校教师将技术有效地整合进教学所面临的四个挑战是：第一，要掌握当前的教学内容；第二，要懂得教学设计的知识；第三，要理解技术的优点和不足；第四，要对教学内容、教学设计和技术三者的整合有正确的认识。教师专业发展项目开发者要对教师的教学设计过程和技术应用提供指导，包括判断技术工具何时不能满足教师专业发展目标，还要引导教师将技术应用与学生的学习目标联系起来。

（三）美国社区学院教师专业发展的实施

美国社区学院非常重视其师资的专业发展。社区学院为处于职业生涯不同阶段的教师制订了详细的发展计划：为新的教师提供了入职适应计划、职务晋升支持计划和终身教职权获取计划；为处于职业生涯中后期的教师提供个人支持计划，包括革新、改善人际关系、网络教学、留住教师、贯彻学校精神等。社区学院职业教育教师的进修方式灵活多样，被称为"弹性多元进修选择计划"。有的参加为期半年左右的夜校或暑期学校的进修；有的参加教师研讨会或讲习班；有的参观访问、参与课程编写或专业杂志和出版物的工作；有的承担视导服务工作，或参加专业组织举办的地方、州或全国性的会议等活动；有的参加与教学有关的休假进修、出国进修等。许多社区学院有专业发展计划体系或个人发展计划体系，由教师陈述自己当前一段时间内的专业发展需求，根据学校的审查，周期为一至三年不等。这些专业发展计划必须与学校财政预算相吻合，以保证教师与学校双方都受益。一方面使教师个人获得专业发展，一方面对学习型组织、学科、学系的发展作出贡献。

社区学院的全职教师和兼职教师都能获得专业发展。社区学院教师专业发展活动设计主要是帮助教师学习如何更有效地教学，从而帮助他们满足学生的需要，包括发起和改进课程和活动，根据学校评估和不断提高服务质量的战略目标调整教学目标；设计教学授递系统和多媒体学习资源，以及个别化教学和定制式教学，优化面对面教学或在线教学；在远程学习环境下模拟现实同步或异步学习策略，课程评价策略；进行国家执照和专业认证评估，国家标准评估。[①]

（四）信息技术对美国社区学院教师专业发展的支持

由于社区学院广泛运用远程教育系统，因此教师发展中心需要鼓励教师提高促进学生参与在线学习的能力。因为学习的需要与教育方法都多种多样，所以传统的面对面教学依然存在。教师发展人员进一步努力改善传统面对面教学环境，比如采用积极学习方法，关注脑科学研究的新进展，合理使用技术，增强讲课技能。其他的学习挑战来自于计算机辅助教学实验室。许多社区学院支持在线教学或混合课程的教师使用交互视频或采用各种能吸引学生参与交互的媒体。目前的技术或交互界面，如维基百科（Wikis）、博客、游戏、第二人生（second life scenarios）、模拟、现场演示和实时连通（real-time connectivity）等，都对教师将沟通和批判性思维应用到当前的全球性问题上提出了令人兴奋的挑战。信息技术在教学中变得如此重要，以至一些社区学院增加了教学设计师以帮助教师在教学中整合信息技术。信息技术不仅仅是媒介，它还改变了学习的方式。学习处在技术转化的风口浪尖，教师发展开发人员也已看到向信息服务时代的转变。他们不断地寻找新工具、新策略、新想法和新培训，以帮助教师和学校适应代际学习者的需要。

---

① Burnstad H, Hoss C. *Launching Your Staff*, *Program*, *and Organizational Development Program*. Kansas City: National Council for Staff, Program and Organizational Development Press, 2004. p. 7.

（五）美国社区学院教师专业发展案例

社区学院教师专业发展项目的组织方式多种多样，既有社区学院联盟的统一安排，有校本培训计划，也有专家支持的项目。NCSPOD（2007 年更名为"北美教师、程序和组织发展委员会"，即 NACSPOD）归纳了一般的教师专业发展项目，包括新教师适应计划、教师技术培训、教学工作坊、优秀教师研讨会、学术休假、教学中心、出版和资源大会等。其中，有一些特别的、富有创新性的教师专业发展项目值得借鉴：

（1）密歇根三角洲学院的教师专业发展系列课程。所有教师可以面对面、混合或在线学习 ED300 专业发展系列课程，这些课程在密歇根可以转为本科课程，得到的学分被密歇根教师继续教育认证机构承认。此外，该学院还为新教师开发了 ED390 "教与学的最佳实践"课程。

（2）堪萨斯市堪萨斯社区学院学术研讨会。每年举行 6 个主题的研讨会，教师可以在教室外做专业讲座，并观察其他同事做的专业讲座，学生可以在教室外听教师做学术讲座并参与讨论，促进跨学科的交流与讨论，学院的数字化设计项目可以通过制作研讨会海报获得锻炼。

（3）加州圣伯纳迪诺谷学院教师在线教学培训。因为在线学习者不断增加，在线课程从 1996 年的 2 门变为 2007 年的 110 门，涵盖了 23 个学科、45 位教职员工和7%的全职教师。为给远程学习者提供优质的在线教育与服务，学校于 2003 年实施了认证计划，要求在线教学的教师接受课程管理系统（Blackboard 或 First Classroom）、教学法案（遵守版权）、课程组织与结构（从面对面转向在线教学）和在线教学法等内容的培训与学习。教师可以通过参加本校的教师专业发展计划或校外的研讨会或工作坊等获得相关培训。学院提供了以两小时工作坊为形式开展的七周计划，同时也提供在线培训。教师还可以免费参加由加州社区学院校长办公室赞助、常青谷学院负责的"@ ONE"在线培训计划。自 2007 年起，该学院还每两年举办一次优秀在线教师研讨会，组织教师分享在线教学的方法和成功经验，商讨所遇到的问题的解决办法。

（4）约翰逊县社区学院（堪萨斯州）兼职教师认证培训。学院为所有兼职教师提供兼职认证培训，让兼职教师明白学院的办学宗旨，知道学院的法规与办事流程，熟悉学院的教学环境，获得一些促进教学的资源。认证要求兼职教师完成集体学习必修模块和至少一个为期两个学期的选修模块，不过选修模块可以选择再延长一年。必修模块包括入职适应、课堂多样性问题、有效教学大纲的设计、聘用的法规和流程、教学设计、法律问题、微格教学和课堂录像（实验室设备）、对全体学生的教学、课堂中应用的技术和反思日记。选修模块包括大脑研究与教学、应用个人发展计划设定目标、在线教学（iTeach Online）、快速启动 SoftChalk（SoftChalk 是一种应用软件，可以方便地让教师协作并制作参与式的、便携式的、符合要求的学习内容）、要点播客（essential podcasting）、熟练教师工作坊、课外学习、学习风格、教学技巧和超越技术教学等。

总之，信息技术支持下的美国社区学院教师专业发展反映了当前网络时代教师专业发展实践的多样性，这些教师专业发展计划为处于教学生涯中期和晚期的教师的专业发展、教师研究的传播、有经验的在线教师建立联系、兼职教师提升教学水平都提供了可能。我国高职院校可借鉴其成功经验，结合自身条件，积极探索利用信息技术支持教师的教学技能和实践实训技能发展的方法，打造素质过硬的"双师型"职教师资队伍。

三、南洋理工学院的师资队伍建设及其启示①

南洋理工学院以其组织文化、创新理念、能力开发、校企合作的办学特色为世人瞩目。在师资队伍建设方面，其教师的来源、管理、培训、评估都有独到之处。我国高职院校可借鉴其经验，创建有特色的组织文化，营造灵活高效的组织环境，保障教师的持续增值发展。

（一）能力优先的教职员工选聘

南洋理工学院根据自己职业教育的办学定位，在选聘教职员工时注重能力优先，要求应聘者有丰富的职业经历和较强的专业能力，具体要求应聘教师：熟悉行业或企业，并在相关领域工作 5 年以上；能够解决实际技术问题；有较强的技术开发与创新能力；有大学本科或以上学历；有一定的科研能力；有较强的讲解示范表述能力。除上述规定的基本条件外，学院还通过面试考察应聘教师的工作态度。面试包括非正式和正式两个环节，先由学系组织非正式面试，主要考察应聘者的专业知识；通过后，再由学院人事部门组织正式面试，主要考察应聘者的综合素质。两轮面试都通过后，再由院长审批。严格的教职员工选用机制造就了南洋理工学院的

---

① 原文发表于《河南职业技术学院学报》2011 年第 10 期，此处内容略有修改。

实力和知名度。该学院专业教师平均具有五年的企业工作经验，许多人曾参加过新加坡重大建设项目，几乎每个人都具有很丰富的企业经验和很强的项目开发能力。这些教师不仅为学校和学生奉献了学识和工作经验，而且把企业关系和企业项目带进了学校，为学校"教学工厂"的运行提供了有力的保障。

（二）以人为本的教职员工管理

南洋理工学院秉承"以人为本"的管理理念，创设"教学工厂"平台和"无界化"团队，鼓励教师个人进修以及互相分享经验，为教师提供了专业能力施展的平台和提升机会，使每一位教师都对学校拥有认同感和归属感。

1. "教学工厂"平台

"教学工厂"的核心思想是把"工厂式的活动"带入教学环境与过程，把实际的企业环境和教学环境融合在一起，从而使学生的学习与工作融合在一起，学生在学习过程中就像处在一个大企业的各个部门，既接受完整有效的理论知识教育，又接受行之有效的实践技能培训，使学生具有良好的实践动手能力。从模拟到模仿再到融合，"教学工厂"以学校为本位，在现有的理论课、辅导课、实验课和项目安排等教学系统的基础上，灵活、创新而又富有伸缩性，用先进的科技手段"超前培训"学生，开发学生的最大潜能，全面提高学生解决实际问题的能力。"教学工厂"没有固定的模式，例如，工程系和信息系称为"教学工厂"，工商管理系称为"教学企业"，保健护理系则称为"教学诊所"。企业项目和研发项目是教学工厂里最重要的环节，这就要求教职员工具有一定的专业开发能力。教职员工在不断的研发过程中提升专业开发能力，同时也得到了更加专业的培训，始终紧跟相关行业与企业科技的发展步伐。通常教师们每年会有半年时间侧重教学，另外半年时间侧重项目开发，永远处于"项目开发—教学—项目开发"的良性循环中。"教学工厂"是学院教职员工专业培训的重要途径。

2. "无界化"理念

南洋理工学院建立起"无界化"校园，并实施"无界化"教学和"无界化"科技开发。学院科技园内有"信息科技走廊"与"工程走廊"，"走廊"上设有专业科技中心、实验室及科技创新中心。汇集在"工程走廊上"的有电子、制造工程、机电一体化、产品设计与开发、精密工程和生命科学专业中心与实验室；"信息科技走廊"则为数码媒体、信息科技、商务信息、工程信息、多媒体信息通讯科技的交汇要处。"无界化"校园使得不同专业学系的学生与教职员工能够通过联合工程项目及学系间教学活动进行交流。同时，它也使教学资源获得充分利用，促进了学校教职员工的团队精神和跨系别跨专业工程项目的发展，提供了更多综合科技创新与应用的机会，从而进一步强化了师生们的专业能力。无界化团队保障分属不同学系的教师可以在教学或科技开发工作中实现跨系合作。跨系合作可以做到教师的资源共享，并可以使教师得到更多的锻炼。在教学方面，学院会根据课程需求，在不同专业之间、不同学系之间协调和组织教师团队，实现团队组织的"无界化"；在科技开发方面，会根据项目的规模、研发周期和任务大小，整合科技中心、实验室的设备与装置资源，组建"无界化"研发团队，根据项目中的任务角色与工作进程状况分配任务，完成项目研发工作。例如，学院为新加坡地铁系统设计完成的自动检票系统，项目涉及机电一体化与信息系统两大部分的研发，是由工程系和信息系联合开发、共同合作完成的。

3. 专能开发策略

专能开发体现了南洋理工学院从教师培训到教师专业发展的概念转变。学院非常重视教师的培训，坚持"六超越"培训原则，即培训教师超越现有的经验、超越现有的职位、超越现处的部门、超越现有的状况、超越学校、超越国土。同时，学院还确立了终身学习理念，建立了一整套教师专能开发系统，实施教职员工技能转型计划，全面开发教职员工多元化及多层次的专业技能。在技能开发过程中，重视职员的自我更新，并强调与工商业界的联系，其培训途径主要有：工作轮调（包括职位调整）、参观考察有关企业、参与工业项目与科研项目、为企业界人员开办专业课程、内部实习培训、国内长短课程和国外深造、派职员到企业实习等。在内部教学机构的设置上，也充分体现技能开发的特色。学院每个系下面设有若干个专业科技中心，科技中心下面又设专业小组。专业小组由具有相似技能和知识的专业人员组成，负责专门的科技应用与教学。通常多元技能的系统项目会由系部的几个专业科技中心联合攻关；而特大型项目则由学院组织跨系际的人员对其进行攻关。

4. 学习型组织

南洋理工学院要求教职工须做好调整工作期望的准备，接受力所能及的工作；要求全体职员必须充分利用各种培训计划，掌握一套可灵活使用和具有实用价值的技能来应付未来新的挑战；鼓励个人进修以及教职员工间相互分享心得。学院通过以下措施倡导不断学习的精神：①SOLID（Sharing，Organizational Learning，Interaction and Dialogue），即分享、组织学习、交流和对话。星期六被定为"SOLID日"，组织教师互相分享商业信息、管理思想、日常工作经验、先进管理方法和最新的知识等。②AES（Accumulated Experience Sharing），即经验积累和分享。参与企业项目开发后，教职员工均详细记录自己所完成的企业项目开发所积累下来的知识和经验，然后由学院对其加以系统的收集和整理并上传到学校的系统平台，供相关师生学习和分享。③AAR（After Action Review），即事后反思。在重要典礼、活动等事件过后，参与人员要对事件的执行进行分析和反思，以便把未来的事件办得更好。④RRS（Reading，Reflecting and Sharing），即阅读、反映和分享。管理人员阅读了新书籍以后会与同事分享阅读心得，并帮助他们增加个人阅读量。

（三）持续终身的教职员工专业发展

南洋理工学院非常注重教师实践能力的提高和知识技术的更新，并为此建立了多渠道、灵活的培训机制，学院根据发展需要为教师提供多渠道的培训，教师也可根据自身需要向学院申请培训，被称为"双向职员培训哲学"。学院师资培训的渠道广泛、内容丰富，教职员工的专业发展持续终身，职业无界限。

1. 入职培训

新教师以及那些有着丰富实践经验、刚从企业应聘过来的技术人员进入学院后，要接受学院"教师培训中心"的培训，学习教育理论和教学教法。正式讲课前要进行试讲，并将试讲录像。教师培训中心的教师会与新教师一起分析其遇到的问题，并提出改进建议。

2. 无货架寿命

教职员工"无货架寿命"的实质就是终身学习（保鲜）的理念。教职员工职业寿命的长短由自己决定，不分年龄大小、专业类别，在职业教育岗位上必须不断学习和进取。系主任在提升教职员工专项能力的工作中起主导作用，各学系主任在工作规划中必须确定哪些教师要掌握新技术，哪些教师要提升教学技能，哪些教师要掌握做项目的专能，以便在专业调整时使教师具有转向增值的机会。例如，基础课教师要到项目部由项目经理带着开发项目，或被安排到企业当实习学生的主管，接触企业文化和技术等。只要教职员工自己不言"老",愿意充电深造,希望更新知识,学院就给予大力支持,以此鼓励教师不断进取、超越自我。另一方面,学院用制度来约束教师,规定教师知识更新周期以 5 年为限,要与行业工程师保持相当的水平;要求教师积极参加学校定期开展的培训,制订个人近期和远期的培训计划。

3. 职业无界限

南洋理工学院实施职业无界限培训计划(参见图 1-3),旨在一个无界限的环境中培养人力资源,通过不同渠道、方法,为职员提供专业技术培训,让他们通过培训吸取新技能和新科技,以得到更好的发展,达到职业无界限的目标。当开设新专业需要时,学院就会考察相邻或相关教师,进行技能转型,派教师到国内外知名学府、研究所和企业去学习或培训,及时掌握最先进的技术。每年都有 20% 的教师被派或批准到国内外高校、企业进行学术深造和技术培训。

图 1-3　培训计划——职业无界限

(四) 重绩效表现的教职员工评估

重绩效表现的教职员工评估中学院明确规定教师的工作职责包括:教学(理论及实践,每周 16~20 课时);学术事务;校企联系;项目与技术开发;学生项目导师;企业人员的在职培训工作;学生班主任工作;其他协调工作(如学生竞赛、课表安排、学院宣传)等。根据新加坡教育部规定,学院按照一定的比例将教师分为讲师和工程师两类,每类又各分五个级别。不同等级的教师薪酬不同,且差距较大。学年末,学院会分级对教职员工进行单向垂直考核。考核内容为:①工作态度及表现,包括奉献精神、工作态度、团队精神、可靠性及进取精神、领导潜能等;②教学工表现，包括教学能力、教学准备及执行、沟通能力、学生管理、专业及课程开发等；③非教学工作表现，包括企业联系及教学外任务、应变能力、资源计划及应用、工作质量等。

教职员工评估程序与评估安排如下：第一步，由教职员工填写个人业绩、培训内容和对现处工作岗位的感想；第二步，由组长填写对该教职员工的评分与评语；第三步，由项目经理填写评语并书写奖赏推荐报告；第四步，由系主任填写评语并呈交职员奖赏推荐报告；第五步，由院长、副院长、人力资源部主任举行会议对教职员工进行评估；第六步，由行政委员会主席、院长总结与批准教职员工的绩效考核。考核结果决定教职员工晋升与否（若晋升高级别讲师或工程师，还需要校董事会同意）。对于在项目开发和教学方面表现突出的教师，还发放表现花红作为奖励。考核结果不公开，对于评估结果较差的教师，进行谈话辅导或是解聘。

（五）启示

优秀的教师队伍是办学成功的关键，为教师创设不断发展的环境和条件是学校的要务。南洋理工学院的教职员工事业发展制度非常突出，包括了垂直的、平等的和斜向的各种事业发展途径；为各等级的教职员工提供了许多工作轮流调动和发展的机会；"无界化"校园概念使学院在教职员工调派方面更具灵活性；为教职员工提供了许多事业增值机会，并在符合个人与学院的目标下尽量发挥教职员工的潜能。我国高职院校可借鉴南洋理工学院师资队伍建设管理理念、用人标准、培养途径、评价机制等方面的经验，结合自身条件，营造人性化的工作氛围，把好工作准入口径，建立多元化的培训渠道，完善规范化的管理制度，建设具有高职特色的教师队伍，并保障教师的持续增值发展。

参考文献

[1] 马立红. 澳大利亚职业资格框架新发展. 世界教育信息，2008（8）.

[2] 陶秋燕. 高等技术与职业教育的专业和课程——以澳大利亚为个案的研究. 北京：科学出版社，2004.

[3] 冯萍. 澳大利亚技术与继续教育（TAFE）学院师资培养研究. 首都师范大学硕士学位论文，2008.

[4] Careers in TAFE. http：//tafecentre. vic. edu. au/？ page_id = 15.

[5] 黄日强，邓志军. 澳大利亚职业教育的师资队伍建设，河南职业技术师范学

院学报（职教版），2003（1）.

［6］Australian Government（Department of Education, Employment and Workplace Relations）& Innovation and Business Skills Australia. *TAA04 Training and Assessment Training Package：Introduction, Qualifications Framework, Assessment Guidelines.* Units of Competency（Version 2. 1）TVET Australia Ltd. , 2008.

［7］吕红，朱德全. 澳大利亚职教教师资格与标准：TAA 培训包的经验与借鉴. 比较教育研究，2009（6）.

［8］Ministerial Council on Education, Employment Training and Youth Affairs. *Teacher Quality and Educational Leadership Taskforce：A National Framework for Profesionel Standards for Teaching.* 2003.

［9］熊建辉. 教师专业标准研究. 华东师范大学博士学位论文，2008.

［10］The State of Queensland（Department of Education）. *Professional Standards for Teachers：Guidelines for Professional Practice.* 2005.

［11］Queensland College of Teachers Board. *Policy：Continuing Professional Development Framework.* 2008.

［12］Queensland Government（Department of Education and Training）. *Standards for Professioal Development.* 2009.

［13］National Centre for Vocational Education Research. *The Vocational Education and Trainingworkforce：New Roles and Ways of Working – At a Glance.* NCVER, Adelaide. 2005.

［14］Phil Loveder. *World Trends in Staff Development：Implications on the Performance of Technical Education Institutions.* National Centre for Vocational Education Research Ltd. , 2005.

［15］Harris, R. , Simons, M. , Hill, D. , Smith, D. , Pearce, E. , Blakeley, J. , Choy, S. &Snewin, D. . *The Changing Role of Staff Development for Teachers and Trainers in Vocational Education and Training.* NCVER, Adelaide. 2001.

［16］Simons, M. & Harris, R. . *Research Reports into Professional Development.* Australian National Training Authority, Brisbane. 1997.

［17］Palmieri, P. . *The Agile Organisation：Case Studies of the Impact of Human Resource Practices in TAFE.* NCVER, Adelaide. 2003.

［18］Jane Figgis. *Regenerating the Australian Landscape of Professional VET Practice：Practitioner – driven Changes to Teaching and Learning.* NCVER, Adelaide. 2009.

［19］Pat Forward. *TAFE Teaching Qualifications at the Crossroads.* The Australian TAFE Teacher, Spring, 2009.

［20］沃斌峰. 澳大利亚 TAFE 学院教师专业化的举措及其启示，外国教育研究，2009（5）.

［21］曾兰芳，黄荣怀，张建伟. 从美国教师教育技术标准看我国的教师培训. 中国电化教育，2001（8）.

［22］Chickering A. , Ehrmann S. Implementing the Seven Principles：Technology as Lever. *AAHE Bulletin*, 1996（2）.

［23］Chang D. , Baldwin R. G. Creating Time and Space for Faculty Reflection, Risk-taking, and Renewal. *The Department Chair*, 2008（1）.

［24］吴雪萍. 国际职业技术教育研究. 杭州：浙江大学出版社, 2004.

［25］Gillespie K. J. , Robertson D. L. *A Guide to Faculty Development*（Second Edition）. San Francisco：Jossey-Bass A Wiley Imprint, 2010.

［26］南洋理工学院校园开幕特刊. 面向未来. 南洋理工学院, 2000 – 10 – 6.

［27］古凌岚. 新加坡南洋理工学院师资培养模式分析及启示, 高教论坛, 2010（2）.

［28］Innovation Journey. http：//www. nyp. edu. sg/aboutNYP/ij/career_reprofiling. html.

第三节　信息技术支持下的职业教育教师专业发展

Fullan, M. &Hargreaves, A. 认为教师专业发展既指在职教教师教育或教师培训等特定方面的发展, 也指教师在目标意识、教学技能和与同事合作能力等方面的全面进步。[①] 钟启泉也认为, 教师的专业成长贯穿于职前培养与职后进修的全过程, 教师教育是涵盖了职前、职后教育在内的一体化、专业化的教育。因此, 无论从教师的内在要求还是对教师的外在培训, 教师专业发展可以理解为教师的专业成长或教师内在专业结构、专业素养（包括专业心理）不断更新、完善的一个动态的发展过程。[②] 职业教育教师专业发展应该是职教教师在职业教育理论素养、专业知识与技能结构和职业教育研究能力等方面不断提升的动态发展过程。

教育信息化和新课程改革已成为我国教育研究和教育改革的两大主题, 信息时代的教师应面向教育信息化实现自身的专业发展, 学会运用技术促进自身的专业发展。信息技术支持下的职业教育教师专业发展是以信息技术为依托的教师专业发展模式, 包括基于信息技术与课程整合实践的专业发展模式、基于信息技术的专业引领发展模式、基于信息技术培训的

---

① Fullan, M. &Hargreaves, A. Teacher development and educational change. In：Michael Fullan&Andy Hargreaves（Eds.）. *Teacher development and educational change*. London&Washington, D. C.：Falmer press, 1992. pp. 8 – 9.

② 钟启泉. 教师"专业化"：涵意与课题. 见：张维仪. 教师教育——改革与发展热点问题透视. 南京：南京师范大学出版社, 2000. 79 ~ 86.

专业发展模式、基于网络交流合作（同伴互助、网络共同体）的专业发展模式、基于网络校本研修的专业发展模式、基于博客反思的专业发展模式、基于网络虚拟教研的专业发展模式等等。①

职业教育教师专业发展是不断积累的过程，积累越多、积淀越深，职业教育教师专业发展就越有后劲。信息技术把全球的优质教育资源都聚集在一起，汇集了古今中外数千年的知识、文化和智慧，为教师提供了良好的学习环境、学习工具与支持系统。目前，我国建立了各级各类有关职业教育的信息网和专业教学网站，各大门户网站一般也设有教育频道，各学科专业协会和一些名师也建立了专业网站，其中许多网站有教师专业发展专栏。这就要求职业教育教师要做信息技术和专业发展的有心人，利用博客、案例库、社会性软件（如：Wiki、RSS）等工具进行个人知识管理，建成有利于自身专业发展的个人学习环境。教师还可以利用博客、博客圈、虚拟社区、教师网联、QQ 群等建立基于学习型组织的教研共同体，互相交流教学经验、技巧和专业知识、专业技能，进一步深化对信息化教学、新课改、信息技术与教师专业发展等新问题的理解和认识，相互帮助，实现自我超越，使整个教师团体共同进步。

目前，职业教育教师经常用到的信息技术工具主要有：知识检索工具、知识更新工具、知识管理工具、知识结构优化工具。

知识检索工具——谷歌类工具（学术搜索、图书搜索、谷歌实验室等）、百度类工具（百度知道、百度百科）、新浪（爱问知识人）、数字图书馆、中国知网、维基百科、教育资源库等知识检索工具可以提供任何想要的知识。

知识更新工具——职业教育教师利用博客、Social Bookmarks、SNS、IM 等社会性软件，通过反思和交流进行知识更新。他们还利用知识检索工具、电子期刊、教育网站、网络课程、精品课程、教师网联、知识博客、教师博客圈等进行网络化学习。这些工具的应用催生了职业教育教师网络化学习、混合学习和泛在学习等学习方式，加快了教师知识更新的速度。

知识管理工具——一些社会性软件、教育资源库、PKM 软件等都可以被用来作为知识管理工具，职业教育教师可利用这些工具进行知识获取、知识保存、知识开发、知识共享、知识利用和知识评价。

知识结构优化工具——概念图和脑图工具可以作为知识结构优化工

① 郑小军. 教育信息化与教师专业发展. 教育评论，2009（2）：43~45.

具，把思维过程、结果和其他隐性知识通过图表、文字等进行形象化和外显化，将获取的新知识融入已有的知识框架（同化），或改造原有的知识结构（顺应），在此基础上实现知识结构优化和知识融合创新。[①]

在信息技术的支持下，职业教育教师专业发展的路径有了新的生长点，如：互联网突破了传统教育的时空限制，为教师终身学习提供了条件，为促进教师专业发展提供了数字化平台；网络以其交互性、开放性以及强大的信息资源，有效地解决了教师专业发展中的问题，满足了教师发展的实际需求，使教师能够成为有效的学习者、研究者和自主的发展者。信息技术支持的职业教育教师发展的常见途径：基于虚拟学习社区的学习、基于电子档案袋的评价、基于博客的教学反思。[②]

虚拟学习社区是一个通过 ICT 在因特网或者是在局域网内创建的学习环境，在这个环境中，人们拥有一个共同的目标，进行平等的交流与合作；它与传统社区的最大差别在于：传统社区是基于物理场所而形成的，其社区成员、空间、资源在形成时就已基本受限；虚拟社区则是在虚拟空间中由有共同兴趣的成员组成，其社区成员、空间、资源能够得到很大程度的弹性扩张。盖提克尔（Gattiker）等人认为学习社区的构成要素有：①个人关系构成的社会网络；②感兴趣的团体；③相理解；④对话、反馈以及共享的体验；⑤拥有一段共同的经历。普赖姆斯（cf. Primuth）指出，对于信息技术支持的学习社区而言，它还包括其他关键特性：①基于人们的兴趣来构想社区的类型；②基于与素未谋面的朋友进行交谈；③基于信息传递异地交互。

职业教育教师的虚拟学习社区主要是由从事中职教育与高职教育的教师组成，他们以自身专业化发展为基本目的，拥有感兴趣的教改教研主题；虚拟学习社区中的教师身处不同地方，他们利用信息工具（资源搜索和管理工具、通讯交流工具、协作工具、认知工具等）进行交流，享有丰富的学习资源（是以多媒体、交互性和分布式为特点的职业教育类数字化信息资源，同时也包括广泛意义上的职业教育教师同行、专家等人力资源）。

---

① 郑小军. 信息技术支持的教师专业发展：从应然走向实然. 现代教育技术，2010，20（7）：58～59.

② 熊频. 信息技术支持的教师专业发展研究——以"东湖教研在线"为个案分析. 江西师范大学硕士学位论文，2006. 77.

　　电子档案袋是指学习者运用信息技术记录和展示其在学习过程中关于学习目的、活动、成果、业绩、付出、进步以及关于对学习过程和结果进行反思的一种集合体，其主要内容包括学习作品、学习参与、学习选择、学习策略、学习自省等材料。①

　　电子档案袋能够用于职业教育教师专业化评价之中，成为他们的电子教学档案，它以数字化的形式展现教师教学成果、教学经验、教学计划等。与传统的教学档案相比，它通过借助于信息技术，使得教学档案不仅是一种用于组织评估和个人收藏的文档，而且易于收集，能够方便地用于公开展示、交流，使教师能够从随时的相互学习中了解他人的教学理念、教学经验，并从中得到启发。② 电子档案袋通过记录、呈现、反思、总结、计划等方式，培养了职业教育教师不断进行自我总结、反思、交流及改进方法的态度，为教师终身学习和持续的专业发展服务，同时也很好地促进了教师群体的发展。

　　教育叙事是一种质的研究方法，它以研究者本人作为研究工具，在自然情境下采用多种方法收集资料，对社会现象进行整体性探究，使用归纳法分析资料形成理论，通过意义建构获得解释性理解；它以教师的故事为研究对象，强调人们教育经验的联系，并以叙事方式来描述人们的教育经验、教育行为以及作为教育群体和教育个体的生活方式。它由解说者来描述和分析，不只关注教育的"理"与"逻辑"，而且关注教育的"事"与"情节"。

　　博客成了教育叙事的一种重要手段，是职业教育教师专业发展的新途径。博客使教育叙事数字化，使叙事研究更容易保存、流通、复制。博客实现了个人出版时代的梦想，可以让教师自由发表叙事故事，与读者共享研究成果；博客使叙事研究突破研究者个人的小圈圈，能与他人展开充分的交流，并创造出更多的智慧。总之，博客为每位教师的专业发展提供了全球化的数字化环境和表达方式；并且，由于它零障碍的技术支撑和零距离的人文关怀，促使教师作为教育主体的自发参与，实现了教师的情感互动、资源分享、思想互联和专业发展。

　　信息技术支持下的职业教育教师专业发展在教师制度建设、教师教育、自我更新等方面发挥了重要作用。

---

① 钟志贤. 信息化教学模式. 北京：北京师范大学出版社，2006. 102.
② 程莉莉. 电子教学档案：促进教师专业发展的有效方式. 全球教育展望，2005（3）：91~92.

第一，信息技术支持下的职业教育教师专业发展促进了各项教育管理制度的完善。信息技术介入教师制度建设，不仅提高了管理效率，同时催生了信息平台下教师专业发展的新制度。例如，教师专业发展电子化档案信息管理制度、教师专业发展网络平台的使用和维护管理制度、校本研修机制和教师自主发展制度、中小学教师教育技术能力标准等。

第二，信息技术支持下的职业教育教师专业发展推动了职业教育信息化和教育的一体化建设与改革。信息技术支持下的职业教育教师专业发展是职教师资培养的重要途径，它是职业教育信息化实践活动的重要组成部分，在很大程度上促进了职业教育信息化理论与实践成果的产生，为职业教育的发展奠定了基础。

第三，信息技术支持下的职业教育教师专业发展促进了教师对自身知识结构与能力结构的更新。教师利用一些信息技术工具进行自我反思，将思想可视化和系统化。例如，博客、电子作品集、教师成长电子档案袋忠实地记录了教师专业发展的历程，帮助教师保持与自我专业发展的对话，弄清发展目标；另外，Web 2.0 新技术（Wiki、微博、Facebook 等）促进了教师通过合作、对话与交流进行自我更新。①

第四节　网络环境下职业教育教师培训模式的变革

传统环境下职业教育教师培训模式主要有八种：企业轮训式、校内集训式、课改实践式、产教一体式、进修提升式、专家引领式、参与行业式、服务提升式。

企业轮训式培养分三个层面。一是在专业教师数量较为充足的条件下，以半年或一年为一周期，安排专业教师下企业进车间进行轮训，同时要求教师在企业任一定职务，并实质性地开展工作。每一个专业教师隔一段时间就能轮到一次，这对教师接受新技术、了解新设备、掌握新工艺等有很大的帮助。二是利用暑假，要求专业教师带着项目下企业开展实践。学校规定专业教师在暑假必须下企业实践 15 天以上，并要求记好《实践/培训日志》。实践结束后由企业给予实践鉴定，学校和专业科系同时不定

---

① 郑小军. 信息技术支持的教师专业发展：从应然走向实然. 现代教育技术，2010，20（7）：59～60.

期进行检查。三是平时不定期下企业、进教学工厂等。根据专业教师任课的特殊性，每周专业教师在排课时给予 1 ~ 2 天的空课时间，在这段时间里，专业教师可以申请下企业开展实践活动；一些专业教师成为企业的技术顾问，利用这一时间，教师可以为企业解决技术问题，同时提升专业技能水平。

校内集训式培养是指充分利用暑假，邀请企业技术人员、行业专家、高校教授等，集中时间对教师进行培训，提升教师的整体教学水平和技能素养。这种培养模式分两个方面来开展：专业教师技能复合型集训、文化课教师专业技能训练。集训式培训模式对受训者及时了解教育改革中的前沿性知识，洞察国内外教改教研动态是非常必要的，且这种模式省时、省力，也便于培训机构操作；但是这种培训方式无法实现个别化教学，即采用统一时间、统一地点、统一内容的教师培训模式不能兼顾在职教师的工作、学习、家庭，不能让教师按自己的实际情况参加培训。

显然，这种固定时间的集中培训在实施过程中无法体现参训教师的主体地位，无法实现以参训教师为主体的现代教育理念，极易导致参训教师积极性受挫，主动性下降。

课改实践式培养就是让专业教师积极投身到学校的课程改革实践中，在课改实践中提升专业技能、教学能力和科研水平。

产教一体式培养就是学校依托产业，成立技术服务区、研发中心、名师工作室等产、教、研一体的平台，为教师创设接触企业、发挥专业特长的机会，这样一方面培养了"双师型"教师，另一方面也更有效、更直接地服务了地方经济。

进修提升式培养就是学校选派优秀教师、骨干教师前往国内知名院校或国外的著名企业参加培训、进修，能有力地促进职业教育教师成长。

专家引领式培养就是聘请知名职教专业、企业行家、能工巧匠来校讲学，做报告或手把手地传、帮、带，帮助职业教育教师的成长。

参与行业式培养就是学校鼓励教师加入各种行业协会，组织教师参加行业考证，搭建行业与职业教育相互促进、协调发展的平台，使教师对专业发展的认知能紧跟行业企业发展的步伐，及时了解行业动态、发展方向，及时引进新知识、新技术、新工艺，促进教师的专业发展。

服务提升式培养就是学校组织专业教师在服务企业中提升专业水平，

切实帮助职业教育教师由成长发展到成熟。①

　　传统的职业教育教师培训主要着眼于对知识、技能和观念的强化补充，这样的模式往往无法充分发挥教师的主体参与性、能动性和创造性。因此，参与培训的教师就很有可能无法有效地将这些所学知识应用到教学实践中，更无法从实践中提炼教育教学经验和理论。

　　无法实现培训时间的灵活性是传统培训模式的另一弊病。并且，这种固定时间的集中培训在实施过程中很容易造成培训者与受训者地位僵硬，对受训者的主体地位强调、体现不够，无法实现以学习者为主体的现代教育理念，极易导致参训教师积极性受挫，主动性下降。

　　国内一些学者通过调研总结了传统职业教育教师培训的弊端，如：重"授课式"培训，忽视"互动式"培训；采用集中授课，时空受限，不利于终身学习和发展；实效性差，难以满足教师的多样化需求；培训资源不丰富等。

　　传统的职业教育教师培训与教师发展的持续性、差异性、系统性等特性存在冲突，因此无法从本质上帮助教师解决教育教学问题，已不再适应教师专业发展要求。

　　网络技术的发展改变了职业教育教师培训的内容、手段、方法，最终导致整个教师培养思想、培养理论甚至培养体制的根本变革。利用网络技术，弥补传统教师培训模式中的不足，突破时间界限和空间等的束缚，使教师发展成为可持续、不间断、体系化、可操作的过程，对于真正发展教师的素质和能力具有重要意义。因此，网络环境下职业教育教师培训模式在培训时空、培训人数和培训方式三个方面发生了改变：

　　第一，培训时空——从固定走向开放。

　　传统教师培训模式存在一个突出问题：工学矛盾，即工作和培训学习在时间上的矛盾非常突出。而网上的培训活动，可以在个体、群体、众体这三个层面上进行，按活动方式可分为异步培训和同步培训。同步培训，具有空间的自由度，学员们于同一时刻，在网络上接受相同的培训。异步培训，在空间和时间上均具有很大的自由度。网络使教师培训在时空上极富弹性，并且更适合忙碌的教师。受训教师可以根据自己的实际情况，选择自己方便的时间和地点上网学习，也可以在培训者的指导下，自由选择

---

　　① 黄伟祥. 中职学校"双师型"教师培养的研究与实践. 中国职业技术教育，2013（27）：63～66.

学习内容，安排和调整自己的学习进度，这是网络带来的开放性体验。

第二，培训人数——从有限走向无限。

时空的开放性，带来了网络培训对象的广泛性。任何想参加学习的教师，只要具备基本的上网条件，都可以进行学习。

第三，培训方式——从集中走向双轨。

网络环境下的教师培训，改变了传统的以集中授课为主的形式。实践证明，传统培训与网上研修并行的双轨培训更为有效。集中培训结束后，教师的培训即转移到网上，形成了两种培训方式并行的双轨培训。①

网络环境下职业教育教师培训模式能较好地促进教师专业发展，它的优势主要体现在：

1. 打破时间和空间的局限

传统的培训采用单一集中授课方式，需要参与培训的教师拿出相对完整的一段时间来学习，而教师教研任务重、时间紧，因此教师对于集中学习的内容也无法及时内化，很难将知识转化成能力应用到教学中，解决实际问题。然而，网络环境下的教师培训方式是对常规培训模式的延续，起到了较好的辅助和支撑作用。它可突破时空的限制，随时随地学习，教师集中培训后回到工作岗位可以根据自己的时间安排，继续巩固、梳理、深化培训内容，满足教师专业发展的需求。

2. 资源的多样和共享

教师不仅可以在网上继续学习到集中培训课程中讲授的内容，还可以看到专家的相关研究内容，帮助教师拓宽视野，培养研究意识和学习动机。另外，网络环境提供了比传统培训更丰富的教学资源和学习资源，学员可以根据自身的需要筛选资源，这为学员的学习提供了便利。与此同时，无界限的共享资源，也是网络环境的特色，学员不必拘泥于传统课堂式学习方式，可以互相交流、共同探讨、资源共享、知识共享、智慧共享。

3. 学习材料的多媒体性

传统的培训中，专家的讲座占据了大部分时间，是培训学习的主要形式。单一的学习方式不仅不利于激发教师的学习动机，从认知角度讲，也不利于知识的学习和内化。而在基于网络环境的培训中，教师综合利用文本、图形、视频、音频等多种媒体形式的学习材料，有利于情境的创设和

---

① 徐国梁. 网络环境下教师培训模式的变革. 上海：上海大学出版社，2007. 227~229.

认知的改变。

4. 交流探讨的广泛与深化

交流是学习活动的出发点和最终归宿，是一切学习活动的原动力，更是人与人之间传递思想情感等信息的需要。在网络环境下进行的专家—教师对话、教师—教师对话，不管是以直接的形式还是以间接的形式，都达到了多层次最大化的信息传递。通过各种交流工具，专家和教师之间、教师和教师之间可以保持同步或者异步的交流，及时反馈和沟通信息，这种交流也帮助锻炼了参与培养教师的交流协作能力。

5. 学习的自主化

学习环境的改变让学员有了轻松的学习氛围，网络确保了学员的主体地位，学员可以灵活地对自己培训中的重难点部分进行梳理、学习和巩固；还可以对培训中感兴趣，但是由于时间现在无法探究的问题进行"收藏"，以便日后继续研究，充分发挥学员的自主性。在现代信息技术强有力的支持下，教师从传统的"要我学"中解脱出来，开始进入自主的"我要学"阶段，培养了学习兴趣，优化了学习效果。

6. 教学评价的多元化

评价是教师培养过程的重要环节，通过评价学员可以对自己的学习状况有个明确的定位，专家的指导也帮助教师明确了今后努力的方向。因此，多元化的评价对于优化培训、增强培训效果具有重要作用。

网络环境下的教师评价体系，充分发挥了学员的主体地位，学员既是被评价的对象，也是评价的主体，这对培养学员的评价意识和能力具有很大帮助，形成了以"课、研、修"为载体的"自我评价、同伴评价、专家评价"三位一体的共同评价机制。

总之，利用网络环境可有效解决传统教师培训中的诸多问题，延续传统教师培训的过程，达到教师培训既定的目标，有效促进教师专业发展。同时，基于网络环境下的教师专业发展模式本身就是信息技术与培训课程有效整合的范例，有利于参与培训的教师在学习过程中生成、共享及积累信息素养和信息能力的隐性知识，发展教师的行业技能和教育教学能力。[①]

目前，国内一些学者在大量文献研究及调查研究的基础之上，提出了一系列职业教育教师培训模式，如：网络培训模式、校企合作培训模式等。

---

① 周汝德. 浅论职业教育的特点与教学方法. 农业教育研究，2010，12（4）：12～14.

陕西师范大学王凤琦提出了面向职业教育教师培训的网络培训模式，采用将卫星宽频与地面回传相结合的方式接入因特网，通过现代的通信网络将教师的图像、声音和电子教案传送给学员，并根据需要将学员的图像、声音通过电信技术回传给培训者，从而模拟出学校培训的授课方式。利用卫星传送教学节目，可以大面积传送动态画面和实现双向交互，特别在接收点数量大而且分散的情况下，利用通信卫星是目前最有效的培训手段；卫星通信具有覆盖不受地域限制、组网灵活、易维护等技术特点，是解决教师教育培训问题经济有效的手段。图1-4是该网络培训模式：①

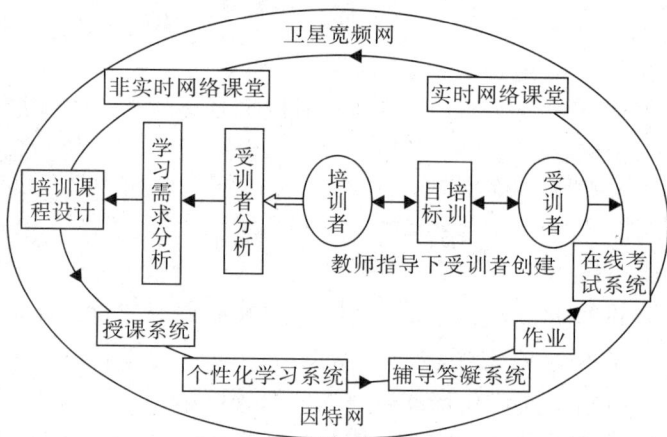

图1-4　网络培训模式

这是一个环形结构的闭合模式图，上半环表示卫星宽频网络环境，下半环表示因特网环境。通过卫星宽频网实现主教学站点与其他校外教学中心的实时交互教学，利用卫星实时交互控制系统，既可实时授课，又可集中答疑；利用课件点播系统，学员既可查漏补缺，亦可温故知新；通过地面因特网进行教学教务管理、课程点播及课件制作和编辑，既可管理教学，又可以让学员随时随地学习。

这一网络培训模式包含两种形式：基于卫星宽频的培训模式和基于因特网的培训模式。

基于卫星宽频的培训模式包含实时网络课堂和非实时网络课堂。

----

① 王凤琦.信息技术条件下教师教育培训模式的构建.陕西师范大学硕士学位论文，2006.31.

1. 实时网络课堂

使用卫星宽频技术将教学内容向各个中心传送，能够实现实时直播互动教学，在教学课堂上，使用卫星宽频技术，将教师的讲解、板书、课件、录像、动画制作以及师生互动交流等场景完美地融合在一起并延伸到各地的远端教室，使远端教室的学员如同坐在教室里一样接受优秀教师的优质教学，分教室的学员可以随时提出问题，其提问的内容通过地面网络回传给主教室教师，教师可以实时回答学员提出的问题。

2. 非实时网络课堂

利用卫星宽频技术还可以接收非实时的教学资源，下载数据文件、课程录像等资源，使培训科目选择面极广。在学员所在的远端教室，授课内容被播放到教室的大投影屏幕上，学员通过观看投影屏幕来接受培训，远端用户可以定期从卫星宽带接入系统中获得主教学点的教学计划、课程设置、教案、教学设计、各科学习材料、考试与复习指导、管理方法、各科教师答疑、学员习作交流等服务。

基于因特网的培训模式是供教师和学员使用的系统，由授课系统、个性化学习系统、作业批阅系统、辅导答疑系统及在线考试系统组成。

授课系统和个性化学习系统是网络培训教学的重要组成部分，它提供视频和与授课讲义同步播放的自主学习课件以及相关的同步学习支持功能的学习指导。作业批阅系统提供基于 Web 的作业发布功能，学员根据所学内容，自己选择作业，并在网上提交，教师可在线批改和点评作业。辅导答疑系统可以提供在线实时辅导和答疑以及异步交流工具。在线考试系统可让学员根据自身实际情况在网络上随机选择试卷，在线答题，系统自动判卷、评分，并对考试结果进行统计分析。

这种培训模式采用了卫星宽频技术和因特网技术，并因此衍生出了两种技术支持下的培训模式，即基于卫星宽频的培训模式和基于因特网的培训模式，这两种子培训模式为职业教育教师提供了实时互动课堂、丰富的网络资源、同步和异步交流空间、在线考试等培训资源，它充分体现了信息技术在培训过程中的支撑作用，较好地满足了职业教育教师培训的需求。

浙江师范大学赵文静提出了面向职业教育的校企合作培训模式，该模式包括外环、内环、中环。培训理念、培训政策、培训制度和培训管理作为保障处于最外环。最内环是三维的立体培训架构，包括六大部分：培训目标、培训对象、培训层次、培训内容、培训方法和培训形式的确定。中

间一环是对整个培训的评估，贯穿于培训过程的始终。具体如图 1 - 5 所示：①

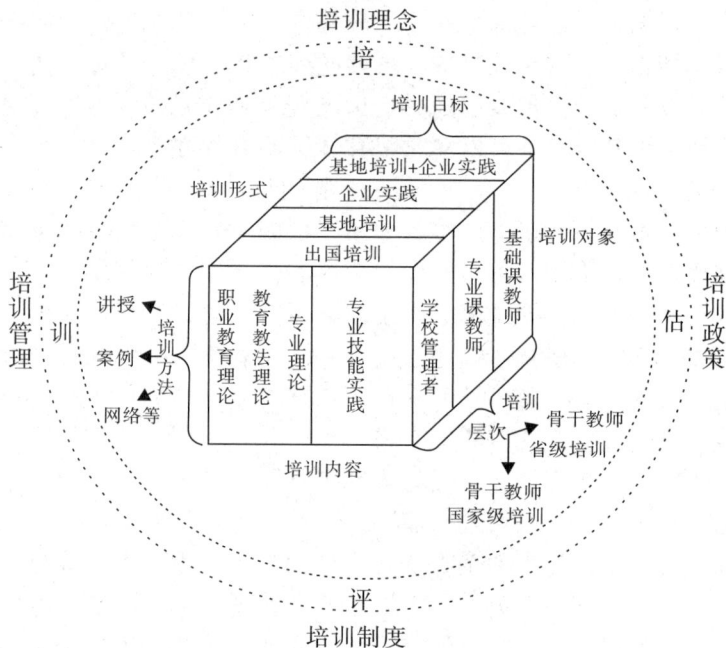

图 1 - 5　校企合作培训模式

　　该模式构建了培训的"大系统"模型，强调了培训理念、完备的培训政策及制度等外在环境对培训的影响，并且培训计划的制订是针对不同层次的教师而进行的，在培训设计和实施阶段，根据知识的本质和学校条件及教师的实际水平，采取多样化的培训方式，以达到因材施教的效果。该模式还强调对培训进行全程评估，有利于考查教师在培训中能力的提升程度，并且还有助于发现培训的不足之处。

　　这一培训模式具有如下四个特点：第一，构建了培训的大系统模型，强调了外在环境对培训的影响，如先进的培训理念、完备的培训政策及制度化、有序的培训管理，可以极大地增强培训效果。第二，培训计划的制

---

　　① 赵文静. 基于企业系统培训模式的中职师资培训模式建构研究. 浙江师范大学硕士学位论文，2011.40.

订强调分层次培训的方法，对不同层次的职业教育教师进行不同形式的培训，包括专业技术的高、中、低层次，管理水平的高、中、低层次，按照能力培训的模式使受训者取得最佳学习效果。第三，在培训设计和培训实施阶段，应根据知识的本质和学校条件以及个人学习能力，采取多样化的培训形式，增强培训效果，强调全过程学习的重要性，这也是职业教育教师培训的必然要求。第四，强调对培训进行全程评估。这种培训模式适用面非常广泛，可对不同层次的职业教育教师进行不同形式的培训，且培训的理念先进，管理完善，有利于开展大规模的职业教育教师培训活动。

在网络技术和教育改革的双重冲击下，职业教育教师专业发展是一种超越培训概念并且涵盖正式与非正式学习方法，处于教师自身需求的主动且自觉的行动。网络环境下面向职业教育教师的培训模式将在理论和实践中不断创新、不断发展和逐步完善。

第二章　基于网络环境的职业教育教师
　　　　培训模式实践研究的理论基础

　　随着多媒体技术、计算机网络技术的发展，开放式、全民式的终身教育体系已经形成，教育的网络时代已经到来。网络以其多媒体化、信息化、交互性的优势进入了教育领域，给传统教育带来了从行为到观念的变革。网络正强烈地影响着教育和学习的方式，同时还将影响职业教育教师的培训模式。

　　创建新型的职业教育教师培训模式是时代赋予的一项重要任务。职业教育担负着培养数以亿计的高素质劳动者和专门人才的重要历史使命。近年来，我国职业教育事业的发展突飞猛进，职业教育教师队伍建设也取得了重大成就，基本形成了相对稳定、专兼结合的教师队伍，总体素质有了较大提高。但职业教育教师培训模式、规模和质量还不能适应职业教育发展的需要。大力加强职业教育教师培训，是改变我国职业教育教师现状的必然选择，是加强职业教育师资队伍建设，提高职业教师专业化水平的重要途径，是推动职业教育持续快速发展的必经之路。

　　迅猛发展的网络技术使得基于网络环境的职业教育教师培训模式的创建成为可能。在模式创新的过程中我们必须借鉴先进的教育理论，如职业教育理论、教学系统设计理论、教师专业发展理论、建构主义学习理论，以这些理论为指导，基于网络环境的职业教育教师培训模式的设计才可以沿着正确的道路发展，同时这些理论也为职业教育教师培训网络平台的实践应用、网络环境下职教师资"双师型"能力提升的应用研究提供了坚实的基础。①

---

① 李延安．基于网络环境的教师培训模式研究．山东师范大学硕士学位论文，2005.14.

第一节　职业教育理论

一、职业教育理论概述

职业教育是指让受教育者获得某种职业或生产劳动所需要的职业知识、技能和职业道德的教育。我国的职业教育，从广义上讲，包括幼儿、小学时期的职业准备教育；初中、高中阶段的就业前职业教育；初中后、高中后的就业后的职业教育，或称继续教育、成人教育、终身教育。狭义的职业教育是指中专、职高、职业学校、技术学校、高职教育等专门性的职业教育。概括而言，职业教育可以定义为：直接为生产、服务、技术、管理等第一线服务的，在一定普通教育的基础上，给予学生从事某一职业或劳动岗位所需知识、技能、技术和综合职业素质，以就业、转换职业或提高劳动者职业技术水平为目的的教育。它具有如下四个特点：

第一，职业教育的目的是为生产、服务、技术和管理领域培养应用型人才，其实质是培养把科学（含社会科学、管理科学、教育科学等）技术转化为生产力的人才。

第二，职业教育的涵盖面广，它既包含职前教育，又包含就业后因各种原因转换职业的教育；既包括层次比较低的就业技术、技能教育，又包括随着经济、科技和社会发展的需要不断提高从业技术水平的教育。因而它包含了岗位培训，学历、非学历教育，初级、高级等多层次、多类型、多水平的教育。

第三，职业教育无论是针对就业、转业或提高技术水平，都必须与经济和社会发展相适应。因而，其专业设置、教学内容、办学模式应适合经济和社会发展需要。与经济、社会发展紧紧相随，联系最紧密、最直接是职业教育的重要特征。

第四，要适应社会就业的需要，职教机构在实施教育中应从从业人员需要具备的学训、技能、技术、能力，即从职业能力和全面素质出发，在教育内容上应该强调技术性、应用性和专业岗位素质的针对性。特别是高职教育更应该着重于对某一职业群或岗位群的技术、能力、技能和素质的培养。

总之，职业教育既强调进行一般教育、综合教育，又强调进行技能、技术教育；既强调培养一般技能型人才，又强调培养高素质技术型人才；既为就业服务，又为提高人的基本素质和终身发展服务。①

目前，与职业教育教学改革与实践、课程设计、管理创新、技能培养紧密关联的教育理论有：发展性教学理论、人本主义教育理论、全面和谐发展理论、最优化教学理论、主体性教育理论、创新教育理论、最近发展区理论、发现教学理论等。

发展性教学理论阐述了实验教学论的教学原则、教学内容和教学方法，以及学生达到的一般发展水平和他们掌握知识、技能、技巧的情况，科学地论述了实验教学论的整体结构，并提出教学要在学生的一般发展上取得尽可能大的效果。

人本主义教育理论强调素质教育，体现人本化、人性化和多元化，以人为本，逐步走向民主化、开放化和终身化。

全面和谐发展理论认为，全面和谐发展的人就是把丰富的精神生活、高尚的道德、健全的体格和谐结合在一起的新人，是高尚的思想信念和良好的科学文化素养融为一体的人，是把对社会的需求和为社会劳动和谐统一起来的人。

最优化教学理论认为教师在教学过程中要选择一种最适合于某一具体条件的教学模式和方法，对教学过程进行控制，从而保证教学过程在规定时间内发挥从一定标准看来是最优的作用，获得尽可能好的效果。

主体性教育理论认为主体教育就是根据社会发展的需要和教育现代化的要求，教育者通过启发、引导受教育者内在的教育需求，创设和谐、宽松、民主的教育环境，有目的、有计划地规范、组织各种教育活动，从而把他们培养成为能够自主地、能动地、创造性地进行认识和实践活动的社会主体。

创新教育理论认为创新教育就是通过创新教育的活动来培养学生的创新能力，进而实现学生智慧、个性品质、学生主体精神的全面发展。

最近发展区理论认为教师在进行教学设计时要明确两种水平，已达到的水平和可能到达的水平，并且应根据学生的具体情况，用感性材料作多角度设问，让学生在熟悉旧知识的前提下，在有梯度的层次设问中逐步过渡到新问题，即进入"最近发展区"。

发现教学理论认为学习是通过主动发现而形成认知结构的过程，认知

---

① 李海宗. 高等职业技术教育概论. 北京：科学出版社，2009. 51～69.

发展是由结构上迥异的三个阶段（行为把握、图像把握和符号把握）组成的阶段性的质的过程。①

这些理论在网络环境下职业教育教师培训模式的探索中，被不断赋予新的内涵，形成了具有职教特色的理论和实践新成果，这对于提高职业教育质量和水平具有十分重要的理论和实践意义。与这些理论相适应的教学方法有：模拟教学法、角色扮演教学法、项目教学法、案例教学法、引导文教学法、四阶段教学法、头脑风暴法、张贴板教学法、现场教学法、模块教学法、要素作业法、个别工序复合作业法、主题教学法。

模拟教学法是让学生在模拟环境中操作学习，一般与角色扮演教学法配合使用，尤其适用于只能让熟悉业务的人员从事的特定工种，如变电站、电话局的机房，火车、飞机等交通工具的驾驶，财务金融等业务过程的模拟，以及一些高、精、尖的精密仪器的使用。模拟教学法分为模拟设备和模拟情境两种情况，前者如模拟汽车驾驶、模拟控制操作等，后者如模拟银行柜台、物流港口仓库、模拟公司等。

角色扮演教学法是让学生在假设的环境中按某一角色身份进行活动，借以达到教学目标。这种教学法分为提出问题，挑选角色扮演者，观察与角色扮演，记录、讨论四个阶段。这种方法适用于旅游、商业、管理等文科专业。

项目教学法是师生通过共同实施一个具体的、具有实际应用价值的完整"项目"工作而进行的教学行动，如小产品的制作、某产品广告设计、应用软件开发等。基本教学过程为确定项目任务、制订计划、实施计划、检查评估、归档或结果应用。主要用于综合能力的培养，多与其他教学方法如引导文教学法等配合使用。

案例教学法是通过一个具体教育情境的描述，引导学生对这些特殊情境进行讨论的一种教学方法。主要教学过程为阅读分析案例、小组讨论、全班讨论、总结评述。这种方法多适合于管理、教育、法律、医学等学科，适合于已掌握一定专业理论知识，并有一定知识积累的高年级学生。

引导文教学法是借助引导文等教学文件，引导学生独立学习和工作的教学方法，具体内容包括任务描述、引导问题、学习目的描述、学习质量监控单、工作计划、工具与材料需求表、专业信息、辅导性说明等，教学

---

① 阮小葵．以就业为导向的广东职业教育改革发展研究．华南理工大学硕士学位论文，2012. 13.

中分为获取信息、制订计划、作出决定、实施计划、检查、评定六个阶段，可配合讲授法、谈话法、讨论法、演示法、四阶段教学法、项目教学法等使用。

四阶段教学法是将教学过程分为讲解、示范、模仿和练习四个阶段进行的程序化的技能培训教学方法。主要用于专业技能的实践教学。以"示范—模仿"为核心的教学方法还可分为三阶段和六阶段教学法等。

头脑风暴法是教师引导学生就某一课题自由发表意见，教师不对其正确性进行任何评价的方法。教学过程一般为教师解释运用方法、学生即兴表达想法与建议、师生共同总结评价。适合于解决没有固定答案的或没有参考答案的问题，以及根据现有法律政策不能完全解决的实际问题，如市场营销中的买卖纠纷、广告设计等。该法能够在最短的时间里获得最多的思想观点，可插入到任何一个教学单元或工作过程中。

张贴板教学法是在张贴板上钉上由学生或教师填写的、有关讨论或教学内容的卡通纸片，通过添加、移动、拿掉或更换纸片而展开讨论，从而提出结论的研讨班教学方法。主要用来收集和界定问题、征询意见、制订工作计划、收集解决问题的建议以及作出决定。教学过程一般为教师准备、开题、收集意见 、加工整理、总结。

现场教学法是在生产现场直接进行教学的教学方法，让学生在实习现场或工厂车间，教、学、练、做、训相结合，缩短理论课堂教学与实际生产应用的距离。

模块教学法是把学生掌握的知识或技能，根据具体工种、任务和技能的要求，严格按照工作规范，划分成若干独立单元或模块进行教学的方法。教学过程为划分教学模块、实施模块教学、改进教学方案。

要素作业法是通过对手工生产劳动过程的分析，从中抽出操作要素编成单元作业，然后在与生产现场相脱离的场合按一系列要素作业进行教学的方法。

个别工序复合作业法是教师先让学生分别学习和掌握本工种最简单的几个要素工序，然后将这几个要素工序复合起来加以运用，进行简单作业的教学方法。以后再学习几个新的要素工序，再进行包括以前学过的要素工序及新学的要素工序在内的更复杂的作业。

主题教学法是20世纪80年代在澳洲发展起来的一种以主题内容为基

础的教学方法。①

职业教育教学法强调以学生为中心，提倡"做中学、学中教"、"做学教一体"，强调培养学生动手能力和小组协作学习能力。这些教学方法在教学组织形式上，由以课堂为中心向以实训教学为中心转变，重视学生实践能力的培养，突出了职业教育的特点。

在上述方法的指导之下，我国职业教育教学模式主要有：五阶段职教模式、技术型教学模式、产学研结合模式。

五阶段职教模式以市场为导向，强调职业技术教育的专业设置，重视学生综合素质和职业能力的提高，具有较强的系统性和实用性。它包括：市场调查分析阶段、职业分析阶段、教学环境开发阶段、教学实施与管理阶段、教学评价与改进阶段。

技术型教学模式是由教、学、管三个系统，驱动、受动、调控、保障四个层面，以及教学理念、教学目标、教学内容和课程体系、教学手段与方法、师资队伍、学生、教学管理、学业成绩评定等九个要素组成。这一模式以某个职业或职业群的职业能力和综合素质的培养作为进行教学的基础，作为设计课程和相关的教学环节、选择教学手段和方法的依据。

产学研结合模式的教育目标是提高学生对社会生产的适应能力，基本特征是学校与企业合作培养学生，本质就是教育实习与真实工作相结合。这一模式有利于实现对科学技术、资金、设备、人才等社会资源的优化配置及产出的合理分配。②

这些模式在教学方法上坚持以学生为中心，教学内容的组织要把职业能力培养和岗位需求结合起来，加强与企业的合作，它们对基于网络环境的职业教育教师培训模式实践应用具有深远的指导意义。

二、职业教育理论对基于网络环境的职业教育教师培训模式实践应用的意义

职业教育的相关理论对基于网络环境的职业教育教师培训模式实践应用发挥着不同的作用，例如，人本主义教育理论是该模式生成的根本，最

---

① 何文明. 我国职业教育教学方法研究述评. 职业技术教育, 2011, 32（25）: 45.
② 周勇. 高等职业教育教学模式研究综述. 长沙民政职业技术学院学报, 2007, 14（1）: 79~80.

优化教学理论是该模式发展的途径，创新教育理论是该模式运行的动力等。虽然，这些理论所发挥的作用不一样，但它们都是基于网络环境的职业教育教师培训模式实践应用不可或缺的重要基础。

1. 发展性教学理论是基于网络环境的职业教育教师培训模式前进的方向

职业教育教师培训是教师获得专业发展的一种有效途径，可以说，教师培训就是教师专业发展的过程。因此，培训模式的实践应用需借鉴发展性教学理论。发展性教学理论提出了一系列有关实验教学的结构、原则、方法等，这为培训模式的实践应用提供了指导性原则和方法，为培训模式的进一步完善提供了方向。

2. 人本主义教育理论是基于网络环境的职业教育教师培训模式生成的根本

人本主义教育理论强调教育要体现人本化、人性化和多元化，在网络环境下职业教育教师培训模式中也应体现人本主义教育的观点，突出职业教育教师的主体参与性，在模式中融入相应的教学方法，激发受训教师的主观能动性，开展协作学习、探究性学习等学习活动。

3. 全面和谐发展理论是基于网络环境的职业教育教师培训模式发展的要求

职业教育教师参与基于网络环境的培训学习，其最终目标就是要获得行业技能与教学技能等专业核心能力的全面协调发展。因此，基于网络环境的职业教育教师培训模式应以职业教育教师全面发展为目标来设计，并进行完善。

4. 最优化教学理论是基于网络环境的职业教育教师培训模式发展的途径

最优化教学理论强调：第一，尽可能用有限的资源获得高质量的教学效果；第二，尽可能用最短的时间完成教学目标。在实践中应用网络环境下职业教育教师培训模式时，应优化模式的操作程序，使得培训者在遵循这一模式开展培训时，能在有限地使用网络资源的条件下，最高效地完成培训目标。

5. 主体性教育理论是基于网络环境的职业教育教师培训模式立足的灵魂

主体性教育理论认为在对职业教育教师的培训中，受训教师是主体，培训者只是充当引导者的角色。在设计基于网络环境的职业教育教师培训模式时，应明确在培训过程中，受训教师是培训活动的主角，他们应在培训者所创设的和谐、宽松、民主的教育环境中，有目的、有计划地开展培训活动，从而完成培训任务，真正意义上达到培训的目标。

6. 创新教育理论是基于网络环境的职业教育教师培训模式运行的动力

创新是知识经济的灵魂，也是经济全球化发展的动力。在进行基于网络环境的职业教育教师培训模式设计时，应充分利用创新教育理论的指导思想，着重提升受训教师的创造性思维能力和创造性解决问题的能力。

7. 最近发展区理论是基于网络环境的职业教育教师培训模式存在的内隐因素

最近发展区理论认为在培训目标或任务设计时，应分析受训教师现有的能力水平和潜在的能力水平，找出他们通过培训能够提升的空间，然后再开始设计培训目标、任务，并最大幅度地提升受训教师的综合能力，最终达到培训目标。

8. 发现教学理论是基于网络环境的职业教育教师培训模式建构的本质

发现教学理论强调，在培训过程中，培训者要创造条件，采取有效的措施，使受训教师在培训过程中进行自主的、积极的、真正有意义的思考，从而使他们掌握培训目标中所要求的技能，并且提高和发展他们的自主发现能力，独立地解决问题的能力，以及创造性思维能力。

第二节　教学系统设计理论

一、教学系统设计理论概述

教学系统设计是在综合多种理论的基础上随着技术的发展而兴起的一门学科，因此相关理论与技术的每一次发展都对其产生了重要的影响，所以人们在教学设计概念的界定上存在不同的观点。何克抗等人认为教学设计主要是运用系统方法，将学习理论与教学理论的原理转换成对教学目标、教学内容、教学方法和教学策略、教学评价等环节进行具体计划、创设教与学的系统"过程"或"程序"，而创设教与学系统的根本目的是促进学习者的学习。[①]

---

① 何克抗，郑永柏，谢幼如. 教学系统设计. 北京：高等教育出版社，2006. 65.

　　教学系统设计具备三个特征：第一，教学系统设计的研究对象是不同层次的学与教的系统，这一系统中包括了促进学员学习的内容、条件、资源、方法、活动等。创设教与学系统的根本目的是帮助学习者达到预期的目标。第二，教学系统设计是应用系统方法研究、探索教与学系统中各个要素之间及要素与整体之间的本质联系，并在设计中综合考虑和协调它们的关系，使各要素有机地结合起来以完成教学系统的功能。第三，教学系统设计的目的是将学习理论和教学理论等基础理论系统地应用于解决教学实际问题，形成经过验证的、能实现预期功能的教与学系统。

　　目前，应用比较广泛且对职业教育教师培训模式设计有较强指导意义的是以学为中心的教学设计理论。这种理论包含以下六条原则：①

　　（1）强调以学生为中心。明确"以学生为中心"，这一点对于教学设计有至关重要的指导意义。可以从这三个方面来实现：一是要在学习过程中充分发挥学生的主动性，要能体现出学生的首创精神；二是要让学生有多种机会在不同情境下去应用他们所学的知识（将知识"外化"）；三是要让学生能根据自身行动的反馈信息来形成对客观事物的认识和解决实际问题的方案（实现自我反馈）。

　　（2）强调"情境"对意义建构的重要作用。

　　（3）强调"协作学习"对意义建构的关键作用。

　　（4）强调对学习环境（而非教学情境）的设计。

　　（5）强调利用各种信息资源来支持"学"（而非支持"教"）。在学习过程中要为学生提供各种信息资源（包括各种类型的教学媒体和教学资料），这些媒体和资料并非用于辅助教师的讲解和演示，而是用于支持学生的自主学习和协作式探索。

　　（6）强调学习过程的最终目的是完成意义建构。

二、教学系统设计理论对基于网络环境的职业教育教师培训模式实践应用的意义

　　教学系统设计理论对于设计基于网络环境下职业教育教师培训模式提供了系统科学的思维方法。这一理论认为，在设计培训模式时，要运用系统方法，把学习理论与教学理论的原理转换成对培训目标、培训方法和培训策略、培训评价等环节进行计划的操作程序。具体而言，教学系统设计

---

　　①　周汝德．浅论职业教育的特点与教学方法．农业教育研究，2010，12（4）：12～14．

理论对基于网络环境的职业教育教师培训模式实践应用的启示和意义主要体现在以下三个方面：

1. 培训目标是通过建构性的活动而达成的

受训教师的知识和技能的增加、态度的改变都来自于他们与外界的交互行为和内部的认知加工活动。受训教师的这种内部认知加工的结果并非是唯一的，每位教师对信息的加工结果都包含各自的特质成分，这些成分便是他们对信息的独特理解和对技能的特定感悟。同样的道理，培训不是通过传递信息来完成的，而是通过促使学习者与内容的交互以及与其他同伴的人际交互来完成的，受训教师需要通过各种交互活动来验证自己的理解。因此，培训模式必须能支持受训教师和培训者开展建构性的培训活动，以促进受训教师与外界进行交互，并在自己头脑中进行认知加工活动，实现知识和技能的增加。

2. 培训中多采用协作学习和探究学习的培训策略

协作学习是以独立学习和独立思考为基础的，它有利于凝结集体智慧，培养团队协作精神；探究学习的过程就是发现问题、提出问题、分析问题和解决问题的过程，通过探究学习，人的探索精神、批判精神和求证精神得到培养。在培训的过程中，不能单纯地传递知识，因为这种单一的传递方式不能让受训教师掌握相关的知识与技能，更不能让他们在培训后，将所学知识与技能应用到实践中，无法体现出知识与技能的应用价值。并且，职业院校的教师在培训中重点要掌握的是行业技能，而这些技能的习得不是通过"填鸭式教学"完成的，而是要通过协作探究学习，让教师在探究的过程中，自己动手操作，在这一系列实践的过程中领悟出行业技能的要领。

3. 对培训效果的评价应做到主观与客观的结合、多元主体评价并存

对培训效果的评价也是培训环节中重要的一个步骤，它不仅能检验培训的效果，诊断培训的问题，而且还能为受训教师和培训者提供反馈信息，了解其在培训过程中的状态，并引导培训的方向，调控培训的进程。在进行培训效果评价时，不能仅仅通过测试题这种客观的评价方式，还应该采取描述性评价，这种主观与客观相结合的评价方式能较好地对受训教师进行全面的考量，有利于他们的全面发展。另外，还应采用自我评价、同伴评价等多元主体共同参与的评价方式，保证评价结果的客观性与公正性。

第三节　教师专业发展理论

一、教师专业发展理论概述

教师专业化是目前国际教师教育发展的重要趋势，很多专家学者普遍认为教师专业化发展是提高教师整体素质的目标和手段。教师专业化的基本含义包括：第一，教师专业既包括学科专业性，也包括教育专业性，国家对教师任职既有规定的学历标准，也有必要的教育知识、教育能力和职业道德的要求；第二，国家有教师教育的专门机构、专门内容和措施；第三，国家有对教师资格和教师教育机构的认定制度和管理制度；第四，教师专业化是一个发展的概念，既是一种状态，又是一个不断深化的过程。①

教师专业发展和教师专业化是两个相通的概念，教师专业发展从本质上说，是教师个体不断发展的历程，是教师不断接受新知识，提升专业能力，由新手成长为专家型教师的过程。从时间上讲，它贯穿于教师整个职业生涯的始终，包括职前培养、入职教育和在职培训各个阶段；从内容上讲，包括正规的课程和个人的学习与反思。教师专业发展包括教师专业知识的发展、专业技能的娴熟和专业情意的健全。② 它是教师的成长过程，是一种具体的实践过程。国内学者对教师专业发展的界定为：教师作为专业人员，在学科知识、教学技能、职业态度等方面不断完善的过程，即由一个新手逐渐发展成为一个专家型教师的过程。③

教师专业发展结构被看成是教师拥有情境的知识、能力和信念的集合。教师专业发展结构包含教师的专业知能、专业情意、专业自我三个方面。

1. 专业知能

教师的专业知识和专业能力是教师专业发展的基础。格里芬（Griffin,

---

① 陈永明等．教师教育研究．上海：华东师范大学出版社，2003. 98.
② 叶澜等．教师角色与教师发展新探．北京：教育科学出版社，2001. 108.
③ 焦建利，汪晓东，秦丹．技术支持的教师专业发展：中国文献综述．远程教育，2009
（1）：18.

G. A. Coda）在《初任教师知识基础》中提到"知识推动学校"①，可见，知识对学校以及教师的发展起着关键性的作用。目前，几种有代表性的教师专业知识分类如下表所示：

几种有代表性的教师专业知识分类表②

研究者	教师知识分类
舒尔曼	教材内容知识、学科教学法知识、课程知识、一般教学法知识、有关学习者的知识、情境知识、其他课程的知识
伯利纳	学科内容知识、学科教学法知识、一般教学法知识
格罗斯曼	学科内容知识、学习者和学习的知识、一般教学法知识、课程知识、情境知识、自我知识
博科和帕特南	一般教学法知识、教材内容知识、学科教学法知识
考尔德黑德	学科知识、机智性知识、个人实践知识、个案知识、理论性知识、隐喻和映象

从上表可以看出，学者们都普遍认为教师必须具备学科内容知识、学科教学法知识、有关学习者和学习的知识、情境知识、课程知识；另外，还应具备教育哲学、教育心理学知识、个人实践知识等等。

教师的专业能力包括：交往合作能力、课程能力（课程设计与开发能力、课程的组织与管理能力、课程评价能力等）、管理能力、研究能力。③

2. 专业情意

教师的专业情意包括教师的专业理想、专业伦理、专业性向三个方面。

教师的专业理想是使教师成为专业人员的精神支柱。教师的专业理想包括教师的教育观、课程观、教师观和学生观等宏观层面，也包括有关学习者和学习的信念、教学的信念等微观层面；拥有专业理想，教师便会为了专业目标不断奋斗，会对教学工作产生强烈的投入感和责任感，愿意终

① Griffin, G. A. Coda: The Knowledge Driven School. In: Reynolds, M. C., (Ed.). *Knowledge Base for the Beginning Teacher*. Oxford: Pergamon Press, 1989.

② 叶澜等. 教师角色与教师发展新探. 北京: 教育科学出版社, 2001. 236.

③ 郝敏宁. 影响教师专业发展的因素分析——兼论促进教师专业发展的策略. 陕西师范大学硕士学位论文, 2007. 14～16.

生献身于教育事业，他们致力于改善其自身的教学素养，致力于统筹教育素质以满足社会对教育专业的期望，努力提高专业才能及专业服务水准，努力维护专业的荣誉、团结、形象等。[①]

教师的专业伦理是教师在教育教学过程中必须遵循的行为规则。古德森指出：教学首先是一种道德和伦理的专业，新的专业精神需要重申以此作为指导原则；在新的教学道德规范中，专业化和专业精神将围绕对教学和学生学习的道德定义而达到统一。

教师的专业性向是教师在从事教育教学工作中所散发出来的人格特征或个性倾向。教学的风格和特色与教师的个性发展的成熟度有着直接的关系。众所周知，教学的个性化是我国教学改革的一大趋势，创新教学的实施效果如何，不仅取决于教师对学生施加影响的结果，而且还决定于这个结果所显示出来的某些独特的风格。[②]

3. 专业自我

教师的专业自我包括教师的自我专业发展意识和教师自我专业实现两个部分。教师自我专业发展意识是教师自我专业发展的前提和基础，它可以使教师形成积极的专业发展的态度和动机，会促进教师不断反思、努力和前进，从而积极主动地寻求专业发展的途径；教师自我专业的实现是教师专业发展的最高境界，是教师实现其自身人生价值的主要依托。

职业教育教师专业化发展必须加快脚步。因为与普通教育教师专业化发展相比，职业教育教师专业化发展的道路更加复杂，对教师提出的要求更高。目前，职业教育教师的专业化标准应该包括以下四方面：第一，职业学校教师在职前受过较长时间的专门训练，较好地掌握专业理论知识及实践操作流程；第二，掌握专门的学生发展与职业教育理论和实践知识，包括职业教育学、职业教育心理学等多个方面，理解职业教育规律，树立正确的教育观念；第三，具备职业教育实践能力，创设有利于学生发展的环境，这些能力包括教育活动组织能力、教育监控能力和对学生的行为、学习、交往、情感的指导能力等；第四，具有专业责任感和服务精神，具备服务社会和他人的精神。[③]

---

① 胡东芳. 教师的专业形象：从"公仆"到"专家". 福建教育，2002（1）：66.

② 联合国教科文组织国际教育局. 教育展望，2001（2）：114.

③ 赵文静. 基于企业系统培训模式的中职师资培训模式实践应用研究. 浙江师范大学硕士学位论文，2011. 15.

二、教师专业发展理论对基于网络环境的职业教育教师培训模式实践应用的意义

教师专业发展理论主要关注教师的内在专业素质结构，即教师专业发展会在哪些方面发生变化。这一理论是网络环境下职业教育教师培训模式实践应用的重要理论基础，它不仅丰富了培训模式的内涵，而且还提供了模式设计的范式，具体体现在：

1. 丰富了培训模式的内涵

教师专业发展的内涵具有多面性，不仅表现在教师的专业情意与态度的形成、专业素养与技能的提升、专业学习与探究的开展、专业自主与专业合作等专业发展的横向层面，而且还体现在传统与现代的结合、探索与引进的互补、理论与实践的融合等纵向层面。广阔的专业品质内涵与活泼的专业发展形态共同构成了丰富的专业发展生态内涵。① 因此，针对教师的培训模式的内涵也应相应地包含教师专业发展中的横向层面和纵向层面的内容，并且，该模式不仅要呈现出受训教师的学习方式、教学个性、专业成长历程，而且还应彰显出专业范围、专业品质、专业能力的公共性和统一性。

2. 提供了培训模式设计的范式

教师专业发展过程随时间轨迹呈现出阶段性，且都要经历从不成熟到成熟的过程。教师需要通过不断学习和实践，才能提高其专业水平。不同年龄段的教师体现出不同的发展特征，也体现出独特的发展需求与发展内容。针对教师专业发展的历程，培训模式也应能体现教师行业知识与技能逐步提升的训练过程，且模式的完善需要经历多轮行动研究和实验研究，才能从不成熟发展到成熟。

---

① 裴跃进. 国外教师专业发展的五种模式简介及对我们的启示. 中小学教师培训，2006（11）：63.

第四节　建构主义学习理论

一、建构主义学习理论概述

建构主义（constructivism）也译作结构主义，其最早提出者可追溯至瑞士的皮亚杰（J. Piaget）。他是认知发展领域最有影响力的一位心理学家，他所创立的关于儿童认知发展的学派被人们称为"日内瓦学派"。皮亚杰的理论充满唯物辩证色彩，他坚持从内因和外因相互作用的观点来研究儿童的认知发展。他认为，儿童是在与周围环境相互作用的过程中，逐步建构起关于外部世界的知识，从而使自身认知结构得到发展的。儿童与环境的相互作用涉及两个基本过程："同化"与"顺应"。认知个体（儿童）通过同化与顺应这两种形式来达到与周围环境的平衡：当儿童能用现有图式去同化新信息时，他处于一种平衡的认知状态；而当现有图式不能同化新信息时，平衡即被破坏，而修改或创造新图式（即顺应）的过程就是寻找新的平衡的过程。儿童的认知结构就是通过同化与顺应过程逐步建构起来，并在"平衡—不平衡—新的平衡"的循环中得到不断丰富、提高和发展的。这就是皮亚杰关于建构主义的基本观点。

在皮亚杰的上述理论的基础上，科尔伯格在认知结构的性质与认知结构的发展条件等方面做了进一步的研究；斯腾伯格和卡茨等人则强调了个体的主动性在建构认知结构过程中的关键作用，并对认知过程中如何发挥个体的主动性做了认真的探索；维果斯基创立的"文化历史发展理论"则强调认知过程中学习者所处社会文化历史背景的作用，在此基础上以维果斯基为首的维列鲁学派深入地研究了"活动"和"社会交往"在人的高级心理机能发展中的重要作用。所有这些研究都使建构主义理论得到了进一步的丰富和完善，为实际应用于教学过程创造了条件。

建构主义理论是伴随着哲学、心理学、多媒体技术的发展而形成的，因此在发展过程中形成了激进建构主义、社会建构主义、信息加工的建构主义等不同的流派，但是他们都认为课本知识并不是对现实世界的准确表征，而只是一种假设、解释。随着人类社会不断发展变化而出现新的假设和解释，对知识的确定性、客观性提出了质疑，课本知识关于许多现象的解释是相对正确的，但并不是解释现实的模板，需要学习者不断地进行建构和再创造。学习就是一个建构的过程，通过新旧知识的相互作用来建构知识。学生带着大量已有的丰富生活经验进入到课堂中，经验背景的差异应当被看作是学习的资源，教师在教学中不仅仅是知识的呈现者、传授者，更重要的是知识的处理者、学习氛围的创造者、学习的帮助者。[①]

总之，当代建构主义的基本观点是：知识不是通过教师传授得到的，而是学习者在一定的情境即社会文化背景下，借助学习获取知识的过程及在其他人（包括教师和学习伙伴）的帮助下，利用必要的学习资料，通过意义建构的方式而获得的。建构主义包含情境、协作、会话和意义建构四大要素。

情境：学习环境中的情境必须有利于学生对所学内容的意义建构。这就对教学设计提出了新的要求，也就是说，在建构主义学习环境下，教学设计不仅要考虑教学目标分析，还要考虑有利于学生建构意义的情境创设问题，并把情境创设看作是教学设计的重要内容。

协作：协作发生在学习过程的始终。协作对学习资料的搜集与分析、假设的提出与验证、学习成果的评价直至意义的最终建构均有重要作用。

会话：会话是协作过程中不可缺少的环节。学习小组成员之间必须通过会话商讨完成规定的学习任务的计划；此外，协作学习过程也是会话过程，在此过程中，每个学习者的思维成果为整个学习群体所共享，因此会话是达到意义建构的重要手段之一。

意义建构：这是整个学习过程的最终目标。所要建构的意义是指事物的性质、规律以及事物之间的内在联系。在学习过程中帮助学生建构意义就是要帮助学生对当前学习内容所反映的事物的性质、规律以及该事物与其他事物之间的内在联系达到较深刻的理解。这种理解在大脑中的长期存储形式就是图式，也就是关于当前所学内容的认知结构。获得知识的多少取决于学习者根据自身经验去建构有关知识意义的能力，而不取决于学生记忆和背诵教师讲授内容的能力。

建构主义学习理论在知识观、学习观、教学观等方面的观点十分丰富，其整体思想可以总括为十大理念：

（1）知识的获得是建构的，而不是接受传输而来的。人们总是用建构的方式去认识和理解他们所处的现实世界，人们是从经验的各种现象中学习的，人们运用已有的知识经验去解释经验和作出推论，并对解释和推论

---

① 周汝德. 浅论职业教育的特点与教学方法. 农业教育研究，2010，12（4）：12～14.

的过程进行反思。因此，教学是一个由教师帮学习者依据自身的经验建构意义的过程。

（2）知识的建构来源于活动，知识存在于活动之中。活动是人与情境进行互动的中介，人们所建构的意义来源于经验与情境的互动活动。

（3）学习活动的情境是知识的生长点和检索线索。从情境中获得的体验是真实的、有效用的，情境是知识的寄居地、附着带、储存地和回忆/检索的有效提示。

（4）意义存在于个人的心智模式中。因为每个人的生活阅历不一样，所以每个人对事物的看法也存在差异；人与人之间通过社会性的交流、协商，可以共同探究事物的意义，达到知识共享。

（5）人们对现实世界的看法是多元的。知识的建构是个人化的，无法由他们替代，知识的建构影响我们的经验看法/观点和共享的方式，也影响我们对事物或主题的看法。多元化的观点促进了思想的碰撞，增加了创新和发展的可能性。

（6）问题意识是产生意义建构的关键。问题性、模糊性、不一致性/非和谐性是引发意义建构的触点，学习者是否拥有问题意识是产生意义建构的关键。学习者一旦有了问题，便会产生好奇、惊讶、困惑、不安等情绪，这时他们便会在这种不平衡的认知状态中重新获得平衡。

（7）对所学知识进行阐解也是知识建构过程的重要一环，知识的建构需要对所学内容进行阐释、表达或展现，这是建构知识的必要方式，也是检测知识建构水平的有效方式。学习者阐释知识意义的过程是一个反思的过程，计算机等工具可以有效地支持学习的反思过程。

（8）知识可以与他人共享，因而意义的建构可以通过交流来进行。社会建构主义者认为知识的意义建构是通过学习者之间的对话与协商来完成的，学习本质上是一种社会性对话/交流的过程，参与交流的学习者共同分享经验，共同讨论感兴趣的话题，相互促进学习。对话是意义建构的一种有效方式，也是一种强势学习资源。

（9）意义建构存在于文化交流、工具运用和学习共同体活动中。学习共同体中的学习者相互交流，相互学习，在交流过程中形成的知识、信念与合作关系将对每个学习者产生重要影响，同时也会对学习共同体产生影响。

（10）并非所有的意义建构都是一样的。任何建构都是个性化的建构，只有共同体所建构的观点才能被授受或得到赞同，如果个体的建构与共同体的标准不一致，那么个体所建构的观点则会被摒弃。因此要注意，评价个体知识建构的有效性应该有多重标准，应避免个体新颖奇特的观点被共同体和单一评价标准所遮蔽或扼杀，应最大限度地激励个体建构的积极性，赞赏和发掘个体知识建构的价值。[①]

建构主义者认为教师在教学时应该引导学生去探究问题，让学生在探究学习的过程中掌握解决问题的方法，并建构知识。建构主义学习理论所倡导的教学方法有：

1. 支架式教学法

支架指的是教师对学生学习活动的指导和引导，帮助学生达到更高水平认知活动的学习指引。支架式教学法认为教师在教学时应为学习者建构对知识的理解提供一种概念框架。该框架应按照学生智力的"邻近发展区"来建立。教师作为文化的代表引导着教学，使学生掌握和内化那些能使其从事更高认知活动的技能，学习者一旦获得了这些技能，便可以对学习进行自我调节并开展自主学习或协作学习。[②]

支架式教学由搭脚手架、进入情境、独立探索、协作学习、效果评价五个环节组成：

（1）搭脚手架——围绕当前学习主题，按"最邻近发展区"的要求建立概念框架。

（2）进入情境——将学生引入一定的问题情境（概念框架中的某个节点）。

（3）独立探索——让学生独立探索。刚开始，教师应给学生一些启发，然后让学生自己去分析；在探索的时候，教师要适时提示，帮助学生沿概念框架逐步攀升。在学习开始，教师给的帮助可以多一些，以后要逐渐减少，最后，能让学生在没有指导的情况下完成学习任务。

（4）协作学习——进行小组协商、讨论。小组协商可使原来多种意见相互矛盾，且让态度纷呈的复杂局面逐渐变得明朗，最后，学生在共享集体思维成果的基础上达到对当前所学概念比较全面、正确的理解。

（5）效果评价——对学习效果的评价包括学生个人的自我评价和学习小组对个人的学习评价，评价内容包括：自主学习能力的评价、对小组协作学习所作出的贡献的评价、知识的意义建构的程度评价。

---

① 钟志贤．建构主义学习理论与教学设计．电化教育研究，2006（5）：11~12.

② 周军平．建构主义学习理论及其倡导的教学模式．兰州交通大学学报，2006，25（2）：122~123.

2. 抛锚式教学法

抛锚式教学又被称为实例式教学或基于问题的教学，它建立在真实事件或真实问题的基础之上，这里的事件或问题被比喻为"抛锚"。建构主义认为，学习者要想完成对所学知识的意义建构，即达到对该知识所反映的事物的性质、规律以及该事物与其他事物之间联系的深刻理解，最好的办法是让学习者到现实世界的真实环境中去感受和体验。

抛锚式教学由创设情境、确定问题、自主学习、协作学习、效果评价五个环节组成：

（1）创设情境——使学习在真实的情境中或类似于真实的情境中发生。

（2）确定问题——从创设的情境中找出与主题密切相关的事件或问题。

（3）自主学习——学生根据教师提供的解决问题的线索，开展自主学习。在这个过程中，注意培养学生的学习内容表达能力、获取信息的能力、利用与评价信息的能力。

（4）协作学习——通过对不同观点进行补充、修正，可加深每位学生对问题的认识与理解。

（5）效果评价——对学生学习效果的评价不能以测试的分数来下定论，在评价时要结合学生在学习过程中的表现以及在小组协作学习过程中的贡献来评价。

3. 随机进入式教学法

随机进入式教学倡导在教学中要注意针对同一教学内容，在不同的时间、不同的情境下，为不同的教学目的，用不同的方式加以呈现。学习者可通过不同的途径或方式学习同样的内容，从而获得对同一事物或同一问题多方面的认识与理解。随机进入式教学有利于促进学习者理解能力和知识迁移能力的提高。

随机进入式教学包括呈现基本情境、随机进入学习、思维发展训练、小组协作学习、学习效果评价五个环节：

（1）呈现基本情境——向学生呈现与当前学习主题相关的情境。

（2）随机进入学习——学生选取不同的学习方式与途径学习相关内容，这个过程可发展学生的自主学习能力。

（3）思维发展训练——思维训练的方法：第一，教师与学生之间的交互应在"元认知级"进行，即教师的问题应有利于发展学生的认知能力；

第二，帮助学生建立思维模型；第三，注意培养学生的发散性思维能力。

（4）小组协作学习——小组成员在协作学习中发表自己的看法，在讨论中，每个学生的观点在和其他学生以及教师一起建立的社会协商环境中授受考察、评论，同时每个学生也对别人的观点作出评价。

（5）学习效果评价——包括自我评价与小组评价，评价形式不仅停留在测验题层面，而应包括作品评价、概念图评价等多种评价方式。①

这些教学方法提倡学习者在学习的过程中要充分发挥主观能动性，积极参与问题解决的过程，这对于培养创新型人才有一定的积极作用。

二、建构主义学习理论对基于网络环境的职业教育教师培训模式实践应用的意义

建构主义学习理论要求培训者应充分发挥受训教师的自主性，引导他们主动发现问题，主动收集、分析有关信息和资料，主动实践应用知识概念和意义。建构主义学习理论为网络环境下职业教育教师培训模式的实践应用提供了指导思想，主要体现在：

1. 培训模式中应体现受训教师的主体地位

培训者必须改变陈旧的教育思想与教育观念，以现代教育思想和学习理论为指导，利用现代信息技术和媒体技术的优势，让受训教师主动地参与到获取知识与技能的过程中。在培训过程中，培训者要合理地设计问题，激发参与培训的教师积极主动地思考问题的热情，提问要有技巧，因人设疑，灵活多变，努力提高课堂教学效果。

2. 培训模式中应包括课题引入、概念形成、难点化解、规律获得、知识深化等环节

培训模式中应包含如下五个基本环节：①课题引入——设置悬念情景；②概念形成——设置判断情境；③难点化解——设置阶梯情境；④规律获得——设置探究情境；⑤知识深化——设置应用情境。在每个环节中，受训教师都应该有自己的目标，这样才能成为主动的建构者。

3. 促进新、旧概念的交互

建构主义学习理论认为，一切新的学习都是建立在以前学习的基础上

① 何克抗. 建构主义的教学模式、教学方法与教学设计. 北京师范大学学报（社会科学版），1997（5）：76~78.

或在某种程度上利用以前的知识。例如，在解决问题的学习中，总要有一个原有的知识激活阶段，然后通过同化或顺应过程重建新知识与原有知识结构之间的联系，使认知从一个平衡状态进入另一个更高的发展平衡状态。但这不是知识的简单量变，而是对原有知识的深化、突破、超越或质变。在实践应用培训模式时，应注意安排一些能促使受训教师新旧概念转化的环节，引导他们形成完整的专业知识与技能结构，尽快向专家型教师转变。

第三章 基于网络环境的职业教育
教师培训模式构建

21世纪,我国的职教师资必须具备较深厚的理论知识基础、较深的专业知识和较强的实践动手能力,具有从事教育教学工作和掌握现代教育理论的能力,同时还要具有较高的综合素质和较强的适应能力。师资队伍建设是提高技能型人才培养质量、完善现代职业教育体系的关键性因素,推动职业教育科学发展必须把师资队伍建设摆在突出的位置。如何对职业教育教师进行培训是影响他们发展的重要因素,他们进行培训时所遇到的各种情境和问题都会影响到培训的质量。

本章在已有的案例教学模式、小组协作学习模式和探究学习模式的基础之上,利用解释结构模型法,建构网络环境中的职业教育教师培训模式。在对每种培训模式构建的过程中,本章遵循"构成要素提取—构建原则—生成路径"的逻辑顺序。其中,在构成要素的提取阶段,本章在大量文献研究的基础之上提炼了各模式的构成要素;在构建原则阶段,本章提出了各模式构建要遵循的指导性原则;在生成路径阶段,则利用解释结构模型法得出各模式的雏形图。

第一节 基于案例分析的自主
学习培训模式的构建

本节采用解释结构模型法构建了基于案例分析的自主学习培训模式,这种模式建立在案例学习的基础之上,旨在让接受培训的职业教育教师开展自主学习,分析与研究案例,从而达到培训目标。

解释结构模型法是现代系统工程中被广泛应用的一种分析方法,它在揭示系统结构,尤其在分析教学资源内容结构、教学过程模式等方面具有十分重要的作用,它能将要素之间零乱的关系通过矩阵进行梳理,从而得出一个井然有序的系统结构模型图。

本节将在所提取的要素的基础上，确定要素之间的联系，得出可达矩阵，经过区域分解和层级分解后得到基于案例分析的自主学习培训的雏形图，并在相关理论的指导之下，构建基于案例分析的自主学习培训模式图。

一、基于案例分析的自主学习培训模式的构成要素

社会认知学派的学者齐莫曼提出了一个系统的自主学习研究框架，如表3-1所示：

表3-1　自主学习的研究框架①

科学的问题	心理维度	任务条件	自主的实质	自主过程
为什么学	动机	选择参与	内在的或自我激发的	自我目标、自我效能、价值观、归因等
如何学	方法	选择方法	有计划的或自动化的	策略使用、放松等
何时学	时间	控制时限	定时而有效	时间计划和管理
学什么	学习结果	控制学习结果	对学习结果的自我意识	自我监控、自我判断、行为控制、意志等
在哪里学	环境	控制物质环境	对物质环境的敏感和随机应变	选择、组织学习环境
与谁一起学	社会性	控制社会环境	对社会环境的敏感和随机应变	选择榜样、寻求帮助

从表3-1可以看出，在实际学习活动中，完全自主的学习或完全不自主的学习都特别少或基本不存在，大部分的学习都是介于完全自主学习和完全不自主学习这两个状态之间的。判断学生的学习是否为自主学习，主要依据表中第二列的"心理维度"，即自我激发学习动机、有计划的学习方法、定时定效地设置学习时间、能自我意识到学习结果、能对各类学习环境进行感知和应变。②

---

① Schunk D. H. & Zimmerman B. J. . *Self-regulation of Learning and Performance.* New Jersey: Lawrence Erlbaum Associates. 1994. 8.

② 杨鳗. 基于自主学习的交互式教学模型建构. 西南大学硕士学位论文，2013. 22.

齐莫曼在班杜拉的交互决定论的基础之上，提出了自我、行为、环境三者之间相互作用的自主学习循环模型，如图 3 - 1 所示：

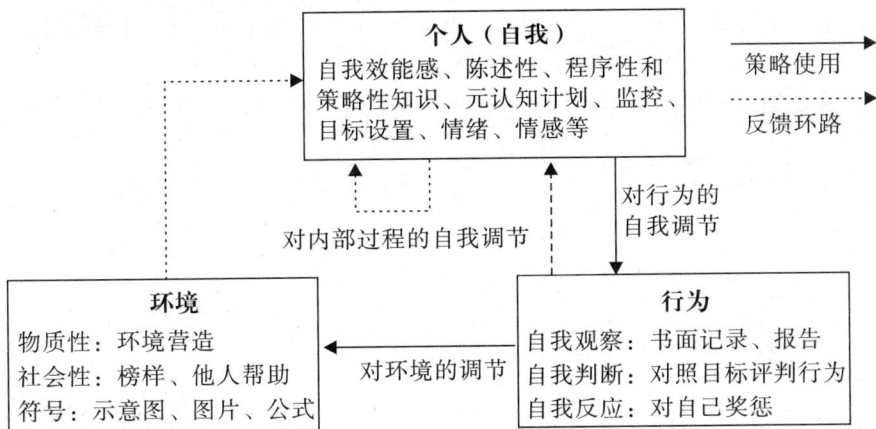

图 3 - 1　齐莫曼的自主学习循环模型①

齐莫曼随后将整个自主学习过程分为计划阶段、行为或意志控制阶段和自我反思阶段三个阶段，在每个阶段又包含若干个过程和成分，详见表 3 - 2 和图 3 - 2：

表 3 - 2　自主学习涉及的子过程或因素②

计划阶段	行为或意志控制阶段	自我反思阶段
任务分析	自我控制	自我判断
目标设置	自我指导	自我评价
策略计划	心理表象	因果归因
自我动机性信念	集中注意	自我反应
自我效能	任务策略	自我满意/情感
结果预期	自我观察	适应/防御性反应
内在兴趣或价值	自我记录	
目标定向	自我实验	

① 庞维国. 自主学习——学与教的原理和策略. 上海：华东师范大学出版社，2003. 79.
② 庞维国. 自主学习——学与教的原理和策略. 上海：华东师范大学出版社，2003. 79.

行为表现阶段：
自我控制
心理表象
自我指导
集中注意
任务策略
自我观察
自我记录
自我实验

计划阶段：
任务分析
目标设置
策略计划
自我动机信念
自我效能
结果预期
内在兴趣或价值
目标定向

自我反思阶段：
自我判断
自我评价
因果归因
自我反应
自我满意/情感
适应/防御性反应

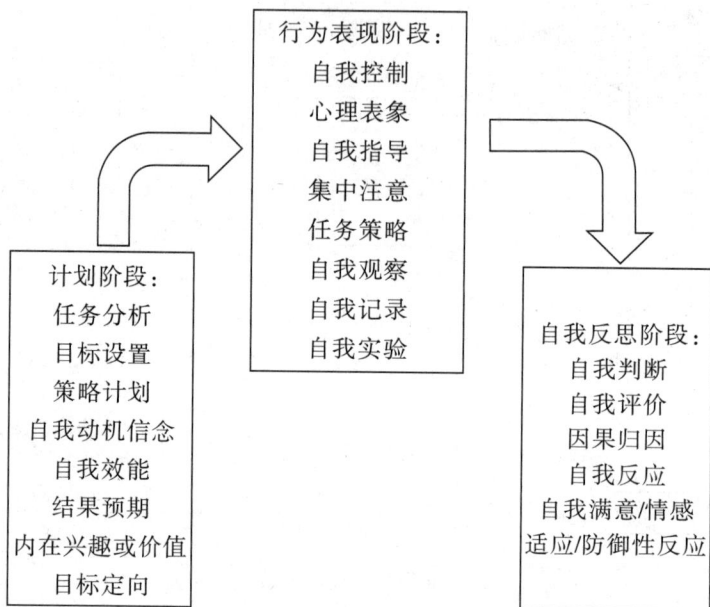

图 3 - 2　齐莫曼提出的自主学习过程①

　　案例分析教学指在教师的指导下，根据教学目的的要求，组织学生对案例进行阅读、思考、分析、讨论和交流等活动，教给学生分析问题和解决问题的方法或道理，进而提高学生分析问题和解决问题的能力，加强学生对基本原理与实践相结合的互动式学习。它是以案例分析为教学基础，通过学生充分参与，以培养学生实践能力为核心的教学法。②

　　甘肃兰州文科中等专业学校的郑复铭提出了用于中职教学的案例教学模式，它主要分为案例的形成、案例的实施、案例的总结和案例的反思四个阶段，详见图 3 - 3③：

---

①　庞维国．自主学习——学与教的原理和策略．上海：华东师范大学出版社，2003. 80.

②　谌启标．论理解与对话的教学观．上海教育科研，2003，(4)：9～11.

③　郑复铭．基于案例教学法在中职教学中的教学模式研究．中等职业教育，2011，(26)：17～19.

科学、新颖、典型、多样等　　　　导学、留学、助学

教师 → 确定课题设计实例 → 创设情境建立协作 → 分析案例联结知识 → 学法指导过程记录 → 解决问题评价总结 → 延伸案例拓展素质 → 案例反思优化过程

案例形成阶段　　案例实施阶段　　案例总结阶段　　案例反思阶段

学生 → 预习课题明确目标 → 进入情境接受分组 → 联结知识熟悉案例 → 分工协作整理资料 → 协作交流成果展示 → 举一反三巩固知识 → 沟通交流反馈信息

参观、访问、伙伴、角色、合作、讨论、辩论、竞赛等　　辩论、竞赛、角色扮演、设计作品、网络共享等

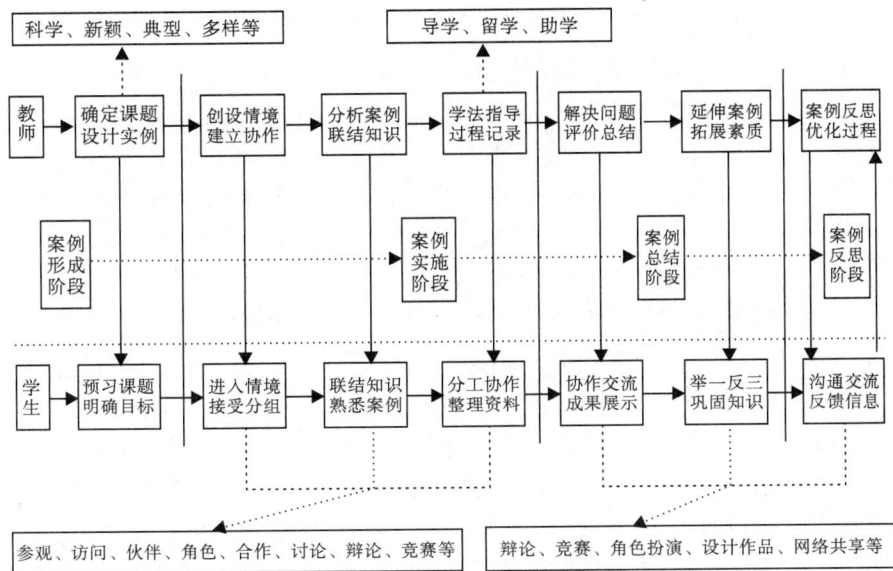

图 3－3　案例教学法的教学模式

案例教学模式具有以下五个特点：①

1. 案例教学模式具有整体性

案例教学模式是一定的教学思想和理论在教学实施中的反映，它将在比较深远的理论背景下考虑案例教学的目的、内容、程序和方法等一系列因素的性质和联系，它不仅是一种教学方法或几种教学方法的简单组合，而且体现了教学理论、教学方法、教学条件和评价方法相互联系的教学过程的整体结构。因此，案例教学模式具有整体性特点。

2. 案例教学模式具有操作性

案例教学模式力求在每个具体的程序上给出相应的操作方法，使读者在阅读完本文后能够把文中阐述的操作方法直接应用于日常教学中。它实质上是一种简化的教学程序，具有可操作性。

3. 案例教学模式具有实践性

案例教学模式是实施理论的计划，它将概括地阐述和评述相关理论的背景和实践要点，确立教学方案，形成相对稳定的教学过程结构和教学方

① 王旭巍．案例教学模式在商务英语专业教学中的应用研究．黑龙江大学硕士学位论文，2009. 6～8.

法体系。学生通过案例教学模式的学习，在学校就可以接触并学到大量社会现实情境中的问题，经过自己的思考、分析、判断，形成独立的观点，作出自己的决策。学生在学习案例的过程中能够实现理论知识向社会实践的转化，从而弥补缺乏实际运作能力的缺陷。因此，案例教学模式可以弥补学生长期在"象牙塔"里学习的不足，促进学生提高社会学习和生存的综合能力。

4. 案例教学模式具有针对性

案例教学模式就是针对具体的教学目标来准备相关案例、设计案例情境、开展讨论及总结所学内容的，这样能更好地提高学生的参与兴趣。

5. 案例教学模式具有优效性

经过国内外教育工作者多年的实践，证明了运用案例教学模式，一方面学生可以提高分析问题、解决问题的能力，并在学习过程中培养探究问题的意识，达到最佳的学习效果；另一方面教师通过与学生共同探讨案例来积累教学经验，并在以后的教学实践中可以更有效地运用案例教学模式来实现教学目标，教学者的教学水平和教学组织能力也会得到大幅提升。

案例教学模式与传统教学模式在教育目的、教学方式、教学载体、教学效果等方面有所不同。具体情况如表3-3所示：

表3-3　案例教学过程与传统教学过程对比

A 传统教学模式	B 案例教学模式
教师控制主题发展	学生控制主题发展
很少需要或有机会去探讨问题的意义	在交流过程中产生问题的时候学生有机会去探讨该问题的意义
主要规定学生能够说出正确的语句	主要引导学生说出他们想说的话语
以形式为主的反馈（教师对学生的用语正确性作出明确或暗示的反映）	以内容为主的反馈（教师对学生用语的信息内容作出反映）
教师重复（教师为全班同学重复某位同学的发言）	学生复述（学生为全班重复某位同学或老师的个人观点）

常见的案例分析教学组织形式有个人练习、小组讨论、班级集体分析。

1．个人练习

将案例分析材料分发给每个学员，让他们独立思考，在规定时间内，独自分析判断，并提出相应的解决方法，然后在班级内进行交流。

2．小组讨论

以小组为单位，依靠群体力量完成案例研究。在编组时，注意各组成员能力上的均衡性，并选择组织能力和协调能力比较强的人担任主持人。对小组的研究意见要作出书面记录，然后在班级内发布。

3．班级集体分析

这种组织形式，一般是建立在个人练习或小组讨论的基础上，在班级范围内，对各种不同见解进行综合分析和讨论。首先，由个人或小组代表分别发表各自的意见和看法，并将自己的意见要点展示在显要的地方；其次，由教师引导学员分析各家见解的异同、缺陷，以期引起更多学员的注意，并展开争辩；再次，引导学员形成统一看法，亦可引导学员完善自己的看法，最后由教师进行总结性发言或提出个人看法，或评估各种意见的特色与不足。①

本节根据齐莫曼的自主学习研究框架和国内学者郑复铭提出的案例教学模式，提炼了基于案例分析的自主学习培训模式中应包含的要素，详见图3－4所示：

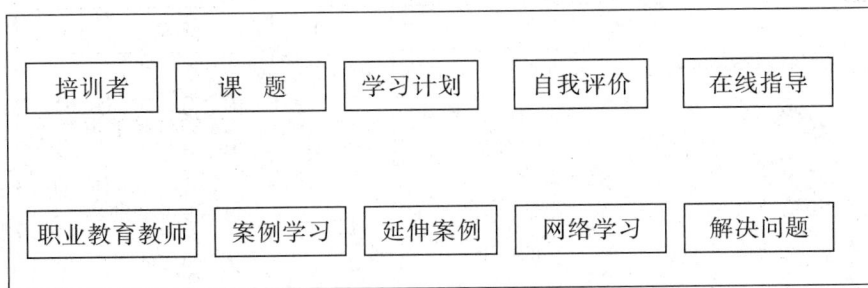

| 培训者 | 课　题 | 学习计划 | 自我评价 | 在线指导 |

| 职业教育教师 | 案例学习 | 延伸案例 | 网络学习 | 解决问题 |

图3－4　基于案例分析的自主学习培训模式的要素

根据上述的要素，将每一个要素与其他要素进行比较，如果存在直接因果关系，则用符号"○"表示，如表3－4所示：

---

① 张丽英，毛志忠．浅析案例分析教学法．中国成人教育，2006（6）：140．

表3-4　基于案例分析的自主学习培训模式中各要素关系

编号	培训模式要素	1	2	3	4	5	6	7	8	9	10
1	培训者			○				○			
2	职业教育教师			○	○	○	○		○	○	○
3	课题										
4	案例学习										○
5	学习计划				○		○				
6	网络学习							○			
7	在线指导				○		○				
8	自我评价				○	○	○			○	
9	解决问题										○
10	延伸案例										

根据要素关系表建立邻接矩阵 A =

$$
\begin{pmatrix}
0 & 0 & 1 & 0 & 0 & 0 & 1 & 0 & 0 & 0 \\
0 & 0 & 1 & 1 & 1 & 1 & 0 & 1 & 1 & 1 \\
0 & 0 & 0 & 0 & 0 & 0 & 0 & 0 & 0 & 0 \\
0 & 0 & 0 & 0 & 0 & 0 & 0 & 0 & 0 & 1 \\
0 & 0 & 0 & 1 & 0 & 1 & 0 & 0 & 0 & 0 \\
0 & 0 & 0 & 0 & 0 & 0 & 1 & 0 & 0 & 0 \\
0 & 0 & 0 & 1 & 0 & 1 & 0 & 0 & 0 & 0 \\
0 & 0 & 0 & 1 & 1 & 1 & 0 & 0 & 1 & 0 \\
0 & 0 & 0 & 0 & 0 & 0 & 0 & 0 & 0 & 1 \\
0 & 0 & 0 & 0 & 0 & 0 & 0 & 0 & 0 & 0
\end{pmatrix}
$$

通过矩阵运算，求出可达矩阵 M =

$$
\begin{pmatrix}
1 & 0 & 1 & 1 & 0 & 1 & 1 & 0 & 0 & 1 \\
0 & 1 & 1 & 1 & 1 & 1 & 1 & 1 & 1 & 1 \\
0 & 0 & 1 & 0 & 0 & 0 & 0 & 0 & 0 & 0 \\
0 & 0 & 0 & 1 & 0 & 0 & 0 & 0 & 0 & 1 \\
0 & 0 & 0 & 1 & 1 & 1 & 1 & 0 & 0 & 1 \\
0 & 0 & 0 & 1 & 0 & 1 & 1 & 0 & 0 & 1 \\
0 & 0 & 0 & 1 & 0 & 1 & 1 & 0 & 0 & 1 \\
0 & 0 & 0 & 1 & 0 & 1 & 1 & 0 & 0 & 1 \\
0 & 0 & 0 & 0 & 0 & 0 & 0 & 0 & 1 & 1 \\
0 & 0 & 0 & 0 & 0 & 0 & 0 & 0 & 0 & 1
\end{pmatrix}
$$

对可达矩阵的可达集合与先行集合进行分析，得出可达集合与先行集合及其交集表，如 3 - 5 所示：

表 3 - 5　可达集合与先行集合及其交集

i	R(S_i)	Q(S_i)	R(S_i)∩Q(S_i)
1	1,3,4,6,7,10	1	1
2	2,3,4,5,6,7,8,9,10	2	2
3	3	1,2,3	3
4	4,10	1,2,4,5,6,7,8	4
5	4,5,6,7,10	2,5,8	5
6	4,6,7,10	1,2,5,6,7,8	6,7
7	4,6,7,10	1,2,5,6,7,8	6,7
8	4,5,6,7,8,9,10	2,8	8
9	9,10	2,8,9	9
10	10	1,2,4,5,6,7,8,9,10	10

为了更清晰地了解系统中各要素之间的层级关系，本章利用层级分解的方法 [R(S_i)∩Q(S)$_i$ = R(S_i)] 进行层级分解，如表 3 - 6 至表 3 - 10 所示：

表 3 - 6　抽出 3，10 后的结果

i	R(S_i)	Q(S_i)	R(S_i)∩Q(S_i)
1	1,4,6,7	1	1
2	2,4,5,6,7,8,9	2	2
4	4	1,2,4,5,6,7,8	4
5	4,5,6,7	2,5,8	5
6	4,6,7	1,2,5,6,7,8	6,7
7	4,6,7	1,2,5,6,7,8	6,7
8	4,5,6,7,8,9	2,8	8
9	9	2,8,9	9

表 3 - 7　抽出 4，9 后的结果

i	R(S$_i$)	Q(S$_i$)	R(S$_i$)∩Q(S$_i$)
1	1,6,7	1	1
2	2,5,6,7,8	2	2
5	5,6,7	2,5,8	5
6	6,7	1,2,5,6,7,8	6,7
7	6,7	1,2,5,6,7,8	6,7
8	5,6,7,8	2,8	8

表 3 - 8　抽出 6，7 后的结果

i	R(S$_i$)	Q(S$_i$)	R(S$_i$)∩Q(S$_i$)
1	1	1	1
2	2,5,8	2	2
5	5	2,5,8	5
8	5,8	2,8	8

表 3 - 9　抽出 1，5 后的结果

i	R(S$_i$)	Q(S$_i$)	R(S$_i$)∩Q(S$_i$)
2	2,8	2	2
8	8	2,8	8

表 3 - 10　抽出 8 后的结果

i	R(S$_i$)	Q(S$_i$)	R(S$_i$)∩Q(S$_i$)
2	2	2	2

通过层级分解得出了基于案例分析的自主学习培训模式的雏形图，如图 3 - 5 所示：

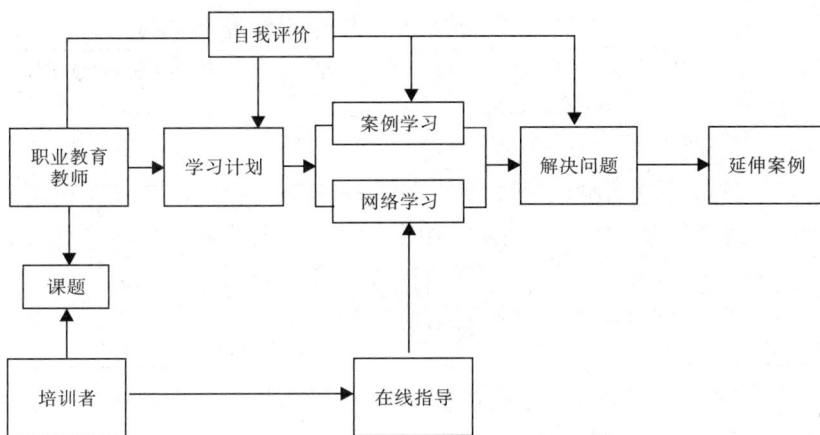

图 3-5 基于案例分析的自主学习培训模式雏形

该图明确表达了系统各要素之间的关系，它所代表的意思是：培训者发布需要研究的课题供职业教育教师选择，而职业教育教师根据选定的课题制订自主学习计划，他们开展对相关案例的学习，并在网络上开展自主学习，解决课题中的问题。在这个过程中，培训者对职业教育教师的学习提供指导，帮助他们解决问题；职业教育教师对学习过程中的各环节进行评价以及对问题解决的结果进行评价，发现问题与不足并进行改进。当职业教育教师通过解决问题获得了一些知识后，他们举一反三，将所学知识应用到其他案例中，并巩固知识。

二、基于案例分析的自主学习培训模式的构建原则

案例分析教学的目的在于提高学员发现问题和解决问题的能力，在组织案例分析时，应注意贯彻以下原则：

1. 启发、引导原则

在案例分析教学中的所有活动中，教师的任务是启发、引导学员进行独立思考。学生应充分发挥主观能动性，开展自主学习。在这个过程中，教师要鼓励学员充分表达自己的独特见解，并引导他们展开争辩，即使各方意见不统一，也应允许各种独特见解的存在。

2. "二八"原则

在案例分析教学的时间分配上，必须严格执行"二八"原则，即教师

进行教学布置、引导和对学员的分析研究进行评价等活动时间，不能超过全部案例分析教学时间的百分之二十，应该把百分之八十的时间交给学员去阅读材料、思考、讨论和争辩。

3. 创造性原则

实行案例分析教学的本意，就在于发展学员的个性，使学员的潜在能力得到一定程度的发挥。所以在讨论时，学员对案例的分析研究往往会超出教师所预想的范围，只要言之有理，就应该给予充分表达的机会。教师不能过于教条，应该尊重学员的创造精神。

4. 鼓励原则

学员在进行案例分析的过程中，很可能会出现一些不正确的看法，或者与案例分析的要求相去甚远观点，这都是正常现象，教师必须处理好"堵"与"疏"的关系。直接批评学员，一"堵"了之，不仅挫伤学员自尊心，而且直接违反了"以学员为中心"的基本原则。正确的做法应该是，大胆鼓励学员发表意见，变"堵"为"疏"，引导学员进一步思考，自动修正自己的不正确看法，尤其要注意的是，绝对不能讥笑、嘲弄持不正确看法的学员。①

三、基于案例分析的自主学习培训模式的生成路径

根据由解释结构模型法推导出的基于案例分析的自主学习培训模式雏形图以及该模式的构建原则，本章构建了基于案例分析的自主学习培训模式图，该模式以职业教育教师为中心，既体现了案例学习的特点，又展示了网络学习的特色，培训者在这个过程中充当辅导者和引导者的角色。

该模式整体包含两部分，一是培训者的活动，另外是职业教育教师的活动。培训者的活动较少，在该模式中，他发布课题供学生选择，并在进行基于案例的自主学习和基于网络的自主学习时提供在线指导。该模式以职业教育教师为中心，他们首先选择培训者提供的课题，并根据自身的学习基础和时间安排制订学习计划，按照计划开展案例学习和网络学习。在案例学习的过程中，职业教育教师进入案例情境，分析案例中存在的知识点与技能点，并对案例中存在的知识点与技能点进行总结；职业教育教师在案例学习的基础之上，利用从案例中已学到的知识，开始对已选课题中

---

① 张丽英，毛志忠. 浅析案例分析教学法. 中国成人教育，2006（6）：139.

的问题进行分析，在网络上搜索相关资源，用以解决问题；当遇到困难时，跟其他同伴进行交流或提问培训者，以获得指导。职业教育教师经历了上述学习过程后，最终解决了已选课题中的问题，这一课题成了新的案例，供其他学习者学习，并且职业教育教师在开展课题学习后，又可以将从问题解决中获得的知识应用到新的问题情境中，如图3-6所示：

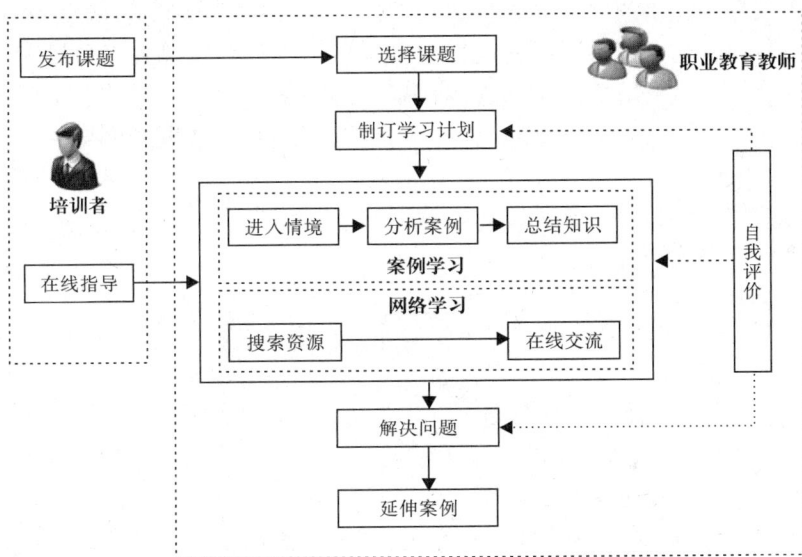

图3-6 基于案例分析的自主学习培训模式

1. 发布与选择课题

培训者在发布课题时，应注意结合当前社会的实际情况，追求新意，提出一些具有较强研究价值的课题，供职业教育教师选择。一般来说，培训者拟定选题的来源有四个方面：第一，从教育教学实践中寻找课题。职业教育教师在从事日常教学工作时，难免会遇到各种各样的问题，如中职学校学生德育工作问题、中职课程教学改革问题等。这些问题都值得作为课题开展研究。第二，从理论文献中寻找课题。从现有的中外教育理论体系中去发掘和填补空白，揭示矛盾；从不同理论、观点和流派的相互争议中寻找答案；着力在教育理论和方法上提出不同见解，认真辨析和验证，从差异中寻求同一，从同一中找出差异。第三，从个人经验中寻找课题。培训者相对于职业教育教师而言，具有更丰富的职业教育教学经验，因此，他们能结合自身的经验，提出一些具有研究价值的课题。第四，从教育改革和发展中出现的理论及政策问题当中寻找课题。中职学校教育教学改革中有许多重大课题急需研究和解决，例如，中职学生德育实效性研究、中职教育与人的发展研究、中职教育现代化工程问题、中职学生心理健康教育等问题，这些课题对于中职教育教学改革具有极强的导向性。

职业教育教师应结合自身的实际情况，深思熟虑，选择一个具有一定现实意义和实际价值，且具有创意的课题。职业教育教师在选题时应遵循价值性原则、创造性原则、需要性原则、可行性原则，即职业教育教师应选择符合中职教育教学的基本规律和发展方向的，对社会发展具有一定推动作用的课题；选择的课题应具有独创性和新颖性；选题要结合中职教育需求，适应中职教学改革的需要；选题要结合自身的知识结构、研究能力、兴趣爱好，以及所具备的文献资料、协作条件等社会因素，预计现有条件能否保障课题顺利开展。

2. 制订学习计划

学习计划是提高学习效率的重要保障。在培训过程中，职业教育教师在选定研究主题以后，应拟定开展案例学习、网络学习以及问题解决学习的活动计划，保证培训任务按时完成。学习计划会促使职业教育教师将自身的每一个学习行为都和培训目标联系起来，使学习行为具有明确的目的性。

制订学习计划包含两个方面，即制定学习目标和安排时间。制定的学习目标应具有适当、明确、具体的特点。适当就是指目标不能定得过高或者过低，过高会因无法实现而失去信心，使计划成为一纸空文，过低会因无须努力就能达到而不利于进步，要根据自己的实际情况提出经过努力能达到的目标。明确就是指学习目标要便于对照和检查。具体就是目标要便于实现等。在确定了学习目标后，要科学合理地安排时间，符合全面、合理、高效的要求。全面是指在安排时间时，既要考虑学习，也要考虑休息和娱乐。合理是指要在最佳的时间段学习，既不影响正常工作，也要完成培训任务，达到较好的培训效果。高效是指要将重要的培训任务先完成，然后再去完成较容易的任务。

3. 案例学习与网络学习

在培训中，培训者不仅是教师而且也是学员。一方面，培训者是整个培训的主导者，掌握着培训进程，引导学员思考、归纳和总结；另一方面，在培训中通过共同研讨，培训者不但可以发现自己的弱点，而且从学员那里可以了解到大量感性材料。

案例学习与网络学习能够调动职业教育教师的学习主动性，由于不断变换教学形式，职业教育教师大脑兴奋点不断转移，注意力能够得到及时调节，有利于他们始终维持最佳状态。案例学习方式与网络学习方式生动具体、直观易学且能集思广益，案例学习的最大特点是它的真实性，由于内容是具体的实例，加之采用形象、直观、生动的教学形式，给人以身临其境之感，易于学习和理解。网络学习能够集思广益，培训者还能为他们提供在线指导。职业教育教师在网络学习时与同伴进行交流，并且能获得培训者的指导，这种培训过程能够实现教学相长。

在上述基于案例分析的自主学习培训模式图中，培训者发布课题，职业教育教师根据自身的学习基础、学习能力和兴趣爱好选择课题，并根据课题制订学习计划，为接下来的学习过程进行时间和任务规划。在案例学习阶段，职业教育教师首先进入案例情境，分析案例中包含的知识点，并归纳和总结这些知识点；在案例学习的过程中，职业教育教师可在必要时搜索网络资源，并与同伴一起交流学习中遇到的问题或一些心得体会；培训者在这个过程中，可针对职业教育教师在学习过程中难以解决的疑问，提供指导。职业教育教师在案例学习和网络学习阶段总结了知识，并用这些知识解决课题中存在的问题，以达到将知识应用到新情境中的目的，又在一定程度上延伸了案例。在整个培训过程中，职业教育教师要在其制订学习计划阶段、案例学习与网络学习阶段以及问题解决阶段开展自我评价，以便及时纠正学习过程中出现的问题，提高学习效率。

4. 解决问题

职业教育教师在围绕课题开展案例学习和网络学习后，应着重解决课题中存在的问题。问题解决是由一定的情境引起，按照一定的目标，应用各种认知活动、技能等，经过一系列的思维操作，使问题得以解决的过程。

职业教育教师需要解决的问题来源于他们所选择的课题，问题解决的阶段包含四个：发现问题、分析问题、提出假设、检验假设。在发现问题阶段，职业教育教师要从所选课题中拟定问题；在分析问题阶段，职业教育教师要明确问题的性质，也就是弄清有哪些矛盾、矛盾存在于哪些方面、它们之间有什么关系，以确定所要解决的问题要达到什么结果、所必须具备的条件、其间的关系和已具有哪些条件，从而找出主要矛盾、关键矛盾之所在；在提出假设阶段，职业教育教师要明确可采用的解决方案，其中包括采取什么原则和具体的途径、方法，但所有这些往往不是简单现成的，而是有多种多样的可能的，但提出假设是问题解决的关键阶段，正确的假设引导问题顺利得到解决，不正确不恰当的假设则使问题的解决走向弯路或导向歧途；在检验假设阶段，职业教育教师要针对上一阶段提出的假设进行逐一检验。通常有两种检验方法：一是通过实践检验，即按假定方案实施，如果成功就证明假设正确，同时问题也得到解决；二是通过心智活动进行推理，即在思维中按假设进行推论，如果能合乎逻辑地论证预期成果，就算问题初步解决。特别是在假设方案一时还不能立即实施时，必须采用后一种检验。但必须指出，即使后一种检验证明假设正确，问题是否真正解决仍有待实践结果的证实。不论哪种检验，如果未能获得预期结果，必须重新另提假设再行检验，直至获得正确结果，问题才算解决。

在职业教育教师解决了课题中存在的问题以后，这就说明他们已经将从案例学习和网络学习中获得的知识应用到了新的问题情境中，真正地掌握了知识，发挥了知识的真正价值。

5. 自我评价

自我评价是一种重要的评价形式，它属于人的自我概念的重要内容之一。自我评价具有独特的自我功能，即促进自我发展、自我完善、自我实现。职业教育教师必须对制订学习计划、案例学习、网络学习和问题解决等阶段进行评价，发现在这些阶段中是否存在影响学习结果的因素，并制订改进策略，从而提高计划的执行力度、职业教育教师的学习效率以及问题解决的质量。

6. 延伸案例

职业教育教师通过将案例学习和网络学习中获得的知识应用到新的问题解决过程中，可将此次问题解决的过程作为一个新的应用案例存储在已有的知识结构中，这也扩展了他们的经验范围，丰富了知识结构与能力结构。

第二节　基于网络的小组协作学习培训模式的构建

本节采用解释结构模型法构建了基于网络的小组协作学习培训模式，这种模式建立在由计算机支持的协作学习模式的基础之上，该模式可应用于职业教育教师开展网络环境下的小组协作学习中，职业教育教师在该模式中，在培训者的指导下，通过与同伴进行对话和协作，在完成作品的过程中，达到培训目标。

本节将在所提取的要素的基础上，确定要素之间的联系，得出可达矩阵，经过区域分解和层级分解后得到基于网络的小组协作学习培训的雏形图，并在相关理论的指导之下，得出基于网络的小组协作学习培训模式图。

一、基于网络的小组协作学习培训模式的构成要素

协作学习的代表人物斯莱文（Slavin, R. E.）和约翰逊兄弟强调协作学习是以小组为学习单位，在生生之间展开互动，共同完成小组的整理体任务的过程。国内学者赵建华和李克东提出了协作学习的定义：协作学习是指学习个体通过小组从事学习活动、完成特定学习目标的过程。在该过程中，学习个体之间进行积极的交流、协商和沟通，以形成共识，并分享学习成果。

协作学习的基本模式主要有7种，分别是竞争、辩论、合作、问题解决、伙伴、设计和角色扮演。

竞争是指两个或更多的协作者参与学习的过程，并有辅导教师参加。这种模式的实施过程是：教师根据学习目标与内容，将学习任务分解成若干个，让不同学习者单独完成；随后辅导教师对学习者的任务完成情况进行点评，对于任务完成情况较好的同学，辅导教师给予鼓励，对于任务完成情况欠佳的同学，辅导教师加以指导；当每位学习者都完成了任务以后，整个学习任务也就完成了。该模式有利于激发学生的学习积极性与主动性，但容易导致协作困难。

辩论是协作者之间围绕给定主题，首先确定自己的观点，并搜索图书资料来支持自己的观点，辅导教师对学习者的观点进行甄别，选出正方与反方，然后双方围绕主题展开辩论。最后由中立者对双方的观点进行裁决，论点鲜明且论据充分的一方获胜。该模式有利于培养学生的批判性思维能力。

合作是指多个协作者共同完成某个学习任务的过程，在这个过程中，协作者之间相互配合、相互帮助、相互促进，共同完成学习任务。该模式可激发学习者产生不同的观点，从而促使他们圆满完成学习任务。

问题解决的前提是确定问题，在解决问题的过程中可采取多种方式，如：竞争、合作、辩论等，在解决问题的过程中需要搜集资料。问题解决的最终成果可以是报告、展示或论文，也可以通过汇报的形式展现。问题解决是协作学习的一种综合性学习模式，它对于培养学习者的综合能力具有显著的作用。

伙伴是指协作者之间为了完成某项学习任务而结成的伙伴关系，伙伴之间可以围绕某些问题展开讨论与协商，并从对方那里获得问题解决的思路与灵感。

设计是面向过程的协作学习模式，它由辅导教师给定设计主题，学习者根据该主题进行问题解决过程设计、科学实验设计、基于知识的创新设计等，在设计主题的解决过程中，学习者充分运用已掌握的知识，相互之间进行分工、协作，共同完成设计主题。

角色扮演是让不同的学生分别扮演指导者和学习者的角色，由学习者解答问题，指导者对学习者的解答进行判别和分析。在学习的过程中，指导者和学习者扮演的角色可以相互转换，通过角色扮演，学习者对问题的理解将会有新的体会。角色扮演的成功将会增加学习者的成就感和责任感，并可以激发学习者掌握知识的兴趣与积极性。

协作学习已在传统的教学环境和信息技术学习环境中得到了广泛的应用，在这种模式的指导之下，学生感受到同学之间不再是竞争对手，而是促进学习的帮助者，它使学习者的学习活动更加生动和丰富多彩。[①]

计算机支持的协作学习（以下简称：CSCL）的研究目标之一是在社会文化背景下，提高成员之间的协调能力，同时在与他人交互协作的过程中，主动构建自己的认识与知识。Stahl, G. 以认知心理学、协作学习理论和社会实践理论为理论基础，提出了个人知识与社会知识建构相结合的CSCL 协作学习过程模型，即协作知识建构过程模型。它明确指出了与个人心理相关的历程和被认为是社会化历程之间的关系，详见图 3－7：

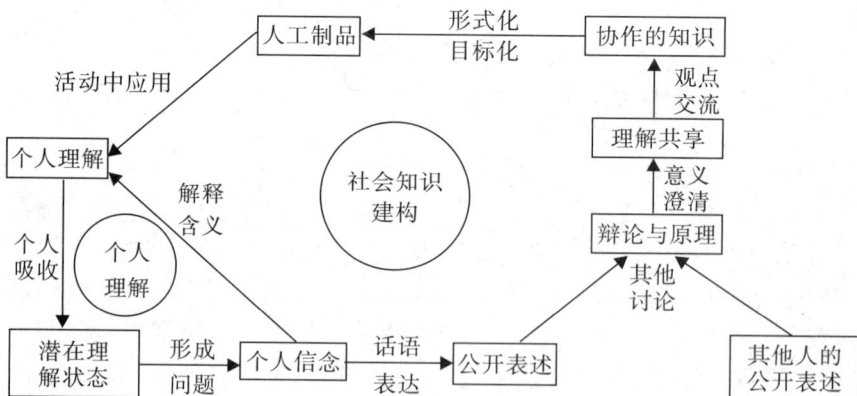

图 3－7　协作知识建构过程模型[②]

---

① 赵建华，李克东. 协作学习及协作学习模式. 中国电化教育，2000（10）：5～6.
② Stahl, G.. *Group Cognition：Computer Support for Building Collaborative Knowledge*. Cambridge, MA：MIT Press，2006. 214.

　　Trentin, G.（1999）提出了一个基于网络的协作教育框架，在这个框架中，将基于计算机网络的教育模型分为两类：一类是教育中应用传统类型过程的一部分（进入信息、个体间交换信息或教学材料）；另一类是学习或者组织学习过程的模型，在教学方法方面具有很大的改变。这两类模型都可以应用于协作学习中。从教育观点看，协作维度可能是在基于远程通信所运用的教与学模型中影响最大的概念因素。协作有利于促进学习方法的改进，而在学校系统中却经常被忽略，如小组工作、背景研究、需求、经验分享、文化交流、面向共同教育目标的协作等。

　　Trentin, G. 的基于网络的协作教育框架（如图 3 - 8 所示）体系有利于对教育网络进行分析，亦可应用于 CSCL 的研究与开发中。

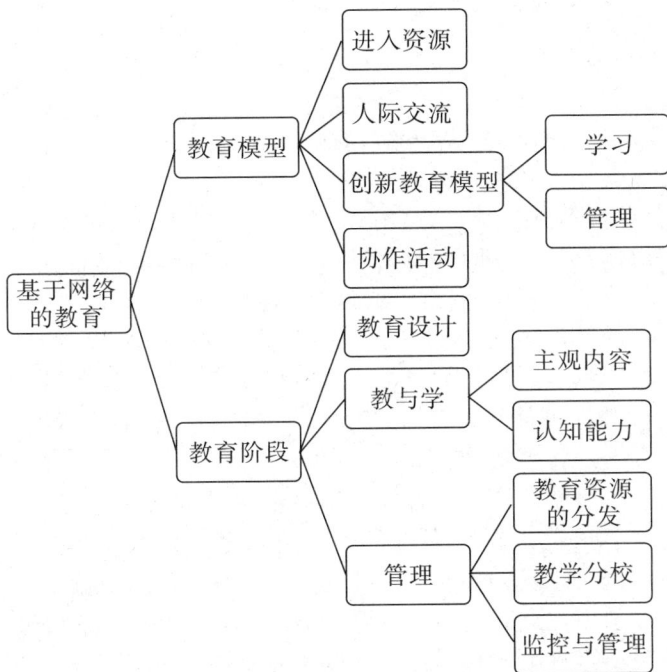

图 3 - 8　基于网络的协作教育框架①

　　国内学者庄慧娟提出基于解释的知识建构过程模型（详见图 3 - 9），

---

①　赵建华. CSCL 的基础理论模型. 电化教育研究, 2005（10）: 12.

它包含五个阶段，即情境创设阶段、分享阶段、协商阶段、共识阶段、应用阶段。

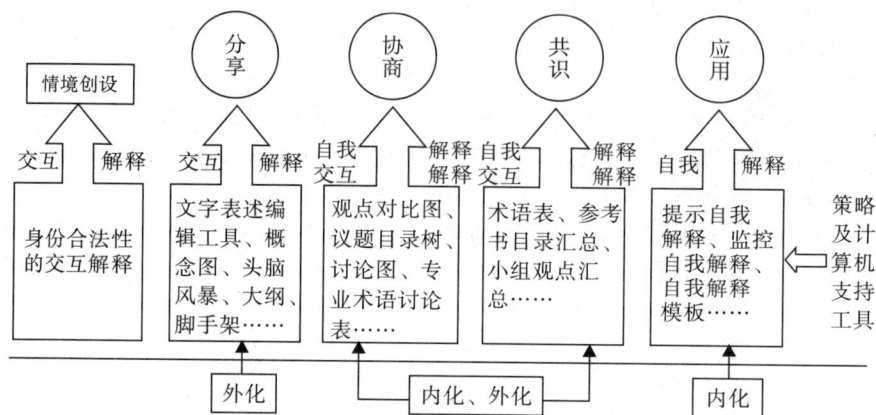

图 3 - 9   基于解释的知识建构过程模型①

情境创设阶段是协作知识建构初期，成员之间由于不了解，所以很难建立融洽的协作氛围。这时，可引导成员针对自己的身份进行解释，这样才能为成员的协作交互创造良好的社会性基础。

分享阶段涉及提出问题、描述讨论主题、表达个人观点等，可将与问题相关的隐性知识表达为其他成员可共享的显性知识，并作为下一步协商的资料。这个过程可使用的工具有：文本编辑器或 Word 文档、概念图、头脑风暴、大纲、脚手架等。

协商阶段可以使认知和语言人工制品在成员的协商过程中不断得以提炼，成员的社会角色也在协商过程中进行构建。协商不仅包含自我的协商，也包括与他人观点的协商，协商通过自我解释与交互解释来实现。在这一阶段中可采用观点对比图、议题目录树、讨论图等计算机支持工具使个人观点以及小组与个人观点之间的联系更清晰，展现不同成员陈述观点的不同视角；可以提供讨论对话的结构图，以展示对话之间的关系；提供专业术语讨论表，记录讨论过程中对术语意义理解的演化过程，为新成员对核心术语意义的理解提供指导。

---

① 庄慧娟，柳婵娟．基于解释的协作知识建构过程模型．现代教育技术．2008，18（9）：22.

共识阶段主要包括综合、调整、妥协、共享理解、达成共享意义等。在这个阶段，成员通过与他人的交互解释来表述自己的观点或在交互解释过程中对集体的观点进行提升、综合；通过个体自我解释，修正原有的认知结构，对自身的观点进行调整、妥协或共享集体意义，最后达成协作知识建构。

应用阶段是对新建构的知识进行应用，成员在这个阶段的主要任务是将集体共享的知识内化到自身原有知识结构中并运用它解决问题。这一阶段与成员的自我解释紧密相关。①

国内学者柴少明在 Stahl，G. 研究的基础上，提出了 CSCL 中基于对话的协作意义建构的过程模型。该模型综合考虑了协作学习过程中小组认知性、社会性对话过程和个体自我反思性对话过程，揭示了知识建构的机制和过程，对设计促进协作知识建构的策略具有重要的指导意义，该模型如图3-10 所示：

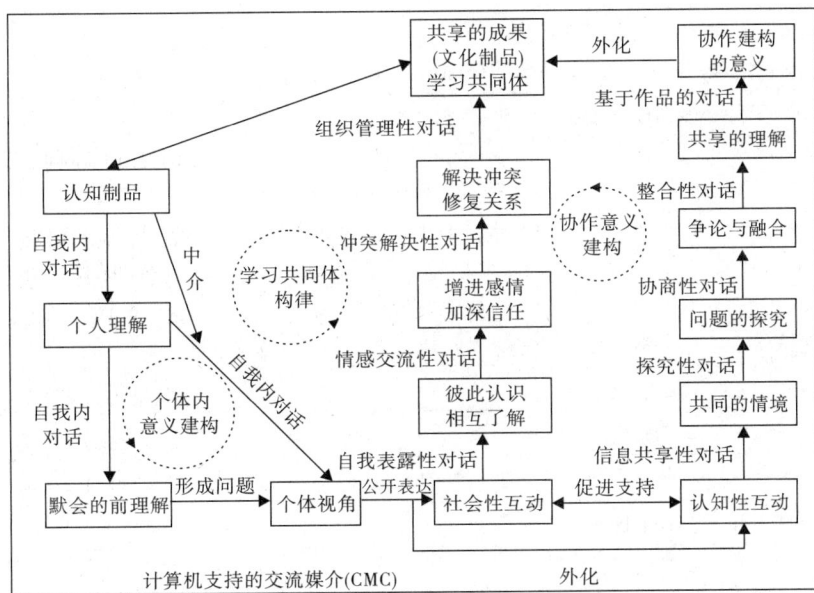

图 3-10　CSCL 中基于对话的协作意义建构的过程模型②

---

① 庄慧娟，柳婵娟. 基于解释的协作知识建构过程模型. 现代教育技术，2008（19）：21~22.
② 柴少明. CSCL 中促进协作知识建构的策略. 现代远程教育研究，2012（4）：36.

本节根据协作学习的概念、基本模式和国内外学者提出的 CSCL 模式，总结了基于网络的小组协作学习培训模式中包含的要素，详见图 3 - 11 所示：

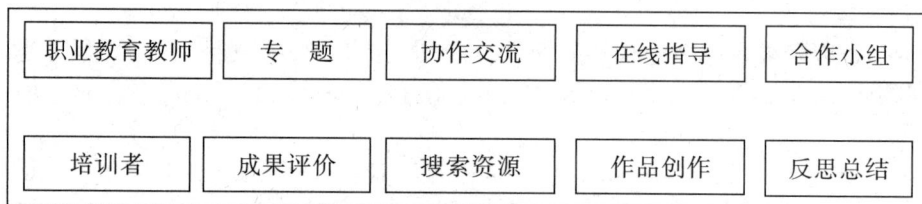

职业教育教师	专 题	协作交流	在线指导	合作小组
培训者	成果评价	搜索资源	作品创作	反思总结

图 3 - 11　基于网络的小组协作学习培训模式的要素

根据提取的要素，将每一个要素与其他要素进行比较，如果存在直接因果关系，则用符号"○"表示，如表 3 - 11 所示：

表 3 - 11　基于网络的小组协作学习培训模式中各要素关系

编号	培训模式要素	1	2	3	4	5	6	7	8	9	10
1	培训者			○			○				
2	职业教育教师			○					○		
3	专题										
4	协作交流							○			
5	搜索资源				○						
6	在线指导							○		○	
7	作品创作									○	
8	合作小组			○		○					
9	成果评价										
10	反思总结				○	○		○		○	

根据要素关系表建立邻接矩阵 A = $\begin{Bmatrix} 0 & 0 & 1 & 0 & 0 & 1 & 0 & 0 & 0 & 0 \\ 0 & 0 & 1 & 0 & 0 & 0 & 0 & 1 & 0 & 0 \\ 0 & 0 & 0 & 0 & 0 & 0 & 0 & 0 & 0 & 0 \\ 0 & 0 & 0 & 0 & 0 & 0 & 1 & 0 & 0 & 0 \\ 0 & 0 & 0 & 1 & 0 & 0 & 0 & 0 & 0 & 0 \\ 0 & 0 & 0 & 0 & 0 & 0 & 1 & 0 & 1 & 0 \\ 0 & 0 & 0 & 0 & 0 & 0 & 0 & 0 & 1 & 0 \\ 0 & 0 & 1 & 0 & 1 & 0 & 0 & 0 & 0 & 0 \\ 0 & 0 & 0 & 0 & 0 & 0 & 0 & 0 & 0 & 0 \\ 0 & 0 & 0 & 1 & 1 & 0 & 1 & 0 & 1 & 0 \end{Bmatrix}$

通过矩阵运算，求出可达矩阵 M = $\begin{Bmatrix} 1 & 0 & 1 & 1 & 0 & 1 & 1 & 1 & 1 & 1 \\ 0 & 1 & 1 & 1 & 1 & 1 & 0 & 1 & 1 & 1 \\ 0 & 0 & 1 & 1 & 1 & 1 & 0 & 1 & 1 & 1 \\ 0 & 0 & 0 & 1 & 1 & 1 & 0 & 1 & 1 & 1 \\ 0 & 0 & 0 & 1 & 1 & 1 & 0 & 1 & 1 & 1 \\ 0 & 0 & 0 & 1 & 1 & 1 & 0 & 1 & 1 & 1 \\ 0 & 0 & 0 & 1 & 1 & 1 & 1 & 1 & 1 & 1 \\ 0 & 0 & 0 & 1 & 1 & 1 & 0 & 1 & 1 & 1 \\ 0 & 0 & 0 & 1 & 1 & 1 & 0 & 1 & 1 & 1 \\ 0 & 0 & 0 & 1 & 1 & 1 & 0 & 1 & 1 & 1 \end{Bmatrix}$

对可达矩阵的可达集合与先行集合进行分析，得出可达集合与先行集合及其交集表，如表3－12、表3－13、表3－14所示：

表3－12　可达集合与先行集合及其交集

i	$R(S_i)$	$Q(S_i)$	$R(S_i) \cap Q(S_i)$
1	1,3,4,6,7,8 ,9,10	1	1
2	2,3,4,5,6,8,9,10	2	2
3	3,4,5,6,8,9,10	1,2,3	3
4	4,5,6,8,9,10	1,2,3,4,5,6,7,8,9,10	4,5,6,8,9,10
5	4,5,6,8,9,10	1,2,3,4,5,6,7,8,9,10	4,5,6,8,9,10

（续上表）

i	R(S$_i$)	Q(S$_i$)	R(S$_i$)∩Q(S$_i$)
6	4,5,6,8,9,10	1,2,3,4,5,6,7,8,9,10	4,5,6,8,9,10
7	4,5,6,7,8,9,10	1，7	7
8	4,5,6,8,9,10	1,2,3,4,5,6,7,8,9,10	4,5,6,8,9,10
9	4,5,6,8,9,10	1,2,3,4,5,6,7,8,9,10	4,5,6,8,9,10
10	4,5,6,8,9,10	1,2,3,4,5,6,7,8,9,10	4,5,6,8,9,10

　　为了更清晰地了解系统中各要素之间的层级关系，本章利用层级分解的方法[R(S$_i$)∩Q(S$_i$)＝R(S$_i$)]进行层级分解，如下表所示：

表3－13　抽出4，5，6，8，9，10后的结果

i	R(S$_i$)	Q(S$_i$)	R(S$_i$)∩Q(S$_i$)
1	1,3,7	1	1
2	2,3	2	2
3	3	1,2,3	3
7	7	1,7	7

表3－14　抽出3，7后的结果

i	R(S$_i$)	Q(S$_i$)	R(S$_i$)∩Q(S$_i$)
1	1	1	1
2	2	2	2

　　通过层级分解得出了基于网络的小组协作学习培训模式的雏形图，如图3－12所示：

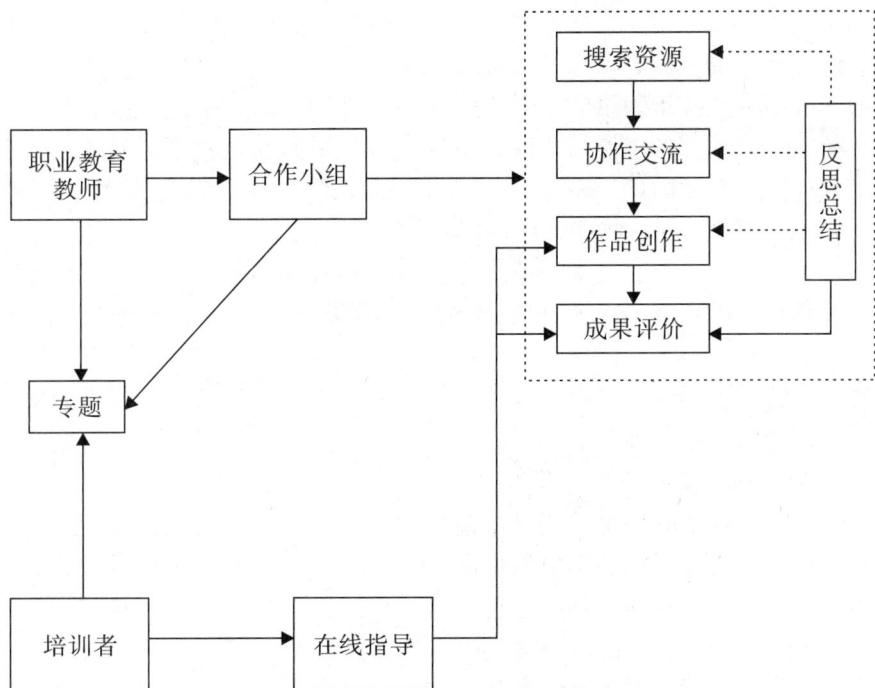

图 3 – 12 基于网络的小组协作学习培训模式雏形

该图明确表达了系统各要素之间的关系，它所代表的意思是：培训者根据教学目标与教学内容设定小组学习的专题，职业教育教师根据专题的内容，依据各自的性格特点、能力倾向，按照"同质结对、异质编组、组建平行"的原则组建合作小组，并根据实际需要，选择一个专题开展小组学习。组员根据选定的专题开展讨论，每位组员都将自己对专题的看法说出来，并细化专题，然后在网络上搜索相关资源，分析组员观点的正确性，通过协作与交流，完成作品创作，在协作交流与作品创作环节，培训者会加以指导。作品创作完成后，小组成员对作品进行评价与交流，最后，小组成员反思在小组协作中存在的问题与不足，并加以完善。

二、基于网络的小组协作学习培训模式的构建原则

基于网络的小组协作学习培训模式要求在网络学习中，职业教育教师应充分利用网络环境，搜索学习资料，在培训者的指导之下，相互协作，

共同完成学习任务。在构建该模式时，要遵循以下基本原则：

1. 基于网络的小组协作学习培训模式应具有可操作性

在应用设计基于网络的小组协作学习培训模式时，应注重模式的操作程序简明，对培训者来说易掌握和应用，对学生来说易接受，且应是一种切实可行的、有效的培训模式。

2. 良好的互动性易实现知识共享

基于网络的小组协作学习培训模式不仅要有利于促进参与培训的职业教育教师在互动中进行协作知识建构，而且要有利于形成良好的人际关系，有助于交流信息、协作解决问题。在这个过程中大家相互信任，增进了感情，营造了和谐的氛围，这种氛围有利于维持网络协作学习小组的活力，保证学习正常开展。

3. 体现信息技术的支撑作用

随着信息技术的快速发展以及信息化进程的加快，人类面临一个新的教育命题：如何更好地利用信息技术来学习。人们正处于刚开始将信息技术作为呈现学习资料的工具逐渐转变为将信息技术作为认知工具和知识建构的工具的阶段。在这种教育背景下，职业教育教师培训模式也应体现信息技术的应用，充分体现出信息技术在职业教育教师知识建构过程中的作用，让他们在网络环境下，开展小组协作，利用信息技术获取信息、交流信息并进行评价总结，最终达到对培训知识的意义建构并实现培训目标。

4. 注重培养职业教育教师的综合能力

职业教育教师在网络环境下接受培训，在这个过程中，培训者起主导作用，而职业教育教师则充分发挥主体作用，在分析和解决问题的过程中，与其他同伴或培训者进行交流与协作，并在这个过程中培养职业教育教师协作探究的能力、信息素养及责任感。

三、基于网络的小组协作学习培训模式的生成路径

根据由解释结构模型法推导出的基于网络的小组协作学习培训模式雏形图（如图 3 - 12 所示）以及该模式的构建原则，本章构建了基于网络的小组协作学习培训模式，该模式以职业教育教师为主体，体现了他们根据所选择的专题，对专题的任务进行细化，开展小组协作与交流、完成作品、评价作品和反思总结的过程；培训者在这个过程中，为职业教育教师创建专题，并在搜索资源、协作交流和作品创作环节提供在线指导。

　　该模式整体包含两部分，一是培训者的活动，另一个是职业教育教师的活动。培训者的活动较少，在该模式中，他创建小组协作学习的专题供学生选择，并在职业教育教师开展协作交流和作品创作时提供在线指导。该模式以职业教育教师为中心，他们分析专题后明确每个专题需要完成的任务，首先根据自己的心理特征、性格特点、能力倾向，按照"同质结对、异质编组、组建平行"的原则组建合作小组，选择其中的专题，然后细化任务，组员提出各自的看法，由某几位学员在网络上搜索相关资料，证实组员观点的正确性，然后组内成员讨论开展专题的计划和步骤，达成一致看法后分工协作，进行作品创作；在搜索资源、协作交流和作品创作的过程中，组员遇到问题都可以通过网络获得培训者的指导。最后对作品进行评价，并反思总结整个小组协作学习的过程。

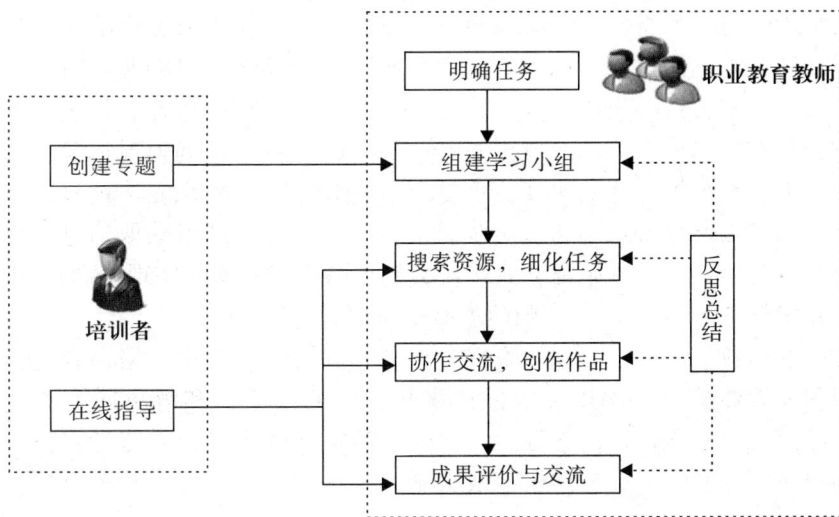

图 3-13　基于网络的小组协作学习培训模式

1. 创建专题

　　培训者所创建的专题包括：单学科的专题、多学科的专题和超学科的专题。单学科的专题是围绕某一学科而设置的学习主题，它与该学科的内容密切相关。多学科的专题是打破学科界限，涉及不同学科内容的学习主题，它并及多学科知识的整合。超学科的专题以学习者的兴趣和需要为中心，它属于综合实践活动的范畴。

培训者在设置专题时应注意激发职业教育教师的主体意识，积极探索，通过研究与协作来求得问题的解决，从而让他们体验和了解基于网络的小组协作学习过程，提高获取信息、分析信息、加工信息的实践能力和培养良好的创新意识与信息素养。

2. 明确任务

职业教育教师分析培训者所创建的专题，明确每个专题需要完成的任务。在分析的过程中，了解自己在完成任务的过程中是否具备相关的知识、技能还有专业背景，同时也应了解其他学员的知识与能力结构，为下一阶段组建学习小组打下良好的基础。

3. 组建学习小组

合理组建学习小组是取得较好学习效果的保障。职业教育教师应参照异质原则和集体原则创建学习小组。所谓异质原则就是依据学生学业基础、学习能力、性格特点、科目差异，将班级的学生组成若干个异质学习小组，使各组之间达到相对平衡。集体原则是指要将小组看作是一个高度凝结整合的集体，小组成员的学习、成长与评价都和小组及小组成员密不可分，只有小组成功，小组成员才能达到个人目标，也就是说小组成员不仅要努力争取个人目标的实现，更要帮助小组同伴实现目标。

4. 搜索资源，细化任务

在该阶段，培训者主要针对职业教育教师在搜索网上资源时遇到的问题，在细化任务的过程中碰到的难题或者在讨论过程中发生的冲突，进行指导，提出建议，并引导职业教育教师顺利完成任务细化的工作。

职业教育教师以小组为单位，将所选定的专题中包含的任务进行细分，提出各自的观点，搜索资源，查证各种观点的合理性。通常来说，论证的方法有：事实论证、理论论证、比较论证、比喻论证、因果论证、道理论证等。

事实论证是一种从材料到观点，从个别到一般的论证方法，是从对许多个别事物的分析和研究中归纳出一个共同的结论的推理形式。使用这种方法，一般是先分论后结论，即先开门见山地提出论题，然后围绕论题逐层运用材料证明论点，最后归纳出结论。这种论证的方法，比较符合人们的思维认识规律。运用事实论证进行论证时列举的事实可以有两种形式，即概括总体性事实和枚举个别事实。概括总体性事实的说服力在于事实所体现的普遍性，它是对事实的总体或全局的全面性统计或概括。采用枚举个别事例的论证方式，不要求全面周到，只需枚举几个事例即可。枚举事例要求有一定的典型性，同时也要考虑到经济原则，尽可能不要同类重复。

理论论证的目的是要证明论点具有普遍性和规律性。由于论点一般是从具体的材料中抽象概括出来的，其实质是归纳法，而归纳法在很多条件下是很难完整地归纳材料的，因此，用理论加以衡量，就能够保证其可靠性。理论论证的逻辑形式是演绎推理，就是将归纳所得的论点，用人类已知的科学原理去衡量。除了引用普遍性原理和原则外，各门学科的理论也可以作为论据，如物理学理论、文学理论等。理论论证的论据还可以是某些经过时间检验的、广为流传的谚语、格言和成语等，同时也包括有些文章中所谓的"引用论证"。

比较论证是一种由个别到个别的论证方法。它包括类比法和对比法。类比论证是根据两个对象在某些属性上的相同或相似，推论两者在其他属性上也有相同或相似之处。类比论证属于或然性推理，是一种从特殊到特殊、从个别到个别的推理方式，其结论不一定为真，只有一定程度上的可靠性。在某些无法获得更确切的论据的情况下，运用类比论证，有时是有效的。对比论证则是一种求异的思维方式，它侧重于从事物的相反或相异的属性的比较中来揭示需要论证的论点的本质。对比论证方式的运用范围很广，因为可以进行比较的事物很多，中与外、古与今、大与小、强与弱等，都适合进行比较，在比较中分析和阐明了两者的差异可对立之后，是非昭然，自然就能够确立论点了。对比可以是两个对象之间的比较，也可以是同一对象自身前后不同阶段之间的比较，前者称为横向比较，后者称为纵向比较。运用纵向对比的论证方式，不能停留在形式逻辑的静态判断的层面上，否则，有时会显得说服力不够。

比喻论证是用比喻作论证，拿比喻者之理去论证被比喻者（论题）之理。在比喻论证中，比喻者是一组形象事例，其中包含着一定的关系和道理，被比喻者则是一种抽象的道理。比喻者和被比喻者虽然是两类不同的事物，但在它们之间存在着一个共同的一般性原理，因此它们之间具有推理关系。比喻论证是以比喻者作论据去论证被比喻者（论题）的论证方式。

因果论证不能停留在一因一果的层次上，而要善于多角度地分析原因和结果，比如要分析一果多因、一因多果，还要分析同因异果、异因同果以及互为因果。因果联系是普遍的和必然的联系，没有一个现象不是由一定的原因引发的；而当原因和一切必要条件都存在时，结果就必然产生。

所谓原因，指的是产生某一现象并先于某一现象的现象；所谓结果，指的是原因发生作用的后果。原因与结果具有时间上的先后关系，但具有时间先后关系的现象并非都是因果关系；除了时间的先后关系之外，因果关系还必须具备一个条件，即结果是由于原因的作用所引起的。一般来说，在因果论证中要重视以下的因果分析：分析主要原因和次要原因；分析产生的原因；分析异因同果、同因异果和互为因果。

道理论证是运用讲道理的方法，用经典著作中的精辟见解、古今中外名人名言及被人们公认的科学原理、定理、公式等来证明观点的方法。由于道理论证所引用的材料都是被客观实际所证实的科学结论，或是被人们所公认的道理，具有理论的权威性和思想的深刻性，因而具有不可辩驳的力量和说服力。①

5. 协作交流，创作作品

在搜索相关网络资源后，职业教育教师对组内成员的各种观点进行论证，当组内其他成员所论证的观点跟自己的观点不合时，应相互协商与交流，以达到对问题的统一看法。在协商的过程中，小组内的各成员应以开放的心态面对不同意见，不可因观点不一致而导致小组内部矛盾。职业教育教师在进行交流时应注意在倾听中实现有效交流、在表述中实现有效交流。在倾听中实现有效交流是指当其他小组成员发言时，你的作用只是协助对方专注于他的思考和表达，不要轻易打断别人的发言，要学会尊重和欣赏他人。只有这样，才能满足每位小组成员交流的自尊心，充分调动学生相互交流的积极性。在表述中实现有效交流是指在表述观点时应用完整的语言来表述自己的思想和观点，并且在表达观点时要有条理、有根据地思维，并能用连贯的、合乎逻辑的语言来表达。只有学会了交流的方法，才能保证小组成员开展协作交流的效率。因此，小组成员在表达各自的观点时，要注意表述自己头脑中真实的想法，当听到其他成员的不同看法时，不能盲目地去反对，也不能盲目支持，耐心听取其他小组成员的不同观点，辩证地看待每一位小组成员的观点。在这个过程中，可以利用一些信息技术工具将观点呈现出来，如文本编辑器、概念图工具、思维导图工具等。

培训者要为职业教育教师开展小组合作学习创设一个民主、和谐、宽

---

① 论证方法. http：//baike. baidu. com/link？url＝GQbJ2amTzTahZA7XJSBDLYYkN 3waQ9JCoJ 0l－－tCWlx2Evto4KpIseN7sevWr4SB.

松、自由的氛围，尊重和保护职业教育教师的参与热情，采用多种形式鼓励他们积极地参与活动。合理进行小组分工是小组成员顺利完成小组学习任务的保障。组内成员要有明确的具体分工，如组织人、意见领袖、资料搜集人等角色的分配。在每一个阶段里，每个人都应有相对侧重的一项责任，扮演某种角色，使每个成员都能发挥自己的作用，为小组任务的完成贡献力量。对于完成任务的计划，小组成员在上一阶段中，已达成共识。此时，小组成员应认真完成好被分配的任务，积极与其他成员合作，完成小组任务，并以作品的形式体现小组的合作成果。

6. 成果评价与交流

职业教育教师通过小组协作完成作品后，将作品展示出来，组内成员对作品进行评价，同时也可对各自在小组协作过程中的表现进行评价；小组成员进行自评后，其他组的成员也可对不属于自己组的作品进行评价；培训者在自评与互评的基础之上，给出总体评价意见，既要点评每个小组的作品质量，也要总结每个小组成员的表现。通过多元主体性评价，使得每组成员都得到客观、公正的评价意见，以激发职业教育教师的学习积极性和创造性思维。

7. 反思总结

职业教育教师的反思是指在教育教学实践中，通过对自我行为表现及其行为的解析和修正，进而不断提高自身素养的过程。反思的方法主要有五种：质疑反思、归纳反思、换位反思、对比反思、评议反思。质疑反思是人的思维走向深刻的开始。有质疑反思才会有发现，有发现才会有努力，有努力才会有发展。归纳反思可以帮助反思者找出"得"与"失"，也可找出问题的症结，它能促使反思者的失误缩减至最少。换位反思可帮助反思者突破个人有限的经历，形成对事物客观的认识。对比反思可让反思者通过找到某一事物的对立面的特征来发现这一事物的本质属性，有利于他们更好地认识事物。评议反思就是根据其他人的评价意见来反思自己的行为，这些来自他人的评议既中肯又切中要害，帮助反思者认清自我，受到启发和教益。[①]

职业教育教师在完成了小组任务后，应对小组协作学习的每个阶段进行反思和总结，如观点分享、协商论证、创作作品等，发现在小组协作学习的过程中存在的问题，并找出解决问题的方案。这样做的好处是一方面

---

① 什么是反思？http：//www.360doc.com/content/10/0805/01/912136_43751366.shtml.

可以提升职业教育教师的归纳总结能力，另一方面可帮助他们在今后的小组协作学习中不再出现类似问题，从而提高小组协作学习效率。

第三节 基于虚拟情境的探究学习培训模式的构建

本节采用解释结构模型法构建了基于虚拟情境的探究学习培训模式，这种模式建立在探究学习模式的基础之上，该模式可应用于职业教育教师在虚拟情境环境下开展的探究学习，职业教育教师在该模式中，在培训者的指导下，通过探究学习达到培训目标。

本节将在所提取的要素的基础上，确定要素之间的联系，得出可达矩阵，经过区域分解和层级分解后得到基于虚拟情境的探究学习培训的雏形图，并在相关理论的指导之下，得出基于虚拟情境的探究学习培训模式图。

一、基于虚拟情境的探究学习培训模式的构成要素

美国国家科学教育标准中对探究的定义是：探究是多层面的活动，包括观察、提出问题、通过浏览书籍和其他信息资源发现什么是已经知道的结论，制订调查探究计划，根据实验证据对已有的结论作出评价，以及用工具收集、分析、解释数据，提出解答，解释、预测和交流结果。探究要求确定假设，进行批判的和逻辑的思考，并且考虑其他可以替代的解释。[1]

美国国家探究理事会组织编写出版了一本专著，将探究性学习的过程要素概括为五个方面：提出问题，让学生投入到对科学性问题的探索中；收集资料和数据，让学生获取解释问题和评价学习结果的证据；形成解释；评价结果，让学生对自己的解释进行评价；检验结果，让学生交流和论证他们获取的探究结果。[2]

---

[1] National Research Council. *The National Science Education Standards*. Washington，DC：National Academy Press，1996. 23.

[2] Center for Science, Mathematics, Engineering Education & National Research Council. *Inquiry and the National Science Education Standards—A Guide for Teaching and Learning*. Washington，DC：Nationsl Academy Press，1996. 24～27.

国内学者奚晓霞、罗会棣在建构主义学习理论和 WebQuest 的基础之上提出基于 WebQuest 的"建构—探究"学习模式，详见图 3-14：

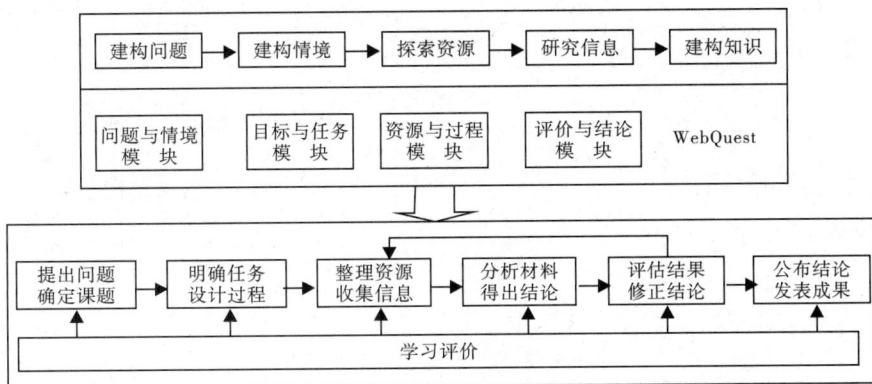

图 3-14　基于 WebQuest 的"建构—探究"学习模式①

这一模式包含建构和探究两层内涵，这两层内涵需要在 WebQuest 环境中实现。建构包括了问题的建构、解决问题所需的情境的建构以及问题解决的知识建构。问题的建构是"建构—探究"学习的前提，如果学习过程中没有与学习目标密切相关、具有可研究性和启发性、能激发学习者的探究兴趣的问题，那么情境的建构、知识的建构以及学习者的探究活动都无从谈起；丰富情境的建构是"建构—探究"学习的关键，丰富逼真的学习情境能使学习更有效，使学习者真正具备运用所学知识去解决现实世界中的问题的实践能力。

探究则包括了信息的探索、资料的分析、研究以及结论评估。探究是"建构—探究"学习的有效途径，心理学家 J. S. 布鲁纳认为，学习者能亲自探索发现事物的关系和规律，能使学习者产生兴奋感、自信心，提高学习者的内部动机。②

方振政在硕士论文《以思维展开为中心的探究学习模式探索与实践》中提出以思维展开为中心的探究学习模式，详见图 3-15：

---

① 奚晓霞，罗会棣. 基于 WebQuest 的建构—探究学习模式. 电化教育研究，2004（2）：42.
② 奚晓霞，罗会棣. 基于 WebQuest 的建构—探究学习模式. 电化教育研究，2004（2）：42.

| 学生活动 | 进入学习情境，形成学习的心理准备 | 分析思考问题，形成初步思路，用文字和概念地图等认知工具外化自己的思维 | 与小组成员交流，对自己思路进行反思改进，同时形成小组思路概念图等成果 | 依据思路实现问题的收集、分析、加工和评价，验证自己思路的有效性，管理自己的学习过程 | 建立知识与问题解决的关系，制订并实施方案，展示成果和协作交流 | 重新审视问题，提炼问题解决的经验，反思自己思维有效性，巩固调整自己的学习行为 |

| 教学过程 | 创设情境 → | 训练启发 → | 熟知领域 → | 实现成果 → | 巩固反思 |

| 教学活动 | 利用访谈、调查表等策略了解学生，激发学习动机 | 形成教师的教学思路图，提出支架性思维方式帮助解决问题，进行认知工具使用方法指导 | 观察记录小组的表现，维持小组讨论的积极性，提供思维交流方法策略指导 | 适时提供资源、方法的指导，提供认知工具，监控学生的学习过程 | 引导学生建立知识与实践的桥梁，提高学生的参与度，组织学生探究成果，并给予评价 | 总结、点评，拓展迁移问题的情境，了解把握学生的思维特点，改进自己的教学思路 |

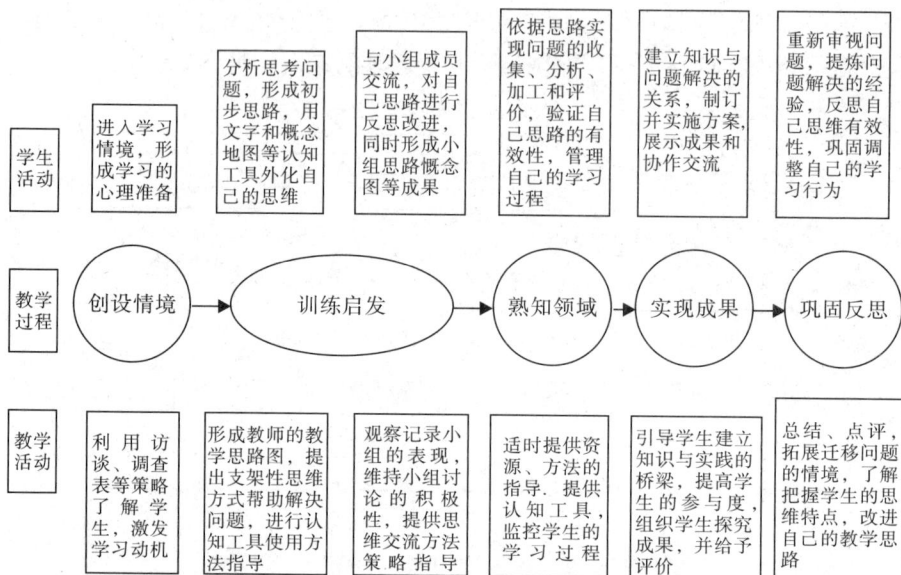

图 3 - 15　以思维展开为中心的探究学习模式流程①

　　基于情境的学习是一个社会性的、实践性的参与过程，学习者通过与学习情境的互动来建构知识的意义。因此，基于情境的学习应将学习者的身份、角色意识、生活经验和学习任务回归到真实的状态，让学习者在真实情境中学习知识，并能将知识应用到真实情境中。

　　"情景学习包括四个部分：情景导入、情景认知、情景巩固、情景运用及反馈。在情景导入环节，教师创设情景，激发学习者的学习动机和求知欲。创设情景的方式有多种，例如，由谈话引出情景、媒体播放展现情景、动人的故事情节描绘情景、布置真实场面演示情景等。在情景认知环节，教师帮助学习者整理、归纳思路，以最简捷、最易接受的方式让学习者掌握知识。在情景巩固环节，当学习者对新知识有了初步认识后，学生活动就转入巩固环节，学习者在情景中展开个人或小组活动，通过在情景中开展体验活动来获得知识。在情景运用及反馈环节，教师可通过布置学生进行情景对话表演、独立完成学习任务等方式进行检验。"②

----

　　①　方振政．以思维展开为中心的探究学习模式探索与实践．福建师范大学硕士学位论文，2010．26．

　　②　张冠伟．四步情景教学模式．黑龙江教育学院学报，2002（2）：158．

　　基于虚拟情境的学习能填补情境学习的不足，它在培养学生高级思维、促进知识迁移和培养积极情感等方面有着积极的作用。虚拟情境可以模拟各种各样的实验，从而丰富用户的感性认识，加深其对教学内容的理解；基于虚拟情境的学习可以避免真实实验或操作所带来的各种危险，避免了由于学生操作失误而造成的各种事故；基于虚拟情境的学习还能彻底打破时空限制，将几十年才能看到的实验结果，在很短的时间内呈现出来。

　　赵玉英在硕士论文《基于虚拟情境的教学资源的开发与实践》中提出基于虚拟情境的教学模式，详见图 3 - 16：

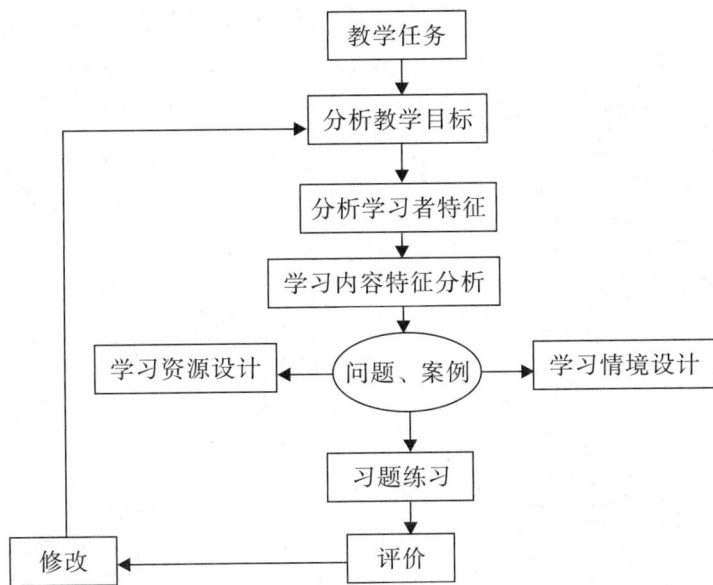

图 3 - 16　基于虚拟情境的教学模式①

　　本节根据情境学习和探究学习的概念、基本模式和国内学者提出的探究学习模式以及基于虚拟情境的教学模式，总结了基于虚拟情境的探究学习培训模式中应包含的要素，详见图 3 - 17：

----

①　赵玉英．基于虚拟情境的教学资源的开发与实践．河北师范大学硕士学位论文，2011. 21.

职业教育教师	虚拟情境	评价指导	操作演练	自我检测
培训者	在线答疑	承担角色	经验交流	反思总结

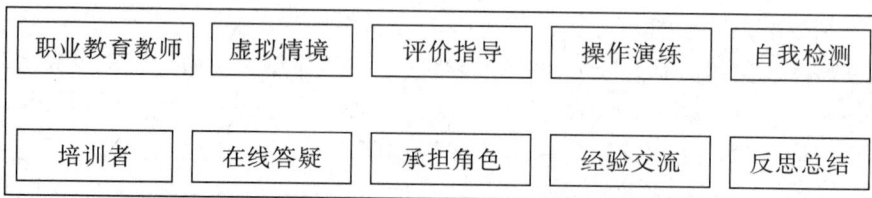

图 3 – 17　基于虚拟情境的探究学习培训模式的要素

根据提取的要素，将每一个要素与其他要素进行比较，如果存在直接因果关系，则用符号"○"表示，如表 3 – 15 所示：

表 3 – 15　基于虚拟情境的探究学习培训模式中各要素关系

编号	培训模式要素	1	2	3	4	5	6	7	8	9	10
1	培训者			○	○	○					
2	职业教育教师			○							
3	虚拟情境										
4	在线答疑							○	○		
5	评价指导									○	
6	承担角色							○			
7	操作演练								○		
8	自我检测									○	
9	经验交流										
10	反思总结						○	○	○	○	

根据要素关系表建立邻接矩阵 A =

$$
A = \begin{pmatrix}
0 & 0 & 1 & 1 & 1 & 0 & 0 & 0 & 0 & 0 \\
0 & 0 & 1 & 0 & 0 & 0 & 0 & 0 & 0 & 0 \\
0 & 0 & 1 & 1 & 1 & 0 & 0 & 0 & 0 & 0 \\
0 & 0 & 1 & 1 & 1 & 0 & 1 & 1 & 0 & 0 \\
0 & 0 & 0 & 0 & 0 & 0 & 0 & 0 & 1 & 0 \\
0 & 0 & 0 & 0 & 0 & 0 & 1 & 0 & 0 & 0 \\
0 & 0 & 0 & 0 & 0 & 0 & 0 & 1 & 0 & 0 \\
0 & 0 & 0 & 0 & 0 & 0 & 0 & 0 & 1 & 0 \\
0 & 0 & 0 & 0 & 0 & 0 & 0 & 0 & 0 & 0 \\
0 & 0 & 0 & 0 & 0 & 1 & 1 & 1 & 1 & 0
\end{pmatrix}
$$

$$通过矩阵运算，求出可达矩阵 M = \begin{pmatrix} 1 & 0 & 1 & 0 & 0 & 1 & 1 & 1 & 1 & 1 \\ 0 & 1 & 1 & 1 & 1 & 1 & 1 & 1 & 1 & 1 \\ 0 & 0 & 1 & 0 & 0 & 1 & 1 & 1 & 1 & 1 \\ 0 & 0 & 0 & 1 & 0 & 1 & 1 & 1 & 1 & 1 \\ 0 & 0 & 0 & 0 & 1 & 1 & 1 & 1 & 1 & 1 \\ 0 & 0 & 0 & 0 & 0 & 1 & 1 & 1 & 1 & 1 \\ 0 & 0 & 0 & 0 & 0 & 1 & 1 & 1 & 1 & 1 \\ 0 & 0 & 0 & 0 & 0 & 1 & 1 & 1 & 1 & 1 \\ 0 & 0 & 0 & 0 & 0 & 1 & 1 & 1 & 1 & 1 \\ 0 & 0 & 0 & 0 & 0 & 1 & 1 & 1 & 1 & 1 \end{pmatrix}$$

对可达矩阵的可达集合与先行集合进行分析，得出可达集合与先行集合及其交集表，如表 3 – 16 所示：

表 3 – 16　可达集合与先行集合及其交集

i	$R(S_i)$	$Q(S_i)$	$R(S_i) \cap Q(S_i)$
1	1,3,6,7,8 ,9,10	1	1
2	2,3,4,5,6,7,8,9,10	2	2
3	3, 6,7,8,9,10	1,2,3	3
4	4,6,7,8,9,10	2,4	4
5	5,6,7,8,9,10	2,5	5
6	6,7,8,9,10	1,2,3,4,5,6,7,8,9,10	6,7,8,9,10
7	6,7,8,9,10	1,2,3,4,5,6,7,8,9,10	6,7,8,9,10
8	6,7,8,9,10	1,2,3,4,5,6,7,8,9,10	6,7,8,9,10
9	6,7,8,9,10	1,2,3,4,5,6,7,8,9,10	6,7,8,9,10
10	6,7,8,9,10	1,2,3,4,5,6,7,8,9,10	6,7,8,9,10

为了更清晰地了解系统中各要素之间的层级关系，本章利用层级分解的方法 [$R(S_i) \cap Q(S_i) = R(S_i)$] 进行层级分解，如表 3 – 17、表 3 – 18 所示：

表3－17　抽出6，7，8，9，10后的结果

i	$R(S_i)$	$Q(S_i)$	$R(S_i) \cap Q(S_i)$
1	1,3	1	1
2	2,3,4,5	2	2
3	3	1,2,3	3
4	4	2,4	4
5	5	2,5	5

表3－18　抽出3，4，5后的结果

i	$R(S_i)$	$Q(S_i)$	$R(S_i) \cap Q(S_i)$
1	1	1	1
2	2	2	2

通过层级分解得出了基于虚拟情境的探究学习培训模式的雏形，如图3－18所示：

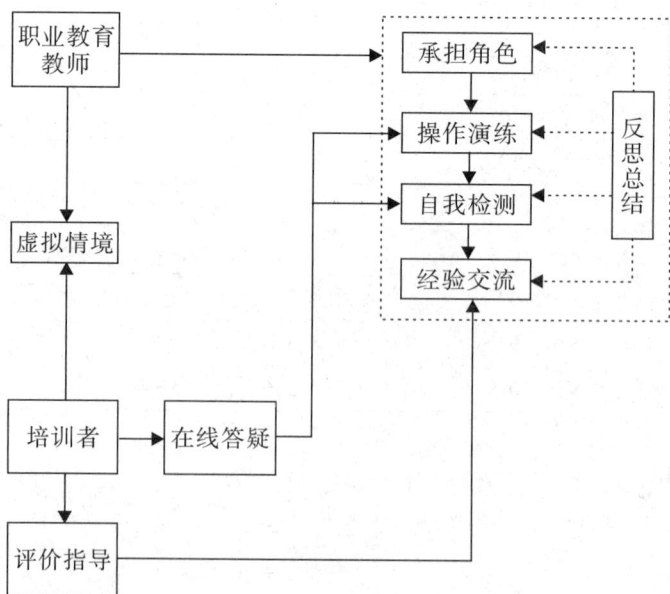

图3－18　基于虚拟情境的探究学习培训模式雏形

该图明确表达了系统各要素之间的关系，它所代表的意思是：培训者根据教学目标与教学内容，创设虚拟情境，参与培训的职业教育教师进入培训者所创设的虚拟情境中，并在虚拟情境中承担任务角色。职业教育教师根据自己承担的角色，在虚拟仿真的环境下进行操作演练，并学习相关知识。为了解自己的学习情况，参与培训的职业教育教师进行自我检测。然后，在网络上将自己进行基于虚拟情境的探究学习经验与培训者或同伴进行交流，最后职业教育教师对自己的整个学习过程进行反思，总结发现存在的不足之处，并加以改进。

二、基于虚拟情境的探究学习培训模式的构建原则

基于虚拟情境的教学不仅要遵循真实教学情境设计原则，还要遵守以下原则：

1. 符合教学内容、认知结构水平，重视意义建构

建构的虚拟情境应建立在对教学内容的掌握和了解学习者认知结构水平的基础上，教学情境只是促进学习者主动建构知识的一种方式，创设的情境是为了促进学习者自主学习，最后获取知识，重在意义建构。

2. 具有互动性

在虚拟情境中，学习者是活动的主宰者，会积极参与互动，学习者能够操作场景中的对象，控制角色的运动。

3. 场景布局一致性

场景布局一致可使学习者将精力放在学习上而不是界面操作上，这样可以减轻学习者的认知负荷。①

三、基于虚拟情境的探究学习培训模式的生成路径

根据由解释结构模型法推导出的基于虚拟情境的探究学习培训模式雏形图以及该模式的构建原则，本章构建了基于虚拟情境的探究学习培训模式图，该模式以职业教育教师为主体，体现了他们在虚拟情境下承担角色、开展操作演练、自我检测、经验交流和反思总结的过程；培训者在这

---

① 赵玉英. 基于虚拟情境的教学资源的开发与实践. 河北师范大学硕士学位论文，2011. 20~21.

个过程中，为职业教育教师创建虚拟情境，在操作演练和自我检测环节提供在线答疑，并在经验交流环节，提供评价和指导意见。

　　该模式整体包含两部分，一是培训者的活动，另一个是职业教育教师的活动。在该模式中，培训者的活动包括：创设虚拟情境、在线答疑和评价指导。该模式以职业教育教师为中心，他们进入培训者所创设的虚拟情境，承担虚拟情境中的角色，并在虚拟仿真环境下进行操作演练。该过程结束后，职业教育教师通过自我检测来验证自己的学习效果。接下来，他们可在网络上与培训者或同伴进行经验交流。同时，培训者对职业教育教师在操作演练和自我检测环节中遇到的问题进行答疑。当整个学习过程结束后，职业教育教师对整个基于虚拟情境的探究学习过程进行反思和总结，如图 3 - 19 所示：

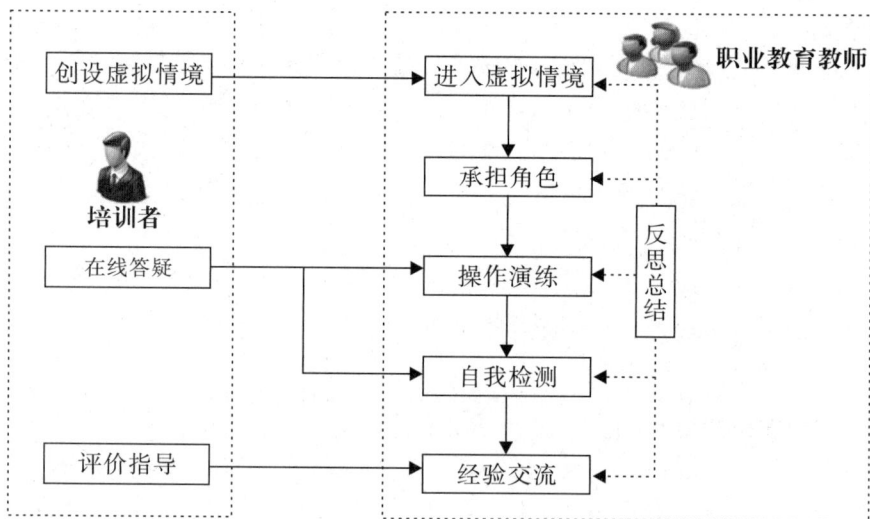

图 3 - 19　基于虚拟情境的探究学习培训模式

　　1. 创设与进入虚拟情境

　　虚拟情境是情境的一种外在表征，是运用符号来描述教学知识和知识结构的一种形式。它直接作用于人的感官。外在表征为各种形式：声音、三维图形图像、动态视频。虚拟情境具有多种特性：沉浸性、多感知性、交互性、真实性。

　　虚拟情境具有沉浸性。学习者沉浸在虚拟的环境中，就好像进入了真实世界一样。这个虚拟情境中的一切对象，从视觉、听觉等角度来说，都让沉浸于其中的人的体验和真实情境中的体验是相同的。

虚拟情境具有多感知性。用户在虚拟环境中可获得视觉、听觉、触觉、动觉等多种感知，从而达到身临其境的感觉。

虚拟情境具有交互性。这些交互除了具备和真实情境中类似的交互行为之外，还具有在真实情境中不能够进行或观测到的交互行为，如一个虚拟情境中的化学分子运动行为。虚拟现实系统中的人机交互是一种近乎自然的交互，使用者不仅可以利用键盘、鼠标进行交互，而且能够通过一些数据手套等传感设备进行交互。

虚拟情境还具有很高的真实性。虚拟情境中的物体及其运动和变化的方式接近或符合真实情况，学习者在接近真实情境的虚拟环境中不但可获得新的知识和经验，还可产生基于知识和经验的新构思。

虚拟情境的这些优势，能够产生与现实社会环境类似的体验，从而达到学习媒体的情境化及自然交互性的要求，这正好与建构主义学习理论所倡导的理念是一致的。因此，虚拟情境在教学活动中具有广泛的作用和影响。

总之，虚拟情境可以帮助学习者认识自我认知结构，以促进自我认知结构的和谐发展。虚拟情境能使学习者头脑中呈现出一个意境，为学习者更好地理解抽象知识提供了技术支持。[①]

在基于虚拟情境的探究学习培训模式中，创设与进入虚拟情境阶段是由培训者利用虚拟现实技术等计算机技术创设虚拟情境，然后职业教育教师在这种虚拟情境下开展探究学习的过程。培训者在创设虚拟情境时要注意情境应具有沉浸性、多感知性、交互性、真实性，为职业教育教师更好地建构知识的意义提供支撑条件。职业教育教师在虚拟情境中可以更好地通过自主探究的方式，完善自身的认知结构，从而主动建构知识的意义。

2. 承担角色

职业教育教师在进入所创设的虚拟情境后，根据培训目标以及自己的知识与能力水平，选择相应的角色进行探究学习。职业教育教师应首先分析角色的特点和扮演该角色要完成的任务和条件，然后围绕任务，设计最优化的执行步骤，为下一步进行操作演练作铺垫。

---

① 黄利红. 情境、虚拟情境与教学设计. 湖南师范大学硕士学位论文，2009. 42.

3. 操作演练

职业教育教师在承担虚拟情境中的角色后，进行操作演练。他们遵循上一阶段拟定的学习任务，搜索完成操作过程所需要的资源。他们可以在常用的搜索引擎中搜索一些相关内容，若此种搜索方法无法找到合适的资源，则采用在线提问、搜索专业网站等方法来搜索资源。搜索的资源越全面越好，而且这些资源应具有较高的权威性，以保证协作学习的效率。操作的步骤要根据虚拟仿真软件中的提示进行，并且在操作演练的过程中注意总结所学到的知识和技能。在上述过程中，职业教育教师遇到问题可向培训者提问，培训者通过网络回答所提的问题，以保证职业教育教师能顺利开展虚拟实训。

4. 自我检测

职业教育教师在完成了操作演练后，将所学到的有关知识与操作技能进行总结。他们为了验证自己的学习效果，将通过虚拟情境或虚拟测试软件等工具进行自我知识与能力的检测，发现自己暂未掌握的知识点与技能点，并加以完善。他们也可以针对一些疑问咨询培训者，以更好地完善自身的知识与能力结构。

5. 经验交流

职业教育教师在完成了相关学习任务后，可在论坛中或利用网络交流工具与同伴分享自己学习过程中总结出的经验，相互取长补短。培训者也可参与到经验交流这个环节中，点评职业教育教师完成操作演练和自我检测的情况，给出客观的评价意见，以便每位职业教育教师都了解自己在学习过程中的表现，扬长避短，总结学习方法和技巧，提高学习效率。

6. 反思总结

职业教育教师在完成了整个学习过程后，对培训过程中的进入虚拟情境、承担角色、操作演练、自我检测和经验交流等环节进行反思，并找出各环节中存在的问题，并加以解决。反思总结阶段是职业教育教师在开展基于虚拟情境的探究学习后，进一步提升能力的阶段。它不仅有助于培养和发展职业教育教师对实践的判断、思考和分析能力，而且为职业教育教师的专业发展提供机会和条件。对培训学习过程进行修正完善，能鼓励职业教育教师通过多种策略和方法审视、分析自身的思想和活动，充分尊重了职业教育教师的主体地位，发挥了他们的能动性、积极性和创造性。

第四章　职业教育师资网络学习平台的构建

第一节　网络学习平台概述

一、在线教育的背景

大型开放式网络课程（Massive Open Online Courses，简称 MOOC）的理念是"将世界上最优质的教育资源，传播到地球最偏远的角落"，让学习者免费获得全球顶尖高校明星教师的课程，甚至取得学位，在未来或许将颠覆传统的高等教育模式。从 2012 年开始，源自麻省理工学院等美国顶尖大学的在线教育（学习）浪潮席卷全球。Coursera、Udacity 和 edX 这三大在线教育平台提供商联合多所高校陆续推出了免费的大型开放式网络课程。

2013 年 5 月 21 日，美国在线教育平台 edX 发展了亚洲首批成员，清华大学、北京大学、香港大学、香港科技大学等高校加入其中。同年 7 月 8 日，上海交通大学和复旦大学也与在线教育平台 Coursera 签订协议，共同推出大型开放式网络课程。2013 年被认为是"中国在线教育 MOOC 元年"，国内高等教育界普遍认为，MOOC 将使中国高等教育发生巨大而深刻的变革。随后，清华大学发布全球首个中文版 MOOC 平台——"学堂在线"，面向全球提供在线课程。随着"学堂在线"的正式发布，清华大学的"电路原理""中国建筑史"等五门课程、麻省理工学院的"电路原理"和北京大学的"计算机辅助翻译原理与实践"课程作为第一批上线课程在该平台对外开放选课。

学者对在线教育存在不同的观点，大多数持肯定的态度。清华大学校长陈吉宁表示，在线教育提供了一种全新的知识传播模式和学习方式，将引发全球高等教育的一场重大变革。这场重大变革与以往的网络教学有着本质区别，不单是教育技术的革新，更会带来教育观念、教育体制、教学方式、人才培养过程等方面的深刻变化。他认为，在线教育的出现打破了大学围墙，因此必须重新思考并重塑大学与社会的关系，更好地履行大学服务社会这一重要职能；在线教育作为高等教育国际化的一个重要途径，也必然成为今后各国高等教育竞争的一个重要方面。清华大学副校长袁驷则表示，MOOC 的出现，真正实现了"翻转课堂"。"MOOC 是不断探索基于新技术的教育教学新模式改革、持续提高人才培养质量的革命性措施，正在触发大学传统学习形态发生根本性改变。"然而，国家开放大学的徐明军提出了对在线教育的顾虑。国外数据统计显示，目前通过 MOOC 拿到学分的人非常少，学习成功率仅为 5%，此外，即便是美国开放教育资源联盟，其受到美国教育委员会承认学分的只有 5 门课程，而且还是刚刚得到承认的，这就牵扯出了建立学分认可制度的重要性。根据他的分析，目前在美国最热门的在线教育都起源于普通高校，也就是说这些选修在线教育课程的学生已经进了大学。但对于那些没有上过大学、没有学历的人怎么办？如何对参加在线教育的学生先前的学习进行评价？而且，学生在毫无约束的环境下，很难凭借兴趣做到学习有始有终。

互联网企业的介入促进了在线教育发展。国内知名的互联网企业，也积极推动了在线教育的发展，推出了网易公开课、百度教育、淘宝同学、新浪微教育等互联网产品。在线教育和传统教育是相互补充、相互促进的，将满足不同用户的不同需求，更多互联网公司的进入，将会大大促进在线教育的发展，除了解决教育资源不平等的问题外，也将为更多用户提供一种提升自我、掌握知识和智慧的新方式。

对于未来在线教育发展的趋势，具体而言包括两个方面：第一，将会有更多的机构和个人提供教材，形式可能是视频、文本、音频等，而未来在线教育将提供更加便捷的内容制作和分享工具；第二，将会有更完善的流程保证学习效果，如提供多人学习、在线答疑、限时上课、小测试、论文、证书等，都会使用户更好地掌握学习进度和取得效果。这种基于互联网的流程设置将会更丰富、更高效。

爱尔兰教育技术专家德斯蒙德·基更（Desmond Keegan）在 *From D-Learning, to E-Learning, to M-Learning* 一文中，根据学习的形式与手段的不同，把远程教育分为远程学习、电子学习和移动学习三个阶段：

（1）D-Learning（Distance Learning，远程学习）。特点是已经实现了教师与学生的时空分离，教与学的活动不再是同步的，为学生开发学习材料和提供学习支持服务的远程学习系统起到了举足轻重的作用。在技术上，主要是使用印刷材料、录音带、磁盘、实验箱等。一般可以通过邮件、电话进行师生间的联系。

（2）E-Learning（Electronic Learning，电子学习）。特点是实现了远程的面授教学（Teaching face-to-face at a Distance），这补偿了远程学习的一些天生不足。主要使用卫星电视、视频会议系统、计算机网络等技术。E-learning 在世界上取得了令人瞩目的成就，英国的开放大学、中国的电视大学，在20世纪80年代至90年代，都采用了这些技术，并取得了很好的教学效果。

（3）M-Learning（Mobile Learning，移动学习）。这是远程教育的新的发展阶段。特点是可以随时随地进行自由的学习。它采用的技术是移动通讯装备和蓝牙（Blue Tooth）、IEEE 802.11等无线通信协议。

在线教育从学习者的视角而言，是"网络学习"。学科课程与新一代信息技术整合的学习方式形成网络学习。网络学习主要采用自主学习和协商学习的方式进行，网络学习有以下三个特征：一是丰富的和共享的网络化学习资源；二是以个体的自主学习和协作学习为主要形式；三是突破了传统学习的时空限制，更能培养学习者的信息素养，即信息获取、加工、分析、创新、利用、交流的能力，把信息技术作为适应信息社会，支持终身学习和合作学习的手段。

总而言之，在线教育与远程教育相区别的是，在线教育更多强调网络平台对教育的作用，并不关注是否是远程开展教学或者学习。从学习者的视角而言，在线教育是"在线学习"或者"网络学习"，是电子学习（或者称为"数字化学习"）的一种类型，但电子学习范围更加广泛，包括直接借助多媒体课件而不依赖网络的学习模式。由于移动互联网的日趋普及，目前移动学习作为电子学习的最新模式正在引起更多关注。

二、网络学习平台的概念

网络学习平台，常见地又称为"在线教育平台""网络教育平台"和"在线学习平台"等，是一个基于互联网的支持在线教育的软件系统。它集静态文本内容、教学视频、实时语音、动画素材以及在线交流等辅助教学工具为一体，包括网上教学和教学辅导、网上自学、网上师生交流、网上作业、网上测试以及质量评估等多种服务在内的综合教学服务支持系统。它以学习者为主体，一般以专题的形式引导学习者开展学习、测试和评价，并通过在线交流等方式的辅导答疑，最终达到学习或培训的目的。系统能为学生提供实时和非实时的教学辅导服务，旨在帮助系统管理者与老师掌控各种教学活动的情况和记录学生们的学习情况及进度。凭借该系统，老师们可以安排各类教学活动与学生的学习进度。利用网络学习平台开展教学和培训具有用户覆盖面广、不受时间地点限制的特点，更能培养学习者信息获取、加工、分析、创新、利用、交流的能力，并且还能够培养学习者良好的信息素养。

依据现代教学设计理论和建构主义学习理论，网络学习平台常见的功能模块包括学习资源模块、协作交流模块、网上答疑模块、智能评价模块、系统管理模块等。学习资源模块一般包括以多媒体形式展现的资源库，包括学习讲义、教学资料、教学视频、教学动画等。协作交流模块一般使得学习者之间可以通过 BBS 进行非实时讨论，也可以通过在线聊天等方式进行实时交流。网上答疑模块分为两类：一类是学习者提交问题后，由教师反馈答案；另一类是自动答疑系统，学习者提交问题后，由系统查找知识库中类似的问题进行反馈。智能评价模块在基于传统的试题库评价形式的基础上，还可以根据学生的答案提供个性化的反馈内容。系统管理模块支持平台管理员对学习者、教师进行角色管理，对学习资源进行修改、更新管理，以及对平台数据进行备份和恢复等操作。

相对于传统的学校或培训机构的课堂教学，网络学习是基于互联网的，基于不同的目标，网络学习的方式也是多种多样的：

（1）虚拟课堂。这是在网上模拟线下课堂的教学模式，特点是继承了课堂教学生动活泼的形式，对地域没有要求，但对时间有要求。

（2）录像点播平台。把教师的教学过程进行录像，把录像资料放在网上供学生点播，典型的如新浪、网易的公开课。

（3）多媒体互动课程学习平台。这类平台一般会采用符合 SCORM（Sharable Content Object Reference Model）标准的课件，这类课件具有很强的互动性，能够合理运用各种素材，学员的学习记录都能很好地保存下来，有利于学习的跟踪。

网络学习平台的需求分析涉及网络学习行为分析、学习行为监控、学习评价、小组协作学习、自主学习、学习绩效等方面的教育理论知识。网络学习平台建模涉及知识管理、数据挖掘、任务驱动、学习流、数字化学习资源、多智能体以及交互设计等相关系统建模理论。网络学习平台开发也涉及流媒体、IPTV、云计算、移动计算、SNS 等最新的信息技术。

依据中国期刊网的文献统计，目前网络学习平台被广泛应用于课程学习，例如，中学英语课程、信息技术课程，大学计算机基础、大学英语、大学政治以及师范生现代教育技术等公共课，甚至大学会计、VB 程序设计、摄影技术、自动控制原理等专业课程。应用领域除了中学、大学，也包括企业培训，例如，被应用于电力企业员工的网上学习培训。

知识型社会中网络学习平台的应用会越来越广泛，网络学习平台是实施在线培训、在线教育的工具软件，是一种运用网络技术与软件技术，可以定制和扩展的远程网上教育学院。它通过简单易用的课件、试题导入和制作功能帮助政府、行业或企业快速组建自己专有的知识库体系，并提供培训需求调查、培训目标设定、课程体系设计、培训计划管理、培训过程监控及考核评估等功能，帮助客户高效地实施员工培训和考核任务。具体来说，在线培训学习系统可适用于：

（1）政府。现今知识型政府也提倡建立学习型组织，不断变化的政策环境、不断出现的新事物对政府公务员提出了更高的要求，而且政府机构的网络资源较佳，"在线培训系统"对公务员学习新知识和提高素质有很大帮助。更关键的是，政府机构是垂直管理体制，只要在一个领域中创建并维护一套知识库，就可以让整个领域共享这宝贵的知识财富。

（2）学校。随着网络的兴起，各大、中学校可通过建立网上学校，加强学校、老师、学生之间的相互交流沟通，提高教学质量，亦可建立公共教学资源库，建设精品课程，宣传学校的教育实力。

（3）行业。许多行业知识库体系庞大，专业多且层次深，因此行业一直注重知识和经验的积累，但这些宝贵的知识财富散落在各地，并没有被整个行业所利用和共享。因此，充分利用现有资源就能够创建一套丰富的知识库体系，让整个行业受益。

（4）企业。企业的知识库体系通常是企业的核心竞争力，使用网络学习平台，企业能够创建自己的知识库体系，并允许企业内部员工随时随地学习和分享这些知识。不断提升的员工素质和不断积累的企业知识库是企业能够保持长久竞争力的关键。对于大型企业而言，还可以为合作伙伴及客户创建远程学习平台，提升和考核合作伙伴的专业技能并降低服务和支持成本。

从网络学习平台技术的发展而言，网络学习平台的成长可分为四个阶段：

第一阶段，内容管理系统（Content Management Systems，简称CMS）。在互联网技术发展的初期，一些高等院校、著名公司和培训机构开始开发专业的网上教学资源库，来存储和管理教学资源，使学习者可以自主地选择所提供的网络资源进行自主学习，拓宽了知识的传播方式。但功能上仅限于资源管理，缺乏相关的标准，资源格式不统一，资源共享程度较低。

第二阶段，学习管理系统（Learning Management Systems，简称LMS）。它最初来源于教育培训自动化管理系统，一般提供学习者在线注册、教学资源列表管理、用户信息管理、学习过程数据记录、统计等功能模块，但不能实现学习内容生成的功能。

第三阶段，学习内容管理系统（Learning Content Management Systems，简称LCMS）。为了方便没有技术基础的教师和课程资源专家设计、生成、发布、管理和维护网络课件，教学人员跟踪学生的学习过程，设计开发了LCMS，LCMS使学习内容共享和教学交互成为可能。

第四阶段，网络教育平台（Web-based Instruction Platforms）。例如，对外经济贸易大学远程教育学院网络教育平台在原来教学系统的基础上，从对教学过程（课件的制作与发布、教学组织、教学交互、学习支持和教学评价）的全面支持，到对教学的组织管理（用户与课程的管理），再到与网络教学资源库及其管理系统的整合，集成了网络教学需要的主要子系统，构建了一个比较完整的网上教学支撑环境。

第二节　网络学习平台应用案例

一、中国数字大学城

中国数字大学城（http：//www.nclass.org）是一个教学资源共建共享与支持教师对学生进行网络教学的云服务平台，能够满足课程中心、精品课程、视频公开课、精品资源共享课、远程教育等项目的建设，支持网络教学和研究性学习，能够实现对学习过程的量化管理，为教育教学资源共享提供有力的技术保障。

数字大学城是基于云计算技术设计的，是面向未来的开放式、社交化网络教学平台，不同于传统的Blackboard等软件形态的网络教学体系，更接近于美国最新出现的Canvas网站（http：//www.instructure.com）、LORE

网站(http://www.coursekit.com)等基于 Web 2.0 理念的网络教学服务平台, 首页的界面如图 4 - 1 所示。

　　数字大学城的教室功能专门服务于大学、中学、小学、职业技术类学校和各类培训机构的在线教育需求, 为教师准备了最先进的网络辅助教学工具, 并无缝地与 SNS、微博、百科等 Web 2.0 应用进行了融合, 让教师可以轻松愉悦地享受到网络带来的全新教学乐趣。

图 4 - 1　数字大学城首页界面

　　数字大学城的教室功能免费服务教师与学生。如果您是一位教师或者学生, 可以免费使用数字大学城的班级、公告、作业、讨论、答疑、文件、项目、交流、考试、论文、社区、微博、百科等各项功能; 如果您作为一所学校或培训机构负责人, 可以申请按使用规模收费的学校专区服务, 从而为学校节约大量独立开发、部署和日常运营网络教学平台的经费。

　　作为教师登录后, 可以进行新开课程、发布公告、发布作业、发布讨论、发布考试、发布论文以及上传资源等操作, 如图 4 - 2 所示。教师创建教师账户后, 可以导入学生名单或者允许学生通过选课码等方式选课。设立课程和教学班级后，教师可以在线进行发布公告、发布作业、批改作业、上传教学资源等操作，还可以制作和发布 3D 课程以及开设虚拟教研室。

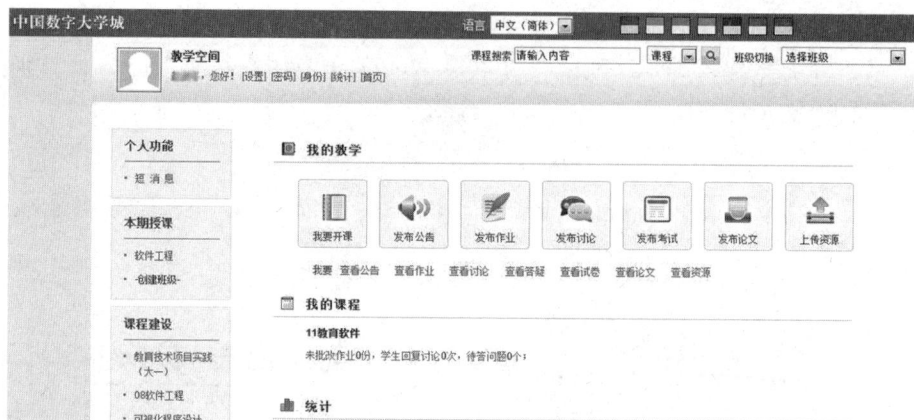

图 4 - 2　教师登录后界面

其中，教师上传的资源类型包括图书资源、网络资源、光盘资源、参考资料、授课录像、课件与教案、习题、讨论题、课程实践、答疑库、题库、教学大纲、实验、教学案例和习题库。

在 nclass 系统中，课程与教学班是两个概念，无论教师本学期是否有教学任务，都可以创建和建设课程（Course），并可以在课程中建设教学资源，供各个学期使用。而当教师在本学期有教学任务的时候，需要在课程下面再创建教学班（Class），学生将进入教学班与教师共同完成教学工作，从课程资源中获取自学材料。在一门课程（Course）下面，可以有多个教学班级（Class），可以是一位老师负责所有教学班的教学任务，也可以是老师各自负责不同的教学班。所有教学班的教学内容都会自动保留下来形成教学档案。

总而言之，中国数字大学城最大的特点是分地区并分学校，支持多教师、多课程、多资源类型的模式，成功构建了一个具有广泛适用性的网络教学（学习）平台。

二、广东学习网

图 4 – 3　广东学习网首页

　　广东学习网是一个立足广东，面向全国专业技术人员进行知识更新的继续教育服务平台。该平台推广的背景是《国家中长期人才发展规划纲要（2010—2020 年）》提出要更好地实施科教兴国、人才强国战略，发展远程教育和继续教育，建设全民学习、终身学习的学习型社会的要求。广东省人力资源和社会保障厅为了落实《广东省专业技术人员继续教育工作条例》精神，与相关企业联合打造了一个为专业技术人员学习、交流、服务的 B2C 在线学习平台。该学习平台不断增强课程的针对性、实效性和课程设置理念的吸引力，不断更新、优化课程资源。

　　如图 4 – 3 所示，广东学习网的首页很清晰地介绍了继续教育的学习流程包括六个步骤：①注册登录；②购买课程；③网上学习；④在线考试；⑤学时申报；⑥（人社部门）审核发证。

　　第一步，注册登录。注册登录的流程以及界面，分别如图 4 – 4 和图 4 – 5 所示。注册时，用户名必须控制在 4 ~ 20 位字符，由字母、数字及"_"组成，字母区分大小写。用户名具有唯一性，一旦注册不能修改。密码建议由字母和数字混合组成，这样安全系数比较高。设置密码后，还可以进行修改。登录广东学习网，进入"学习中心"，点击"我的资料"，选择"修改密码"即可修改密码。注册完毕后，还需要同时进入广东省人力资源和社会保障厅的继续教育管理系统进行注册，以确保在广东学习网上的学时能够及时同步，如图4-6所示。

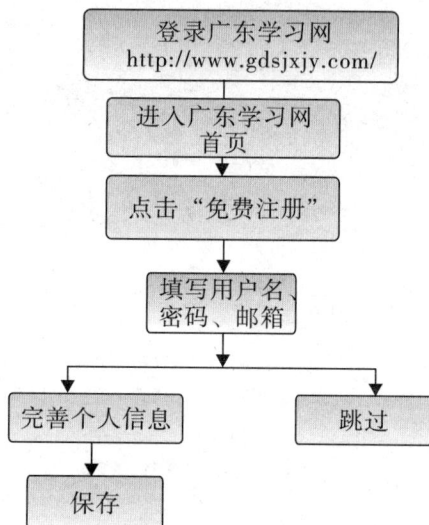

图4-4　注册流程

图4-5　注册界面

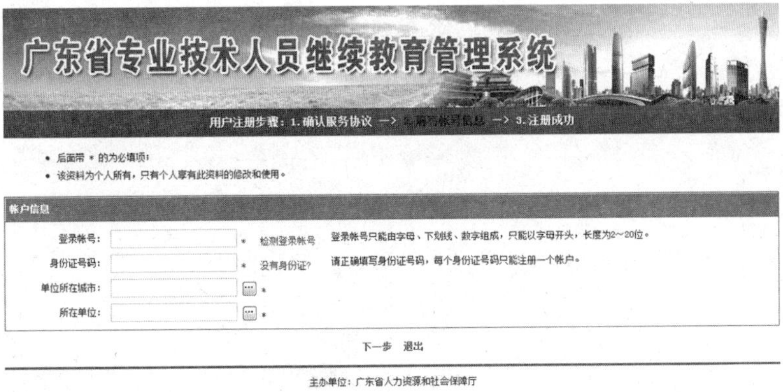

图4-6　广东省人力资源和社会保障厅继续教育管理系统注册界面

　　第二步，购买课程。注册并登录广东学习网，进入"选课中心"，选择好要购买的课程，点击"放入购物车"，如图4-7所示。确认已选好所有要购买的课程，点击"确认课程"按钮，进入"选课清单"页面，再次确认是否已选好所有要购买的课程，如图4-8所示。接着，进入"订单支付"页面，选择支付方式，点击"确认支付"按钮，完成整个网络支付。

图4-7　选课中心界面

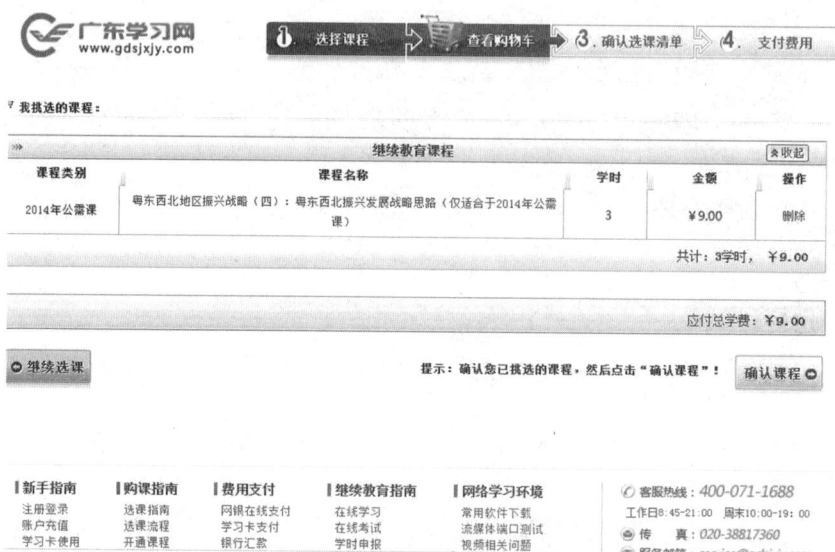

图4-8　购买课程界面

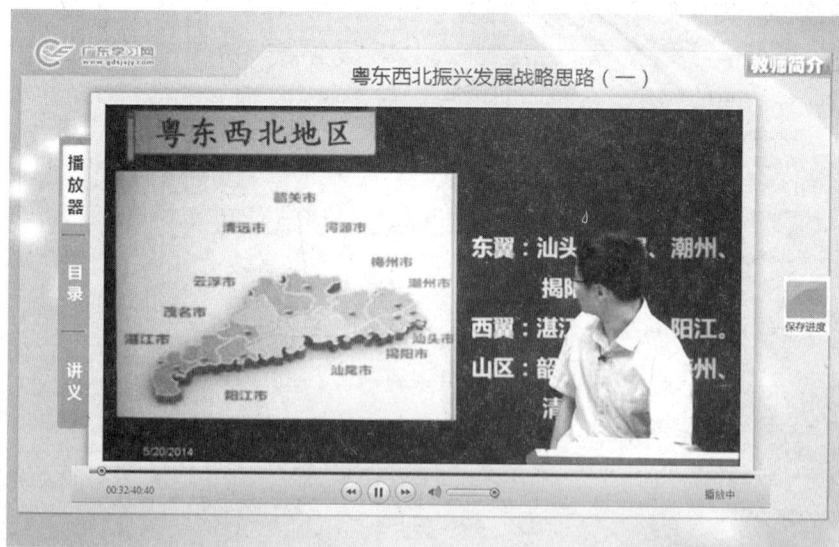

图4-9　网上学习界面

第三步，网上学习。主要通过网络视频进行学习，界面如图4-9所示。在网上学习必须具备基本的计算机软件环境，操作系统推荐采用 Windows XP 及以上版本，最低要求 Windows 98。IE 浏览器推荐使用 Internet Explorer 6.0 及以上版本。流媒体播放软件使用 Windows Media Player 9.0 及以上版本，而且必须安装课件播放插件（ilookcontrol. ocx）使得课件播放更流畅、更稳定。配置 Windows Media Player 必须检查"MMS URL 的协议"面板上的"UDP/RTSP""TCP/RTSP""HTTP"，与"多播"面板上的"允许播放机接收多波流"是否已勾选，并注意点击浏览器上的"查看"菜单中的"编码"，选择"简体中文"以避免可能出现的乱码现象。

　　由于网上学习必须具备基本的计算机网络环境，所以学习前建议先测试一下网络速度。网络情况不太理想的情况下，课件由于传输困难，造成从服务器端传输的信息流过于窄小，从而使播放器反应延迟，导致等待很久才能看到课件。如果网络状况太差或不稳定，常出现丢包的现象，也会导致课件播放不连贯，经常显示为缓冲或不能播放。

　　第四步，在线考试。学习完成后点击完成课程后面的"考试"操作，进入"我的考试"，选择要考试的课程完成考试。广东学习网采用课程考核的方法登记学时，100% 完成一门课程的学习，且考核成绩在 60 分以上（含 60 分）即获得该课程设定的学时。考试不及格，可以重新登录广东学习网，进入学习中心，点击继续教育中"我的考试"，选中要考试的课程，点击课程后面的"重新考试"即可。考试通过后，考试结果自动计入学员的学习档案。

　　第五步，学时申报。只有 100% 完成课程的学习并且通过考核后才能申报学时。登录广东学习网，进入学习中心，点击继续教育中的"学时申报"即可查看学时申报状态，如图 4 - 10。学时申报成功后，学时已计入申报年度中的，不能再转入其他年度中。

　　注意，在"广东省专业技术人员继续教育管理系统"查询不到获得的学时有可能是由以下两个因素造成的：一种可能是在广东学习网获得的学时没有成功申报到"广东省专业技术人员继续教育管理系统"，请查看申报情况。另外一种可能是学员在广东学习网注册的信息与"广东省专业技术人员继续教育管理系统"中的注册信息不一致，此时学员应确认在这两个网站上的身份证号码、真实姓名、所在单位等注册信息是否一致。

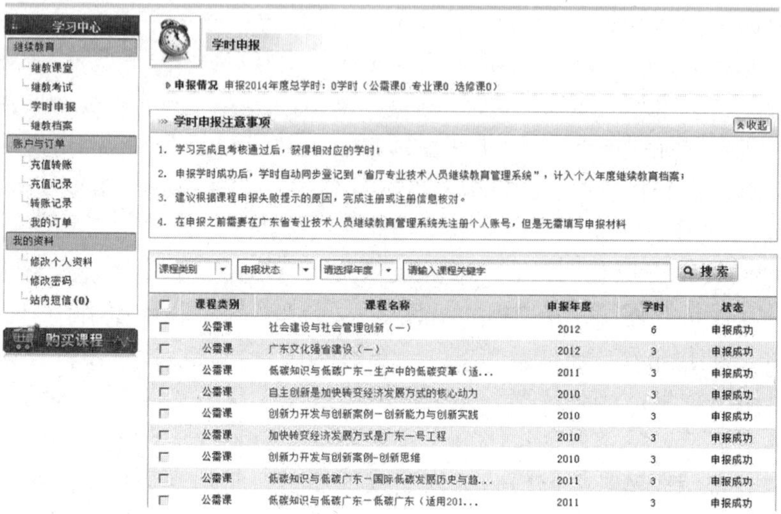

图 4 - 10　学时申报界面

第六步，审核发证。在广东学习网上的学时可以直接申报到"广东省专业技术人员继续教育管理系统"。凡在广东学习网学习的学员完成每门课程的学习且通过考核后，申报的学时系统自动同步到"广东省专业技术人员继续教育信息管理系统"。学员可到"广东省专业技术人员继续教育信息管理系统"查询学时的审核认定情况以及打印继续教育证书，界面如图 4 - 11 所示。

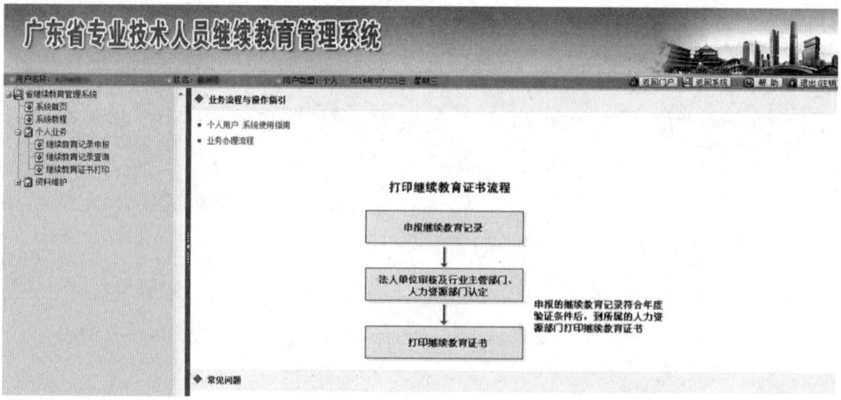

图 4 - 11　继续教育记录申报、查询及打印界面

根据《广东省人力资源和社会保障厅关于专业技术人员继续教育证书的管理办法》(粤人社发〔2010〕321号)、《广东省专业技术人员继续教育条例》等相关文件要求，专业技术人员必须完成每年累计不少于12天或72学时的年度继续教育任务，完成后可得到政府部门开具的继续教育证书。其中，公共科目一般安排3天或18学时，专业科目一般安排7天或42学时，选修科目一般安排2天或12学时。每天不低于6学时，每学时为45分钟。除了可以在广东学习网通过网上学习完成学习任务并计算学时外，也可通过参加继续教育基地的面授学习，参加培训班、进修班、学术讲座、学术会议、函授、电化教育、远程教育和国（境）外进修以及到教学、科研、生产单位进行相关的继续教育实践活动等形式接受继续教育。

三、网易公开课

网易公开课（http：//open.163.com/）为互联网用户提供在线免费观看来自于哈佛大学等世界级名校的公开课课程的机会，提供来自世界一流名校的两千余集精品视频课程，内容涵盖人文、社会、艺术、金融等领域，部分课程配有中文字幕，为爱学习的网友创造了一个公开的免费课程平台。网易公开课包括国际名校公开课、中国大学视频公开课、TED、可汗学院、赏课、Coursera、公开课策划、中国大学MOOC多个栏目，并且在不断扩展优化中。用户登录网易公开课后，可以查看自己学习的课程、播放记录、记录的笔记以及参与的讨论，如图4–12所示。

图4–12 网易公开课界面

其中，TED 栏目是由美国的一家私有非营利机构提供的，该机构以它组织的 TED 大会著称，TED 分别是 technology、entertainment、design 的缩写，指技术、娱乐、设计。这个会议的宗旨是"用思想的力量来改变世界"。TED 诞生于 1984 年，其发起人是里查德·沃曼。2002 年起，克里斯·安德森接管 TED，创立了种子基金会（The Sapling Foundation），并营运 TED 大会。每年 3 月，TED 大会在美国召集众多科学、设计、文学、音乐等领域的杰出人物，分享他们关于技术、社会、人的思考和探索。

可汗学院（Khan Academy）来源于一家由孟加拉裔美国人萨尔曼·可汗创立的教育性非营利组织，主旨在于利用网络影片进行免费授课，现有数学、历史、金融、物理、化学、生物、天文学等科目的内容，教学影片超过 2 000 段，向世界各地的人们提供免费的高品质教育。该项目由萨尔曼·可汗给亲戚的孩子讲授的在线视频课程开始，迅速向周围蔓延，并从家庭走进了学校，甚至正在"翻转课堂"，被认为是开启"未来教育"的曙光。

可汗学院具有以下几个特点：①利用了网络传送便捷与录影重复利用成本低的特性，每段课程影片长度约十分钟，从最基础的内容开始，以由易到难的进阶方式互相衔接。②教学者本人不出现在影片中，用的是一种电子黑板系统。其网站开发了一种练习系统，记录了学习者对每一个问题的完整练习记录，教学者参考该记录，可以很容易得知学习者哪些观念不懂。③传统的学校课程中，为了配合全班的进度，教师只要求学生跨过一定的门槛（例如及格）就继续往下教；但若利用类似于可汗学院的系统，则可以试图让学生搞懂每一个未来还要用到的基础观念之后，再继续往下教学，进度类似的学生可以重编在一个班。④美国某些学校已经采用回家不做功课，看可汗学院影片代替上课，上学时则是做练习，再由老师或已经懂得的同学去教导其他同学不懂的地方这样的教学模式。⑤可汗学院的老师教学的方式，就是在一块触控面板上面，点选不一样颜色的彩笔，一边画，一边录音，电脑软件会帮他将他所画的东西全部录下来，最后再将这一则录下的影片上传到网上，一切就大功告成了。⑥可汗学院的教学视频没有精良的画面，也看不到主讲人，只想带领观众一点一点地思考。

2010 年 11 月 1 日，网易作为门户网站正式推出"全球名校视频公开课"，通过 CC 协议翻译和发布世界名校公开课的课程。随后，网易又正式加入国际开放课件联盟，用户可以共享到全球更多的名校课程资源。

网易公开课上线之初，用户的基本需求是观看和下载视频。在经过一段时间的使用后，用户在内容和功能两个层面向他们提出了建议，因此网易引入了 TED、可汗学院、BBC 等内容，并增加了笔记、分享、字幕可选和翻译，以及移动设备的观看和下载等功能，另外，还针对用户对实用技能的学习需求推出了"网易云课堂"。2013 年 10 月，网易又跟 Coursera 正式合作，建立了 Coursera 课程的中文学习互动社区。

　　网易公开课目前的课程数已达到 13 000 余集，日均使用人次约 100 万人次。人文艺术、经济管理、计算机、心理学等课程比较受网友欢迎。从总体来讲，人文社科类比理工科类更受欢迎。

　　网易公开课除了支持 Web 端访问，还支持移动终端的访问。移动终端必须安装客户端软件才能通过移动网络进行访问，常见的有支持 iPhone、iPad、Android、Android pad 等移动终端操作系统的软件，如图 4－13 所示。移动终端具有以下功能：①收藏功能，"我的收藏"列表可与服务器保持同步，满足学习者在不同设备同步收看的需求。②播放进度记忆功能，帮助学习者记录每一课视频的播放进度。③断点续播功能，下次看时能从上次停止收看处继续播放。④翻译进度提示功能，实时提示课程总集数及已翻译集数，还可为学习者推送所收藏课程的最新翻译通知。⑤课程快速检索功能，方便学习者查找课程，支持模糊查询，可通过课程关键字或学校关键字，快速检索相关课程。

图 4－13　网易公开课的移动客户端下载界面

四、YY 互动网络教学平台

YY 教育（http：//www. edu. yy. com）是 2011 年 6 月基于全球最大的团队语音工具 YY 而推出的最专业的互动网络教学平台。YY 教育凭借互联网的技术优势，以新型丰富的展现形式实现了线上即时互动课堂，提供清晰流畅的高音质语音视频服务，让学习者打破时空和地域的限制、想学就学，界面如图 4 - 14 所示。目前 YY 教育聚集了近 800 家国内外知名教学机构和 2 万名著名讲师，课程种类比较齐全，已举行超过 100 000 堂网络公开课，月活跃用户量超过 600 万。YY 教育为学习者提供便捷的学习途径，为讲师提供多元的教学工具，为培训机构提供实时的教学平台，为广大学习爱好者提供网络互动学习分享社区和全方位专业教育服务。

图 4 - 14　YY 教育首页

YY 教育实质由 YY 教育网站和用于真正实现万人互动课堂的 YY 语音软件两部分组成：

1. 信息载体：YY 教育网站

网站提供平台型教育类电子商务服务，以课程市场为主体，展现英语学习交流、综合外语学习、计算机与软件、投资与网络营销、司法与公务员、艺术类培训指导、其他类培训教学、文学会所等类别丰富的课程，供学习者多种选择。同时，由教育机构和组织生产的频道和讲师也拥有个性的展现主页。频道展现主页是指每个教育频道由系统默认产生的专属界面，能够清晰查看频道号、简介、本频道"即将开始"和"过往"的课程详情、讲师列表及用户评价等内容，也就是由 YY 教育为频道提供实现个性化展现及推广功能的服务。此外，更多功能正在开发当中，如往期课程的视频、录音、课件和讲义等相关文件的共享和下载等，能帮助、引导学习者更便捷地选择感兴趣的频道进行学习。

2. 课堂载体：教学培训频道（课堂）和 YY 语音软件

YY 语音以其强大稳定的功能、清晰流畅的音质、安全周到的服务、轻巧且人性化的设计，成为目前国内用户数量最多的团队语音工具。YY 语音强大稳定的实时交互功能，极大地满足了教育打破时空界限的迫切需求。学习者可以通过在电脑和手机上安装 YY 客户端，注册 YY 账号，随时随地进入教学培训频道参与在线课堂的学习，与讲师和其他学员交流互动。YY 教育语音软件具有丰富的教学工具，支持语音互动、文字沟通、举手发言、桌面分享、白板、PPT、讲师名片、教学视频等强大功能。高清音质无延迟，音质清晰流畅无延迟，配有混响、除噪、背景音乐播放等功能。可自主创建万人频道，拥有灵活的马甲权限，管理有效方便，设计轻巧且人性化，操作简易顺畅。借助 YY 语音软件可以打破时空限制，实时互动，打开电脑、手机就能学，学习者能感受到万人课堂活跃的氛围，实现师生之间实时互动。整个 YY 教育平台启用实名认证机制，引入了信用评价体系，并有支付宝、三天退课等课程售后保障，使得在线购买课程的交易安全便捷，如图 4 – 15 所示。

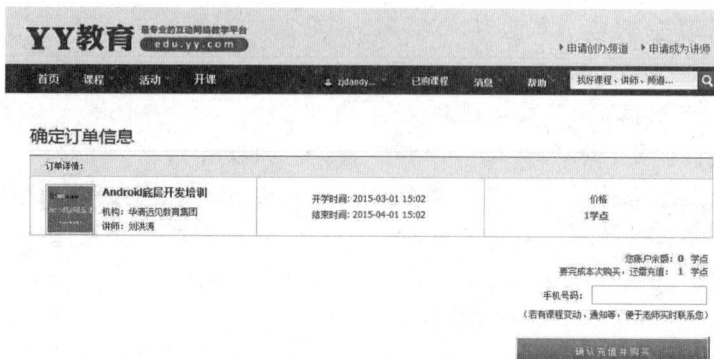

图 4 - 15　YY 教育课程购买界面

以教师的角色使用 YY 教育语音软件的步骤如下：首先，登录 YY 后，点击 YY 主窗口左下角的图标 → 在菜单中选择"创建频道" → 在打开的窗口中输入频道名称 → 默认系统随机发放的频道 ID（或点击"自主选号"选择喜欢的 ID）→ 选择频道类型→选择频道模板→阅读服务协议后勾选"同意" → 点击"立即创建"即可。然后，可以创建子频道和添加管理员，并设置教育模板，最后是发布课程，按照平台的用户说明步骤即可授课并发布免费课程。如果需要发布收费课程，还需要经过具体的认证步骤。

在 YY 教育平台上，以教学、培训、指导为主体的项目，均可申请教育频道认证，成为认证教育频道后将获得更多教育展示机会。接着可以签约讲师，邀请讲师开设更多课程以获得高速成长。还可以设定收费课室，发布课程上架后，学习者可以在课程市场直接购买。讲师按时到频道内授课，通过丰富的教学工具，打破时空限制，有效提升授课效果。

平台还提供频道的运营指引，建议根据频道在线人员数量，设置接待部、人事部、场控部、教学部、交流区、宣传部、娱乐部负责频道的运营。其中每个部分的职责如下：

（1）接待部负责接待新生，传递学习内容，担供 YY 使用指导，解答问题，统一学习者名片。

（2）人事部负责招聘老师，频道管理，考核，部员关系维护，如开会、交流。

（3）场控部负责维持课堂秩序。

（4）教学部负责提供优质教学内容以及课后交流、分享、学习小组补充。

（5）交流区由语言能力较好的主持者提供一些主题组织同学们进行交流讨论。

（6）宣传部负责对外宣传频道，宣传课程，为频道带来新的学员。

（7）娱乐部负责丰富课后活动，留存、增加用户黏性。

五、Blackboard 移动学习平台

移动互联网技术的不断发展，以及智能手机、Pad 等移动终端的日益普及，使得移动学习成为可能。网络学习平台也逐渐从 Web 端延伸到了移动端，可以随时随地进行教与学，支持学习者利用碎片时间进行学习。以下以 Blackboard 移动学习平台为例，介绍网络学习平台移动终端的应用。

Blackboard（简称 Bb）是一个由美国 Blackboard 公司开发的网络教学平台。Blackboard 在线教学管理系统，正是以课程为中心集成网络"教学"的环境。教师可以在平台上开设网络课程，学习者可以自主选择要学习的课程并自主进行课程内容学习。不同学习者之间以及教师和学习者之间可以根据教、学的需要进行讨论、交流。Blackboard 为教师、学生提供了强大的施教和学习的网上虚拟环境，成为师生沟通的桥梁。目前该移动学习平台支持 iOS、Android、WebOS 等操作系统的智能终端，如 iPhone、iPad、三星手机等。

如何使用 Bb 移动学习？首先，在应用之前，需要下载 Blackboard Mobile Learn App。如图 4 - 16 所示，以 iPad 为例：

（1）首先去 Apple App Store 下载。下载安装完成后，点击图标以启动应用。

（2）在显示框中输入学校的代码，例如，XX University 代表 XX 大学的 Blackboard 平台。

（3）输入后连接到 Bb 在美国的认证服务器，如果是 Bb 移动学习的客户，请求将转到该学校的 Bb 服务器。

（4）学生（或老师）输入在学校 Bb 平台上的账号、密码即可登录学习。

（5）在 iPad 上登录 Bb Mobile Learn 后，将显示右侧界面，其中，左侧为课程、组织及收藏夹导航栏；中间为课程内容、组织内容及收藏夹内容

展示栏。这个课程结构与 Bb 教学管理平台（Bb Learn）的课程结构一致。登录以后，就可以使用目前 Bb 移动学习的基础功能，包括消息推送、移动测验、任务栏、通知发布、笔记本、花名册、讨论版、博客、成绩查询、教学内容等。

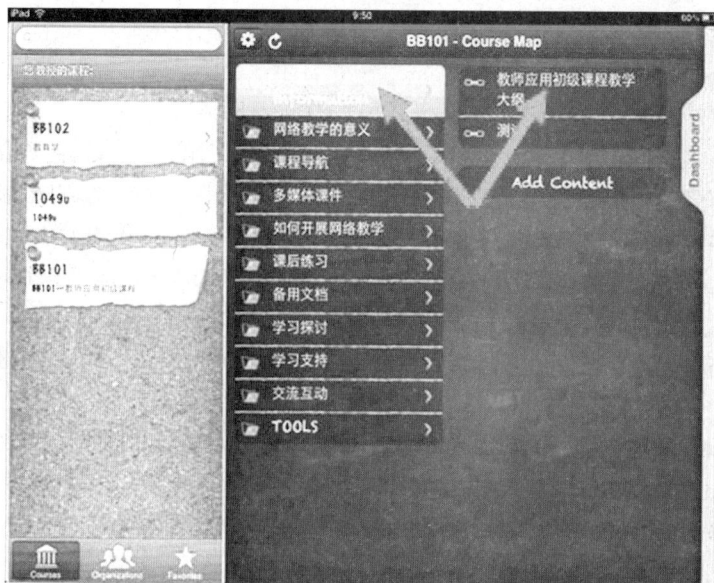

图 4 - 16　Blackboard Mobile Learn App 界面

总而言之，网络学习平台实现了在线教育，顺应了互联网发展趋势，革新了教育方式和途径，坚持了平等开放的教育理念，通过为广大师生提供高效实时的网络互动教学平台和全方位专业教育服务，能够改善中国教育资源分布和发展不平衡的现状。如果有更多人传递新兴的网络互动教学方式，营造良好的学习氛围，就能不断提高全民素质，促进学习型社会的构建，实现更多社会价值。

第三节　网络学习平台的开发工具

网络学习平台的开发可以采用两种模式，一种是基于第三方中间应用进行第二次开发，另外一种是采用动态 Web 开发技术工具从底层进行开发。第一种方式主要就是基于 Blackboard、Claroline、Moodle、Dokeos 等进行网络学习平台的开发。其中，以 Moodle 和 Blackboard 两个平台的使用最为广泛。Blackboard 是美国 Blackboard 公司针对教育领域开发的商业产品，使用者多为大学与大型机构的培训部门，属于 LMS（Learning Management System），即学习管理系统，是侧重在网络上对教务教学、行政事务进行管理的平台。Moodle 则是由澳大利亚的 Martin Dougiamas 开发并不断更新的开放源码免费系统，属于 CMS（Course Management System），即课程管理系统，与内容管理系统有关。从我国平台应用实践来看，Moodle 和 Blackboard 两个平台的评价都较高。Blackboard 在国外主要应用于高等教育辅助教学，我国高校网络应用大部分集中在科研上，一部分应用于信息管理，因此在辅助教学方面应用的发展空间较大，而 Moodle 平台操作简单、功能全面，易于实现学习中的互动和交流。

网络学习平台，一般具有课程管理、作业管理、学习记录跟踪分析、在线交流、问卷调查、班级和小组功能，提供课程资源管理功能、测试题库功能和多种在线教学模块，并支持 IMS、SCORM、QTI 等教育行业标准。

职业教育师资网络学习平台涉及多个科目类型，不仅涉及静态内容管理，还涉及视频管理。为了最大限度地使本平台能够满足需求，可以考虑采用第二种模式，即采用以下系列的开发工具进行开发：动态网站开发工具 Microsoft ASP. Net；数据库管理工具 Microsoft SQL Server 2005；静态网页制作工具 Adobe Dreamweaver CS5；图形图像处理工具 Adobe Photoshop CS6；动画制作工具 Adobe Flash CS5. 5。开发成功后必须要部署在 Web 服务器软件 IIS（Internet Information Services）中对外提供服务。以下简要介绍动态网站开发工具 ASP. Net、数据库管理工具 Microsoft SQL Server 2005、Web 服务器软件 IIS 和 Windows 平台应用程序开发环境 Visual Studio。

一、ASP. Net

ASP. Net 是一个开发框架，用于通过 HTML、CSS、Java Script 以及服务器脚本来构建网页和网站的服务器端脚本技术。ASP. Net 主要包括页和控件框架、ASP. Net 编译器、安全基础结构、应用程序配置等方面的内容。它们的基本含义如下：

（1）页和控件框架。它是一种编程框架，它在 Web 服务器上运行，可以动态地生成和呈现 ASP. Net 网页，可以从任何浏览器或客户端设备请求 ASP. Net 网页，ASP. Net 会向请求浏览器呈现标记（如 HTML）。

（2）ASP. Net 编译器。ASP. Net 包括一个编译器，该编译器将包括页和控件在内的所有应用程序组件编译成一个程序集，之后 ASP. Net 宿主环境可以使用该程序集来处理用户请求。ASP. Net 代码一经编译，公共语言运行时会进一步将 ASP. Net 编译为本机代码，从而提供增强的性能。

（3）安全基础结构。除了 ASP. Net 的安全功能外，ASP. Net 还提供了高级的安全基础结构，以便对用户进行身份验证和授权，并执行其他与安全相关的功能。可以使用由 IIS 提供的 Windows 身份验证对用户进行身份验证，也可以通过用户数据库使用 ASP. Net Forms 身份验证和 ASP. Net 成员资格来管理身份验证。

（4）应用程序配置。通过 ASP. Net 应用程序使用的配置系统，可以定义 Web 服务器、网站或单个应用程序的配置设置。可以在部署 ASP. Net 应用程序时定义配置设置，并且可以随时添加或修订配置设置，且对运行的 Web 应用程序和服务器具有最小的影响。ASP. Net 配置设置存储在基于 XML 的文件中。

ASP. Net 设计作为服务器端的技术，所有 ASP. Net 代码都在服务器端执行，其特点为：

（1）与服务器隔离（Isolation）：客户端的代码无法访问服务器端的资源，比如数据库，服务器端开发模型至少避免了陷入安全问题和浏览器的兼容问题。

（2）安全性：在客户端程序设计模型中，最终用户将可以看到客户端的代码。但一旦有恶意的用户理解了应用程序的运行方式，就可以篡改客户端应用程序。

（3）瘦客户端：随着因特网的不断演变，支持 Web 访问的设置，比如移动电话、掌上型电脑以及 PDA 正如雨后春笋般出现，这些设备可以和 Web 服务器进行通信，但不完全支持传统浏览器的所有特性。瘦客户端可以访问给予服务器的 Web 应用程序，但却并不支持诸如 Java Script 之类的客户端特性。

二、SQL Server 2005

SQL Server 2005 是一个全面的数据库平台，使用集成的商业智能

（BI）工具，提供了企业级的数据管理。SQL Server 2005 数据库引擎为关系型数据和结构化数据提供了更安全可靠的存储功能，使用户可以构建和管理用于业务的高可用性和高性能的数据应用程序。

　　SQL Server 2005 数据引擎是项目数据管理解决方案的核心。此外，SQL Server 2005 结合了分析、报表、集成和通知功能，这使用户的项目可以构建和部署经济有效的 BI 解决方案，帮助用户的团队通过记分卡、Dashboard、Web Services 和移动设备将数据应用推向业务的各个领域。

　　与 Microsoft Visual Studio、Microsoft Office System 以及新的开发工具包（包括 Business Intelligence Development Studio）的紧密集成使 SQL Server 2005 与众不同。无论用户是开发人员、数据库管理员、信息工作者还是决策者，SQL Server 2005 都可以为用户提供创新的解决方案，帮助用户从数据中获益更多。SQL Server 2005 具有以下十个特点：

　　（1）NET 框架主机。使用 SQL Server 2005，开发人员通过使用相似的语言，例如微软的 Visual C#. net 和微软的 Visual Basic，能够创立数据库对象。开发人员还能够建立两个新的对象——用户定义的类和集合。

　　（2）XML 技术。在使用本地网络和互联网的情况下，在不同应用软件之间散布数据的时候，可扩展标记语言（XML）是一个重要的标准。SQL Server 2005 将会自身支持存储和查询可扩展标记语言文件。

　　（3）ADO. Net 2. 0 版本。从对 SQL 类的新的支持，到多活动结果集（MARS），SQL Server 2005 中的 ADO. Net 将推动数据集的存取和操纵，实现更大的可升级性和灵活性。

　　（4）增强的安全性。SQL Server 2005 中的新安全模式将用户和对象分开，提供 Fine-grain Access 存取，并允许对数据存取进行更大的控制。另外，所有系统表格将作为视图得到实施，对数据库系统对象进行了更大程度的控制。

　　（5）Transact-SQL 的增强性能。SQL Server 2005 为开发可升级的数据库应用软件，提供了新的语言功能。这些增强的性能包括处理错误，递归查询功能，关系运算符 PIVOT、APPLY、ROW_NUMBER 和其他数据列排行功能等。

　　（6）SQL 服务中介。SQL 服务中介将为大型的、营业范围内的应用软件提供一个分布式、异步应用框架。

　　（7）通告服务。通告服务使得业务可以建立丰富的通知应用软件，向任何设备提供个人化的和及时的信息，如股市警报、新闻订阅、包裹递送警报、航空公司票价等。在 SQL Server 2005 中，通告服务和其他技术更加紧密地融合在了一起，这些技术包括分析服务、SQL Server Management Studio。

（8）Web 服务。使用 SQL Server 2005，开发人员将能够在数据库层开发 Web 服务，将 SQL Server 当作一个超文本传输协议（HTTP）侦听器，并且为网络服务中心应用软件提供一个新型的数据存取功能。

（9）报表服务。利用 SQL Server 2005，报表服务可以提供报表控制，可以通过 Visual Studio 2005 发行。

（10）全文搜索功能的增强。SQL Server 2005 将支持丰富的全文应用软件。服务器的编目功能将得到增强，对编目的对象提供更大的灵活性。查询性能和可升级性将大幅得到改进，同时新的管理工具将为有关全文功能的运行提供更深入的了解。

三、IIS

IIS 是 Internet Information Services 的缩写，是一个 World Wide Web server。Gopher server 和 FTP server 全部包容在里面。IIS 意味着你能发布网页，并且由 ASP（Active Server Pages）、JAVA、VB script 产生页面，有着一些扩展功能。IIS 支持一些有趣的东西，像有编辑环境界面的 Frontpage、有全文检索功能的 Index Server、有多媒体功能的 Net Show。IIS 是随 Windows NT Server 4.0 一起提供的文件和应用程序服务器，是在 Windows NT Server 上建立 Internet 服务器的基本组件。它与 Windows NT Server 完全集成，允许使用 Windows NT Server 内置的安全性以及 NTFS 文件系统建立强大灵活的 Internet/Intranet 站点。IIS 是一种 Web（网页）服务组件，其中包括 Web 服务器、FTP 服务器、NNTP 服务器和 SMTP 服务器，分别用于网页浏览、文件传输、新闻服务和邮件发送等方面，它使得在网络（包括互联网和局域网）上发布信息成了一件很容易的事。

在同一时间内允许打开的网站页面数，打开一个页面占一个 IIS，打开一个站内框架页面占 2 到 3 个 IIS；若图片等被盗链，在其他网站打开本站图片同样占一个 IIS。假若设置参数为 50 个 IIS，则这个站允许同时有 50 个页面被打开。但要在同一时间（极短的时间）有 50 个页面被打开，需要 50 个人同时操作，这个概率还是比较低的。所以，100 个 IIS 支持日 IP 1 000（同时访问网站人数必定远低于 1 000 人）以上都不是很大问题，除非网站被盗链或框架引发其他消耗。

四、Visual Studio

Visual Studio 是微软公司推出的开发环境，是目前最流行的 Windows 平台应用程序开发环境。Visual Studio 2010 版本于 2010 年 4 月 12 日上市，其集成开发环境（IDE）的界面被重新设计和组织，变得更加简单明了。Visual Studio 2010 同时带来了 NET Framework 4.0、Microsoft Visual Studio 2010 CTP（Community Technology Preview），并且支持开发面向 Windows 7 的应用程序。除了 Microsoft SQL Server，它还支持 IBM DB2 和 Oracle 数据库。Visual Studio 2010 新增的功能如下：①C# 4.0 中的动态类型和动态编程；②多显示器支持；③使用 Visual Studio 2010 的特性支持 TDD；④支持 Office；⑤Quick Search 特性；⑥C + +0x 新特性；⑦IDE 增强；⑧使用 Visual C + +2010 创建 Ribbon 界面；⑨新增基于 ASP. Net 平台的语言 F#。

Microsoft Visual Studio 2010 采用拖曳式便能完成软件的开发。简单的操作便可以实现一个界面的生成。但拖曳的界面，也应当有相应的代码来实现功能。Microsoft Visual Studio 2010 支持 C#、C + +、VB，可以快速实现相应的功能。

第四节　职业教育师资网络学习平台设计

一、系统需求分析

职业教育以培养高层次的应用型人才为目标，它要求学生具有较强的专业实践能力并能熟练掌握多种专业技能。这些能力、技能需要教师的培养来形成。这就决定了职业院校的教师应比一般学科型教师更具有实践经验。职业院校的教师应该既有较高的理论教学水平（精通本专业的理论知识，掌握相关专业的基本理论知识），又有规范的专业技能指导能力，而且精通专业理论知识和操作技能的联系及规律。"双师型"是职业院校师资的一个重要特性，师资的特点带来了职业院校教师培训的特殊性，那就是职业教育教师培训应特别注重实践能力、将理论应用于实际工作的能力，以及指导教学能力的培养。

职业教师的专业素质由三方面构成：扎实的专业知识、熟练的专业技能、良好的专业态度。职业教育师资培训的内容可以归纳为七个方面，即职业道德和服务意识培训、职业教育的相关知识培训、专业领域的最新发展状况及新知识、新工艺、新技术、新设备等方面的培训、专业实践技能培训、信息通信技术培训、科研能力培训以及国外先进的职业教育教学理念和专业教学法培训。

对于职业教育师资网络学习平台系统建设的需求，可以通过问卷调查以及对职业院校教师、师资培训中心负责人的访谈进行初步分析。调研表明，迫切希望参与培训的职业院校教师，一般希望通过该平台，了解到培训的最新消息，如培训新闻和最新的培训资料等。面对一些比较抽象的知识、概念、操作技巧，他们渴望以一种直观的方式具体可感地进行学习，如视频等。同时，也希望该平台能够拥有互动功能，方便和参与培训的老师进行沟通交流。对于具有职业教育师资培训资格的培训中心而言，希望通过该平台可以让更多的人更清晰、更系统地了解培训的情况，在界面设计上也希望得到美化，可以吸引众多学习者的眼球。同时，又要方便对浏览该学习平台的人员的信息进行追踪和管理。

此外，职业教育师资网络学习平台系统的建设，还需结合对网络学习平台未来可能的需求和技术的发展的综合考虑，其基本功能架构如图4－17所示。可以通过应用虚拟现实技术、视频转播与点播技术、网络协作学习技术、过程与结果相结合的评价、知识管理、案例分析数据库等新技术和新方法，构建网络化、个性化的网络学习平台系统，而且应当满足以下几个方面的需求：

（1）师范教学技能训练模块需求。本模块要求分类归纳师范教学技能的基本环节，采用基于案例分析与远程视频参与的师范技能训练模块，能够有条理、有顺序地让学习者从掌握基础的教学技能，发展到慢慢深入了解、掌握更专业的师范教学技能，也可以让用户根据自己的需要，自主选择学习的内容，内容可以包括：基本教学技能、教学课件设计、班主任工作等。

（2）专业工种技能训练模块需求。本模块要求按不同专业工种进行分类，每个专业工种里面都要尽可能详细地介绍本专业工种的具体情况，包括：专业介绍、专业要求、专业前景等。专业工种可包括：信息技术类、商贸与旅游类、加工制造类等。创新体现在基于虚拟情境、虚拟操作及远程控制的专业工种技能训练模块上。

（3）职业道德与规范训练模块需求。本模块主要是为了全面提高教师的职业道德素养，基于知识管理设计的该模块有条理地介绍职业道德与规范的内容，并有实际的专题案例分析，可供用户参考。

（4）在线训练的平台需求。本模块要求可以给用户提供一个练习的平台，将各个模块的内容分类，让用户通过本平台的训练，对所学知识进行反馈，及时了解自己的学习情况。

（5）视频点播需求。本模块要求有与各模块相对应的视频供用户学习，并且使用户可以通过看视频发表言论，也可以上传视频，共享资源。其中，管理员会对用户上传的视频进行审核，审核通过，用户的视频才能在网站上显示出来。

（6）交流互动的平台需求。本模块可以让用户与用户、用户与教师之间进行交流互动，大家可以互相交流经验，互相讨论、互相研究，从而为平台增添更多的学习资源。

职业教育师资网络学习平台系统的规划目标是通过开发职业院校教师专业技能训练网站，通过师范教学技能训练、专业工种技能训练、职业道德与规范训练三个主要模块合理地对职业院校教师进行技能培训。职业院校教师参与在职培训，可以不断地学习和深化相关的专业理论知识，提升专业技能和实践操作能力，能够促进职业院校教师队伍的建设，尤其是职业院校"双师型"教师队伍建设，为职业院校技能型、应用型人才的培养提供保障。

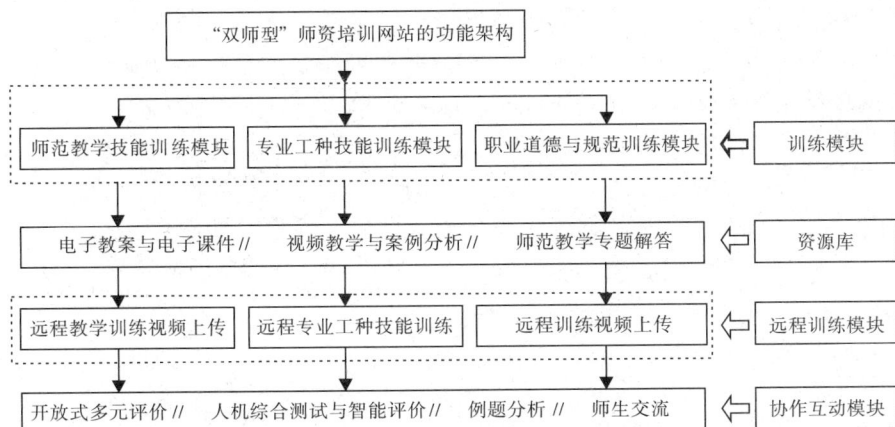

图 4 - 17　"双师型"师资培训网站的功能架构

二、平台模块设计

为保证职业教育师资网络学习平台的设计开发质量，尽可能提高系统的性能，必须遵循一定的设计原则：

（1）实用性原则。系统应充分考虑各项业务、各管理环节信息处理的实用性，把满足管理基本业务和用户需求作为第一要素加以分析。

（2）可扩展性与可维护性原则。为适应培训工作的发展需求，教师培训网站的设计应尽可能采用模块化、组件化的方法，以便于将来进行功能扩展和网站维护，使网站能适应不同的环境情况。

（3）安全可靠性原则。网站与数据库系统的设计过程中应选择相对可靠的数据库系统与网站开发环境平台进行开发；同时，采取适当的安全措施，以防非法用户入侵。

（4）用户界面图形化原则。用户操作界面应尽可能做到美观大方，操作简便实用。为此，用户界面采用规范的图形用户界面（GUI），使得网站的用户界面条理清晰、直观明了，方便用户学习和使用。

根据网站作为师资培训的一个平台面向广大学员提供丰富的培训资源和及时有效的培训信息的实际需求分析，将网站划分为两大部分：第一个部分是网站的前台，包括首页、中心介绍、师范教学技能、专业工种技能、职业道德与规范、在线训练平台、视频点播中心以及留言板共 8 个模块；第二个部分是网站的管理后台，包括静态页面部分的后台、在线训练平台和视频点播中心部分的后台，后台的功能包括登录、新闻管理、用户管理、留言板管理、试题管理、试卷管理和视频管理等模块。职业院校师资培训网站的总体架构如图 4 - 18 所示：

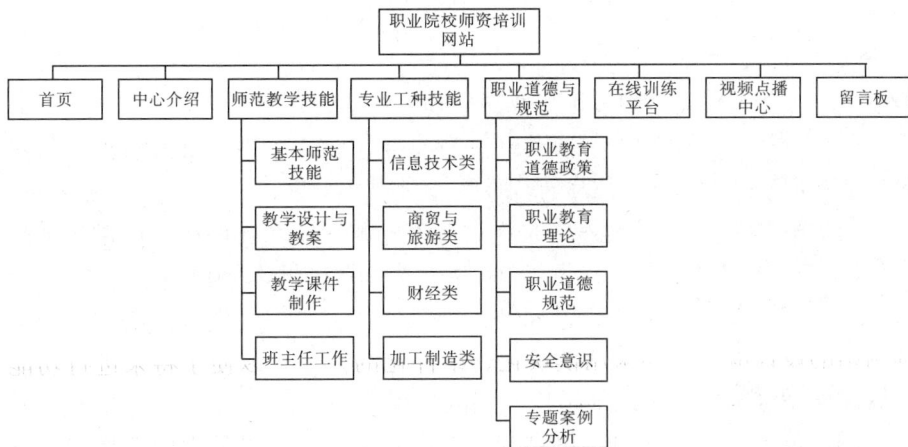

图4-18　职业院校师资培训网站的总体架构

（1）首页，首页主要实现整个网站的导航、最近培训消息、等级考证的显示和用户登录等功能。

（2）中心介绍，中心介绍主要包括介绍学校的历史现状、学校的领导以及学校机构的设置等内容。

（3）师范教学技能，师范教学技能主要包括基本师范技能、教学设计与教案、教学课件制作、班主任工作四部分内容。整个模块涵盖了组织教学技能、口语表达技能、体态语技能、导入技能、提问技能、强化技能、板书板画、演示技能等内容。

（4）专业工种技能，专业工种技能主要包括信息技术类、商贸与旅游类、财经类、加工制造类这四类不同专业工种的相关介绍及描述。

（5）职业道德与规范，职业道德与规范主要包括介绍国家对教师职业道德的一系列政策、职业教育理论、职业道德规范、安全意识和部分专题案例分析，并提供相应的文件下载。

（6）在线训练平台，在线训练平台提供师范教学技能、专业工种技能、职业道德规范这三大类的测试试卷供用户在线答题和查看答案，并由管理员在后台对试卷、试题、成绩、科目等进一步管理和操作。

（7）视频点播中心，视频点播中心提供师范教学技能、专业工种技能、职业道德规范这三大类的视频供用户观看、评论，同时，用户注册后可上传自己的视频并由管理员相应地在后台进行操作管理，经过审核后方可显示在网站上。所包含的内容有首页、视频分类、个人管理、用户登录、后台管理等。其中，首页显示的是视频点播中心的页面效果，视频分为师范教学技能、专业工作技能、职业道德与规范技能三个模块。个人管理实现了用户上传视频的功能。用户要评论或上传视频，都必须登录后才能进行操作。后台管理能够对用户所上传的视频进行审核，审核通过后，用户的视频才能在网站显示出来。后台管理也能够对用户进行管理和系统管理。

（8）留言板，留言板为所有用户提供一个共同交流的平台，用户可查看、发表留言和发表图片，并且管理员可以进行回复，这样可以促进交流，为平台增添了更多的学习资源。

三、数据库设计

数据库设计遵循一致性原则、完整性原则、安全性原则、可伸缩性原则以及规范化原则。一致性是指为保证系统数据的一致性，应当对信息进行统一和系统的分析设计，协调好各数据源的关系，做到方法与度量的统一。完整性是指数据的正确性和相容性。应该防止合法用户使用时向数据库加入不合语义的数据，对输入的数据应当有适当的审核和约束机制。安全性是指应当采取措施保护数据，防止非法用户使用或合法用户越权使用数据库造成数据泄露、被更改或被破坏。数据库结构的设计应充分考虑发展和移植的需要，应具有良好的可扩展性。同时数据库设计应遵循规范化理论，规范化程度过低会造成插入删除出现异常、数据修改复杂和数据过度冗余的问题，解决的方法是对关系模式进行适当的规范化处理，转换成相对高级的范式。

整个系统平台涉及的数据库主要包括三类，第一类是与平台信息和用户相关的数据表，第二类是与"在线训练平台"模块相关的数据表，第三类是与"视频点播中心"模块相关的数据表。

（1）与平台信息和用户相关的数据表包括 News、Train_News、Exam_News、File、LiLun、Safe、Message、Users、ManagerUsers 九个表。

①表 News 用于存放位于平台首页右上方的"最新消息"栏目下的新闻内容。

字段名	字段类型	长度	允许空	字段描述
NewsID	int	4	否	新闻编号，自增主键
NewsTitle	varchar（50）	50	否	新闻标题

（续上表）

字段名	字段类型	长度	允许空	字段描述
NewsContent	text	16	否	新闻内容
NewsTime	datetime	8	是	发布时间
NewsAuthor	varchar（50）	50	是	新闻发布者
NewsFile	varchar（50）	50	是	附加文件
NewsPic	varchar（50）	50	是	图片
NewsReader	int	4	是	阅读次数
Role	int	4	是	类型

②培训信息 Train_News 表，保存最新的培训信息。

字段名	字段类型	长度	允许空	字段描述
TrainID	int	4	否	培训编号，自增主键
TrainTitle	varchar（50）	50	否	培训标题
TrainContent	text	16	否	培训内容
TrainTime	datetime	8	是	发布时间
TrainAuthor	varchar（50）	50	是	培训发布者
TrainFile	varchar（50）	50	是	附加文件
TrainPic	varchar（50）	50	是	图片
TrainReader	int	4	是	阅读次数
Role	int	4	是	类型

③考证信息 Exam_News 表，保存等级考证的最新信息。

字段名	字段类型	长度	允许空	字段描述
ExamID	int	4	否	考证编号，自增主键
ExamTitle	varchar（50）	50	否	考证标题
ExamContent	text	16	否	考证内容
ExamTime	datetime	8	是	发布时间
ExamAuthor	varchar（50）	50	是	考证发布者
ExamFile	varchar（50）	50	是	附加文件

（续上表）

字段名	字段类型	长度	允许空	字段描述
ExamPic	varchar（50）	50	是	图片
ExamReader	int	4	是	阅读次数
Role	int	4	是	类型

④下载专区表 File，保存所有下载的文件链接。

字段名	字段类型	长度	允许空	字段描述
FileID	int	4	否	文件编号，自增主键
FileName	varchar（50）	50	否	文件名
FileTime	datetime	8	是	发布时间
FileNum	int	4	是	下载次数
Role	int	4	是	类型

⑤表 LiLun 用于存放位于"职业道德与规范"模块下的"职业教育理论"栏目下的文件信息。

字段名	字段类型	长度	允许空	字段描述
FileID	int	4	否	文件编号，自增主键
FileName	varchar（50）	50	否	文件名
FileTime	datetime	8	是	发布时间
FileNum	int	4	是	下载次数
Role	int	4	是	类型

⑥表 Safe 用于存放位于"职业道德与规范"模块下的"安全意识"栏目下的文件信息。

字段名	字段类型	长度	允许空	字段描述
FileID	int	4	否	文件编号，自增主键
FileName	varchar（50）	50	否	文件名
FileTime	datetime	8	是	发布时间
FileNum	int	4	是	下载次数
Role	int	4	是	类型

⑦留言板信息表 Message，保存留言内容。

字段名	字段类型	长度	允许空	字段描述
MID	int	4	否	留言编号，自增主键
MName	varchar（50）	50	否	留言者姓名
MSubject	varchar（100）	100	否	主题
MContent	datetime	8	是	内容
MFace	varchar（50）	50	是	心情
MMail	varchar（50）	50	是	留言者 E-Mail
MIP	varchar（50）	50	是	留言者 IP
MTime	datetime	4	否	留言时间
MReplay	text	16	是	回复
MReplaytime	datetime	8	是	回复时间

⑧Users 用户表，保存平台用户的账户信息。

字段名	字段类型	允许空	字段描述
UserID	int	否	用户编号，自增主键
UserName	varchar（20）	否	用户姓名
UserPwd	varchar（20）	否	用户密码
UserPower	int	否	用户级别
PassQuestion	varchar（50）	否	用户设置找回密码的问题
PassAnswer	varchar（50）	否	用户通过问题找回密码的答案
E-mail	varchar	否	用户邮件地址
Lock	bit	否	用户是否被锁定
LockCause	varchar（50）	默认为空	用户被锁定的原因

⑨表 ManagerUsers 保存管理员的账户信息。

字段名	字段类型	允许空	字段描述
ID	int	否	管理员编号，自增主键
Name	varchar（20）	否	管理员姓名
Pass	varchar（20）	否	管理员密码

（2）与"在线训练平台"模块相关的数据表，包括 Course、SingleProblem、MultiProblem、JudgeProblem、FillBlankProblem、Paper、PaperDetail、Score 八个表。

①表 Course 用于存放位于"在线训练平台"模块下的科目。

字段名	字段类型	允许空	字段描述
ID	int	否	科目编号，自增主键
Name	varchar（50）	否	科目名称

②表 SingleProblem 用于存放位于"在线训练平台"模块下的单选题的相关信息。

字段名	字段类型	允许空	字段描述
ID	int	否	单选题编号，自增主键
CourseID	int	否	所属科目的 ID
Title	varchar（400）	否	题目最长 200 汉字
AnswerA	varchar（200）	否	选项 A 的内容
AnswerB	varchar（200）	否	选项 B 的内容
AnswerC	varchar（200）	否	选项 C 的内容
AnswerD	varchar（200）	否	选项 D 的内容
Answer	varchar（200）	否	答案内容

③表 MultiProblem 用于存放位于"在线训练平台"模块下的多选题的相关信息。

字段名	字段类型	允许空	字段描述
ID	int	否	多选题编号，自增主键
CourseID	int	否	所属科目的 ID
Title	varchar（400）	否	题目最长 200 汉字
AnswerA	varchar（200）	否	选项 A 的内容
AnswerB	varchar（200）	否	选项 B 的内容
AnswerC	varchar（200）	否	选项 C 的内容
AnswerD	varchar（200）	否	选项 D 的内容
Answer	varchar（200）	否	答案内容

④表 JudgeProblem 用于存放位于"在线训练平台"模块下的判断题的相关信息。

字段名	字段类型	允许空	字段描述
ID	int	否	判断题编号,自增主键
CourseID	int	否	所属科目的 ID
Title	varchar(400)	否	题目最长 200 个汉字
Answer	bit	否	1 为正确,0 为错误

⑤表 FillBlankProblem 用于存放位于"在线训练平台"模块下的填空题的相关信息。

字段名	字段类型	允许空	字段描述
ID	int	否	填空题编号,自增主键
CourseID	int	否	所属科目的 ID
FrontTitle	varchar(400)	是	题目前半部分最长 200 个汉字
BackTitle	varchar(400)	是	题目后半部分最长 200 个汉字
Answer	varchar(200)	否	填空部分最长不超过 100 个汉字

⑥表 Paper 用于存放位于"在线训练平台"模块下的试卷名称的相关信息。

字段名	字段类型	允许空	字段描述
PaperID	int	否	试卷编号,自增主键
CourseID	int	否	所属科目的 ID
PaperName	varchar(400)	否	试卷标题
PaperState	bit	否	试卷状态,1 表示启用,0 表示未启用

⑦表 PaperDetail 用于存放位于"在线训练平台"模块下的试卷具体题目的相关信息。

字段名	字段类型	允许空	字段描述
ID	int	否	题目编号，自增主键
PaperID	int	否	试卷编号，自增主键
Type	int	否	所属科目的 ID
TitleID	varchar（400）	否	试卷标题
Mark	bit	否	试卷状态，1 表示启用，0 表示未启用

⑧表 Score 用于存放位于"在线训练平台"模块下的用户成绩的相关信息。

字段名	字段类型	允许空	字段描述
ID	int	否	成绩编号，自增主键
UserID	int	否	用户 ID
PaperID	Int	否	试卷 ID
Score	Int	否	成绩
ScoreDate	datetime	否	考试时间

（3）与"视频点播中心"模块相关的数据表，分别为 VideoIdea、VideoInfo、VideoPoll 和 VideoTaxis 四个表。

①表 VideoIdea 用于存放位于"视频点播中心"模块下的视频的评论等相关信息。

字段名	字段类型	允许空	字段描述
ID	int	否	评论编号，自增主键
UserID	int	否	用户 ID
Content	text	否	评论内容
VideoID	int	否	针对的视频
IssuanceDate	datetime	否	发布时间

②表 VideoInfo 用于存放位于"视频点播中心"模块下的视频的详细信息。

字段名	字段类型	允许空	字段描述
ID	int	否	视频编号，自增主键
UserName	varchar（20）	否	用户姓名
VideoTitle	varchar（100）	否	视频标题
VideoContent	text	否	视频内容描述
VideoDate	datetime	否	发布时间
VideoPath	varchar（500）	否	视频路径
VideoPicture	varchar（500）	否	视频介绍画面
VideoType	varchar（50）	否	视频类型
PlaySum	int	否	播放次数，默认为 0
Flower	int	否	用户送花称赞次数，默认为 0
Title	int	否	所属栏目标题
MonthSum	int	否	本月累计播放次数
Auditing	int	否	审核状态

③表 VideoPoll 用于存放位于"视频点播中心"模块下的发表评论的用户的 IP 地址。

字段名	字段类型	允许空	字段描述
ID	int	否	评论编号，自增主键
IP	varchar（50）	否	IP 地址
VideoID	int	否	点评的视频 ID

④表 VideoTaxis 用于存放位于"视频点播中心"模块下的视频排行的相关信息。

字段名	字段类型	允许空	字段描述
ID	int	否	评论编号，自增主键
UserID	int	否	用户 ID
Content	text	否	评论内容
VideoID	int	否	针对的视频
IssuanceDate	datetime	否	发布时间

第五节　职业教育师资网络学习平台的实现

一、开发环境部署

（一）硬件环境

计算机类型：普通 PC

CPU：P4 1.8GHz 以上

内存：2GB 以上

能够运行 IE 7.0 以上版本的机器

分辨率：推荐使用 1024×768 像素

（二）软件环境

操作系统：Windows XP 或以上版本

数据库：SQL Server 2005

开发环境：Microsoft Visual Studio 2010

Web 服务器：IIS

浏览器：IE 6.0 以上

本网站涉及的软件主要有 Microsoft Visual Studio 2010 和数据库 Microsoft SQL Server 2005，配置软件环境步骤如下：

（1）安装配置 IIS；

（2）安装数据库 Microsoft SQL Server 2005；

（3）安装 Microsoft Visual Studio 2010。

二、主要功能模块的实现

图 4 – 19　网络学习平台首页

　　如图 4 – 19 所示，平台的首页划分为四个模块，左上方是图片展示，图片展示的效果是随机的；右上方是"最新消息"，显示的是最新公布的消息；左下方是三种不同类型的信息，鼠标经过时可以切换到不同的内容；右下方是"用户登录"，输入用户名和密码便可登录。图 4 – 20、图 4 – 21 和图 4 – 22 分别是平台的信息栏下的下载专区、师范教学技能模块、专业工种技能模块的界面。

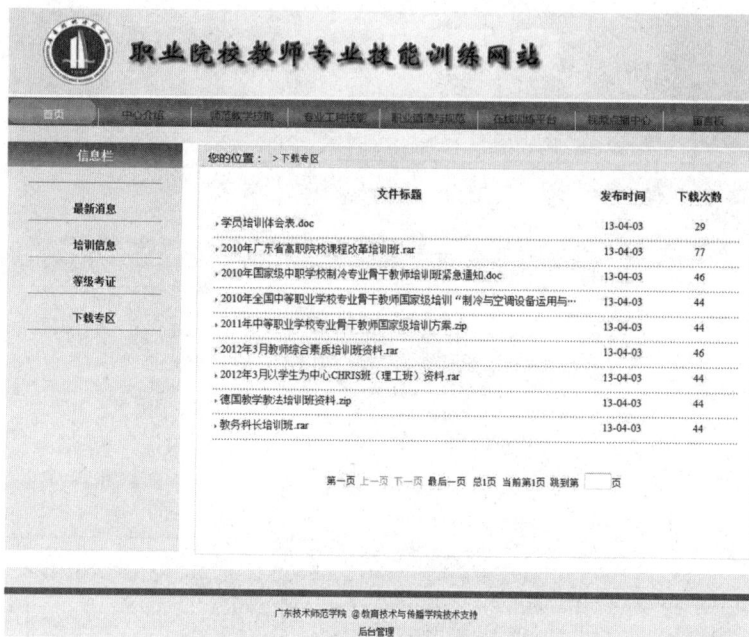

图 4 - 20 下载专区界面

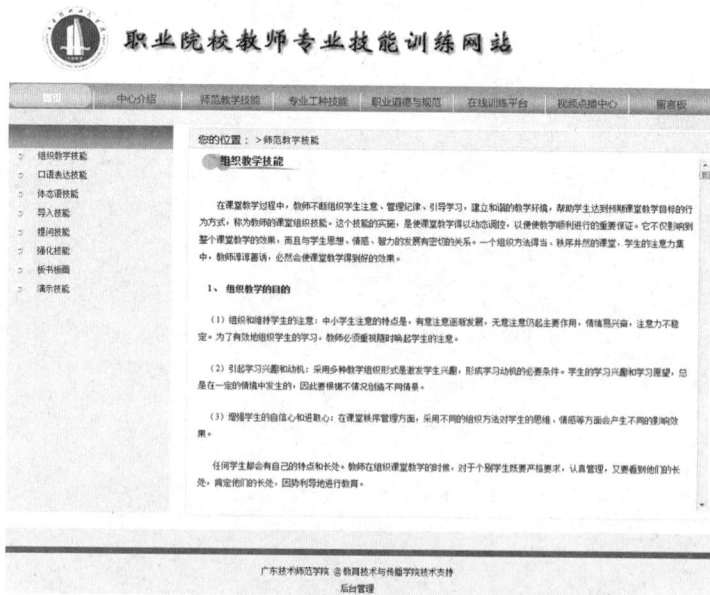

图 4 - 21 师范教学技能模块界面

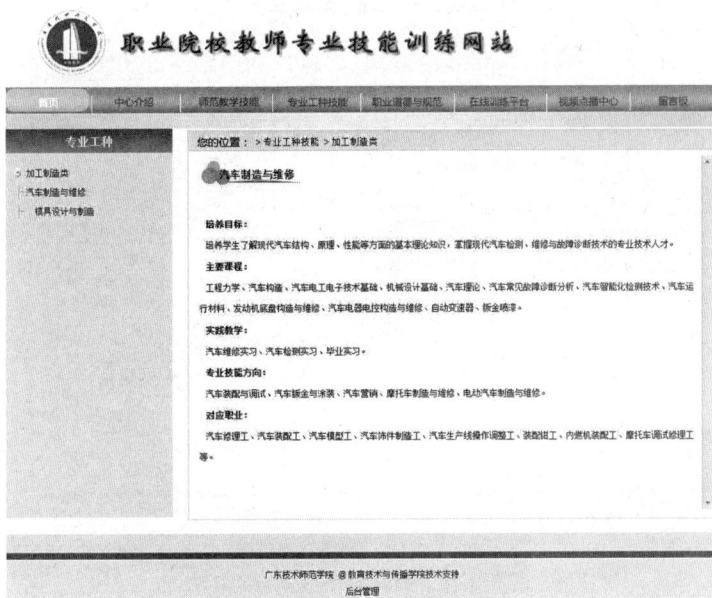

图4-22　专业工种技能模块界面

以下概要介绍重点模块的设计和界面：

（一）职业道德与规范模块

作为一个师资培训网站，职业道德与规范这部分的内容必不可少，因此开辟了职业道德与规范这一模块，主要介绍了职业教育政策、职业教育理论、职业道德、安全意识以及部分专题案例分析，并提供相应的文件下载，具体框架如图4-23所示，界面如图4-24、图4-25所示：

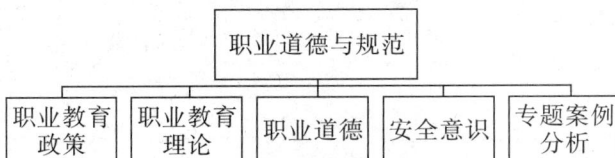

图4-23　职业道德与规范框架

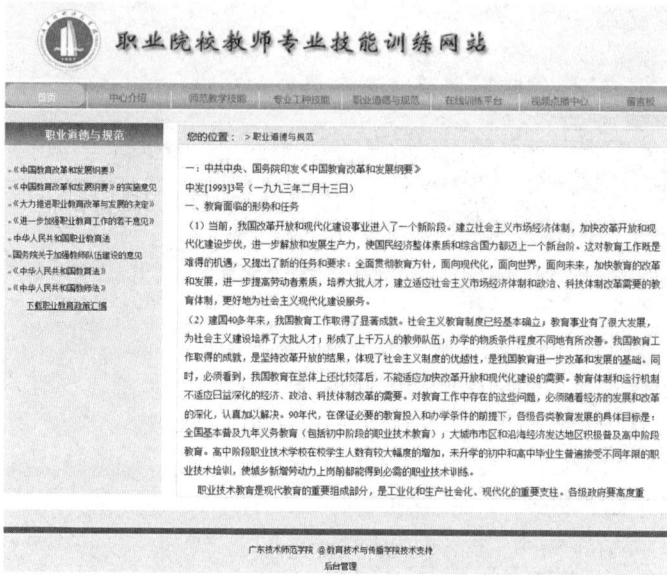

图 4 - 24　职业道德与规范界面

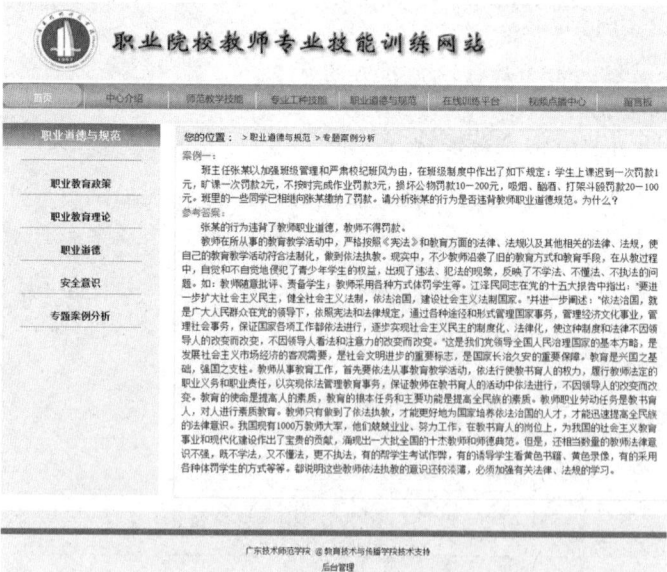

图 4 - 25　职业道德与规范二级栏目界面

1. 关键代码

（1）iframe 嵌套：主要应用于职业教育政策、职业道德和专题案例分析这三个栏目。具体代码如下（以职业教育政策的一个页面 zyjyzc. aspx 为例）：

```
< div id = "title1" >
            < iframe border = "0"name = "zc1" marginwidth = "0" marginheight = "0"
                    src = " zc1. htm" scrolling = " auto" frameborder = "0"
width = "740"    height = "500" > < /iframe >
            < /div >
```

（2）指定文件名、文件目录下载：主要应用于职业教育政策、职业道德这两个栏目。具体代码如下（以职业道德栏目下的下载文件为例）：

```
//单击按钮，实现文件下载
protected void LinkButton1_Click( object sender, EventArgs e)
{         string fileName = "职业教育道德文件汇. doc";
          string filePath = Server. MapPath( " ~/files/职业教育道德文件
汇. doc") ;//路径
          System. IO. FileInfo fileInfo = new System. IO. FileInfo( filePath) ;
          if ( fileInfo. Exists = true)
          { const long ChunkSize = 102 400;//100K 每次读取文件, 只读
取 100K, 这样可以缓解服务器的压力
          byte[ ] buffer = new byte[ ChunkSize] ;
          Response. Clear( ) ;
          System. IO. FileStream iStream = System. IO. File. OpenRead( filePath) ;
          long dataLengthToRead = iStream. Length;//获取下载的文件
总大小
          Response. ContentType = "application/octet-stream";
          Response. AddHeader ( " Content-Disposition", " attachment;
filename = " + HttpUtility. UrlEncode( fileName) ) ;
          while ( dataLengthToRead >0 && Response. IsClientConnected)
          {    int lengthRead = iStream. Read( buffer, 0, Convert. ToInt32
( ChunkSize) );//读取的大小
                Response. OutputStream. Write( buffer, 0, lengthRead) ;
                Response. Flush( ) ;
```

```
                    dataLengthToRead = dataLengthToRead-lengthRead; }
                    Response. Close( ) ;
          }
          }
```

(二) 在线训练平台模块

在线训练平台为用户提供简单的在线答卷、查看答案功能，而管理员只可通过后台登录对考试科目、用户信息、试卷、试题等进行管理，具体框架如图 4 – 26 所示，界面如图 4 – 27、图 4 – 28 所示，核心代码参考附录部分。

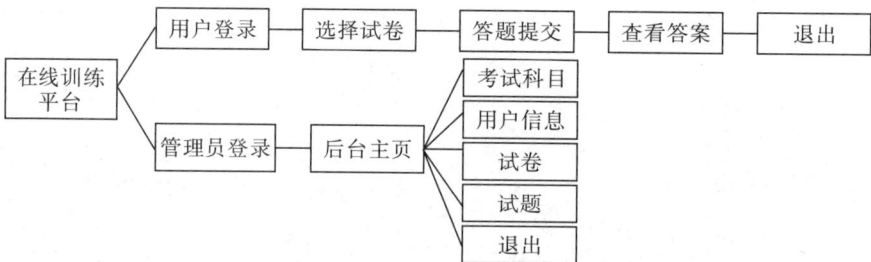

图 4 – 26　在线训练模块框架

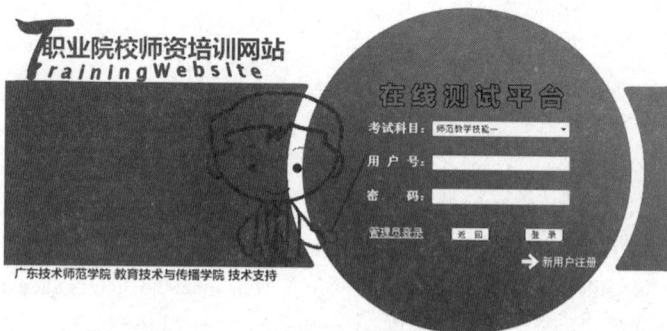

图 4 – 27　在线训练模块登录界面

图 4 – 28　在线训练模块测试界面

（三）视频点播中心模块

视频点播中心模块包括前台和后台部分，前台提供师范教学技能视频、专业工种技能视频、职业道德与规范视频的点播，后台可以提供视频管理、用户管理和系统管理的功能，具体框架如图 4 – 29 所示，界面如图 4 – 30、图 4 – 31 所示，核心实现代码参考附录部分。

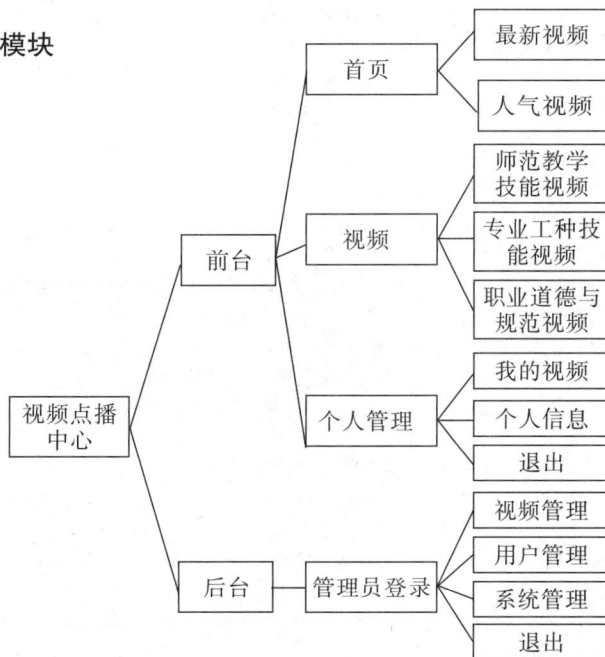

图 4 – 29　视频点播中心模块框架

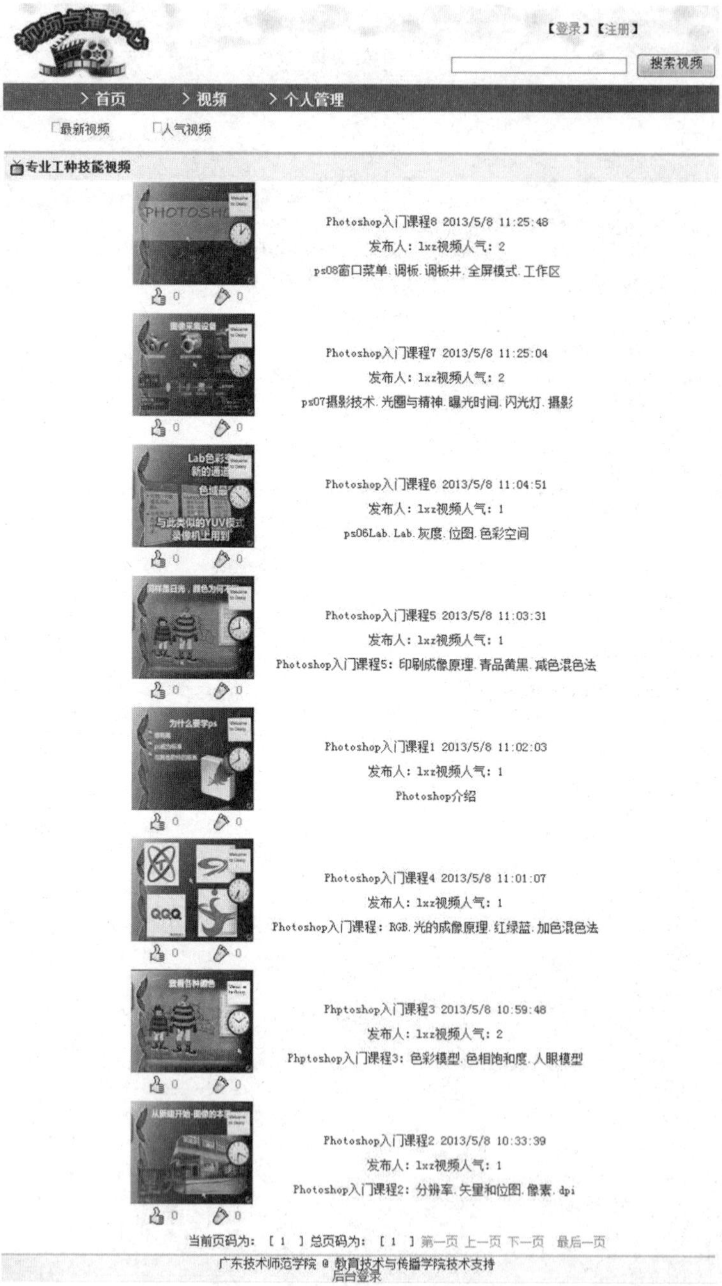

图 4 - 30　视频点播中心点播界面

广东技术师范学院 @教育技术与传播学院技术支持

图 4 - 31　视频点播中心后台管理界面

三、平台实现的关键技术

（一）Web. sitemap 配置

在采用 B/S 模式的教师培训网站中，为了方便用户，采用了页面导航的功能。在以往的 Web 编程中，要写一个好的页面导航功能并不容易，而在 ASP. Net 2.0 中，使用 SiteMapPath 控件能够根据站点导航信息，准确定位当前页面在整个 Web 站点的位置。同时，它使用层次化表示方法，将位置信息显示为有序的静态文本或者超链接。该控件默认支持一个叫 Web. sitemap 的站点地图文件，该文件是一个 xml 文件，提供页面结构层次。本系统使用 Web. sitemap 文件提供了对主要页面的导航功能，其中的部分设置如下：

< siteMapNode url = "~/NewsDetail. aspx" title = "最新消息"　description = "" / >

```
< siteMapNode url =″~/TrainDetail. aspx″ title =″培训信息″  description =″″ / >
< siteMapNode url =″~/ExamDetail. aspx″ title =″等级考证″  description =″″ / >
< siteMapNode url =″~/FileList. aspx″ title =″下载专区″  description =″″ / >
< siteMapNode url =″~/NewsList. aspx″ title =″最新消息″  description =″″ / >
< siteMapNode url =″~/TrainList. aspx″ title =″培训信息″  description =″″ / >
< siteMapNode url =″~/ExamList. aspx″ title =″等级考证″  description =″″ / >
< siteMapNode url =″~/Center. aspx″ title =″中心介绍″  description =″″ / >
< siteMapNode url =″~/Major. aspx″ title =″专业工种技能″  description =″″ / >
< siteMapNode url =″~/Major1. aspx″ title =″信息技术类″  description =″″ / >
< siteMapNode url =″~/Major2. aspx″ title =″商贸与旅游类″  description =″″ / >
< siteMapNode url =″~/Major3. aspx″ title =″财经类″  description =″″ / >
< siteMapNode url =″~/Major4. aspx″ title =″加工制造类″  description =″″ / >
</ siteMapNode >
```

（二） FLASH 导航

本教师培训网站采用的 FLASH 导航是利用 flash 加载外部文件 xml 和 as 类文件来实现的。

（1）xml 文件的部分代码如下。

```
< top_nav name =″专业工作技能″ link =″http: //localhost/ExamingWeb-
site/
Major. aspx″ coo =″320″ >
< sub_nav link =″http: //localhost/ExamingWebsite/Major1. aspx″ >信息
技术类 </sub_nav >
< sub_nav link =″http: //localhost/ExamingWebsite/Major2. aspx″ >商贸
与旅游类 </sub_nav >
< sub_nav link =″http: //localhost/ExamingWebsite/Major3. aspx″ >财经
类 </sub_nav >
< sub_nav link =″http: //localhost/ExamingWebsite/Major4. aspx″ >加工
制造类 </sub_nav >
</ top_nav >
```

（2）as 文件的部分代码如下。

```
private function mainNavOver( e: MouseEvent) : void
```

{
//鼠标在某个菜单项上时，这个菜单项跳转到第二帧
   e. target. gotoAndStop(2);
//上个二级菜单移到舞台外隐藏起来
_subItemsArr[_overTag]. x = 1000;
if(_overTag! = e. target. id) {
//上次鼠标所在的菜单项不是本菜单项时，上个菜单项回到第一帧
this["nav" + _overTag]. gotoAndStop(1);
}
//红色块跟随鼠标滑到相应的菜单项下
TweenLite. to(this. hover_mc, _easeDelay, {x: e. target. x, ease: ease});
//设置_overTag 为当前的菜单项 id
_overTag = e. target. id;
//当前鼠标所在一级导航下的二级导航显示出来
_subItemsArr[_overTag]. x = _navData. top_nav[_overTag]. @ coo;
}

（三）图片播放

本网站的首页包含图片播放功能，该功能的实现步骤如下：

（1）利用 div 将图片存放起来，代码如下。

```
< div id = "pic" >
    < asp: Image  ID  = " Image1"  runat  = " server" src  = " images/1. jpg"
width = "610px"
    height = "298px" style = "FILTER: revealTrans( Transition = 1, Duration =
1. 5) ;"/ >
    </div >
```

（2）编写 javascript 代码。

```
/ *************************
功能: 图片播放
*************************/
    var i = 1;
    function changePic( ) {
        i + +;
```

```
        if( i > 6) {
            i = 1;
        }
        var elem = document. getElementById("Image1");
        var temp = Math. round( Math. random( ) * 22);
        elem. filters. item(0). transition = temp;
        elem. filters. item(0). Apply( );
        elem. src = "images/" + i + ". jpg";
        elem. filters. item(0). Play( );
    }
    function start( ) {
        interval = setInterval("changePic( ); ", 2500);
    }
    function stop( ) {
        if( interval! = null) {
            clearInterval( interval);
            interval = null;
        }
        i = j;
        var elem = document. getElementById("Image1");
        var temp = Math. round( Math. random( ) * 22);
        elem. filters. item(0). transition = temp;
        elem. filters. item(0). Apply( );
        elem. src = "images/" + i + ". jpg";
        elem. filters. item(0). Play( );
    }
        var interval = setInterval("changePic( ); ", 2500);
```

（四）鼠标经过切换内容

本平台首页包括鼠标经过切换内容，分别切换"培训信息""等级考证""下载专区"三个内容，该功能的代码如下：

（1）关于 div 切换框的代码。

```
< div id = "menu"class = "menu" >
< span  onmousemove = " change ('0')" style = " cursor: pointer; width:
80px;" >
< a href = "ExamList. aspx"target = "_blank"; style = "background-color:
#228B22;" >考证信息 </a > </span >
< span  onmousemove = " change ('1')" style = " cursor: pointer; width:
80px;" >
< a href = "ExamList. aspx"target = "_blank"; >等级考证 </a > </span >
< span  onmousemove = " change ('2')" style = " cursor: pointer; width:
80px;" >
< a href = "FileList. aspx"target = "_blank"; >下载专区 </a > </span >
</div >
```

（2）编写 javascript 代码。

```
/ *******************************************
功能：      鼠标经过切换内容
参数：      divID −− 当前 DIV 的 ID 号；divName −− 要改变的这一组
DIV 的命名前缀;zDivCount −− 这一组 DIV 的个数 −1
*******************************************/
function change( dex) {
    var id = document. getElementById( "menu") ;
    var taga = id. getElementsByTagName( "a") ;
    var len = taga. length;
    for ( var i = 0; i < len; i + + ) {
    var divname = ' JKDiv_' + i. toString( ) ;
    if ( i = = ( parseInt( dex) ) ) {
    taga[ i]. style. backgroundColor = '#228B22';
    document. getElementById( divname). style. display = "block";
}
    else {
    taga[ i]. style. backgroundColor = '#FFC';
document. getElementById( divname). style. display = "none";
}
```

```
    }
}
```

（五）Datalist 分页

本平台的最新消息列表、培训信息列表、等级考证列表等都采用了 datalist 控制分页的技术。该功能的代码如下：

```
int CurrentPage; // 当前页数
    int PageSize;     // 每页条数
    int PageCount;    // 总页数
    int RecordCount; // 总条数
    protected void Page_Load( object sender, EventArgs e)
    {
        // 在此处放置用户代码以初始化页面
        PageSize = 10; // 每页 10 条记录
        if ( ! Page. IsPostBack)
        {
            CurrentPage = 0; // 当前页习惯设为 0
            ViewState[ "PageIndex"] = 0; // 页索引也设为 0
            // 计算总共有多少记录
            RecordCount = CalculateRecord( );
            // 计算总共有多少页
            if ( RecordCount % PageSize == 0)
            {
                PageCount = RecordCount / PageSize;
            }
            else
            {
                PageCount = RecordCount / PageSize + 1;
            }
            this. TotalLbl. Text = PageCount. ToString( ); // 显示总页数
            ViewState[ "PageCount"] = PageCount; // 会话 session 对整
个 application 有效，而视图状态 viewstate 相当于某个页面的 session
            this. DataListBind( ); // 不可以放在初始化条件之前就绑定，
```

那样的话，如果仅有一页的数据，"下一页"仍然显示

```
            }
        }
//计算总共有多少条记录
private int CalculateRecord( )
{
try
{
int recordCount;
SqlConnection con = new SqlConnection( ConfigurationManager.
ConnectionStrings[ "ExamConnectionString"] . ToString( ) ) ;
con. Open( ) ;
string sql = "select count( * ) as count from Exam_Exam";
SqlCommand cmd = new SqlCommand( sql, con) ;
SqlDataReader sdr = cmd. ExecuteReader( ) ;
if ( sdr. Read( ) )
{
    recordCount = Int32. Parse( sdr[ "count"] . ToString( ) ) ;
  }
else
{
    recordCount = 0;
  }
sdr. Close( ) ;
con. Close( ) ;
return recordCount;
}
catch ( Exception ex)
    {
        throw new Exception( ex. Message) ;
        }
    }
        //将数据绑定到 Datalist 控件
```

```
public void DataListBind( )
{
    try
    {
    int StartIndex = CurrentPage * PageSize; //设定导入的起终地址
    string sql = "select * from Exam_Exam order by ExamTime DESC";
    DataSet ds = new DataSet( );
    SqlConnection con = new SqlConnection( ConfigurationManager.
ConnectionStrings[ "ExamConnectionString"]. ToString( ) );
    con. Open( );
    SqlDataAdapter sda = new SqlDataAdapter( sql, con) ;
        sda. Fill ( ds, StartIndex, PageSize, " Exam _ Exam"); // 这 是
sda. Fill 方法的第一次重载, 里面的变量分别是数据集 DataSet, 开始记录数
StartRecord, 最大记录数 MaxRecord, 数据表名 TableName
        this. DataList1. DataSource = ds. Tables["Exam_Exam"]. DefaultView;
    this. DataList1. DataBind( ) ;
    this. PreviousLB. Enabled = true;
    this. NextLB. Enabled = true;
    if ( CurrentPage = = ( PageCount - 1)) this. NextLB. Enabled = false;
//当为最后一页时, 下一页链接按钮不可用
    if ( CurrentPage = =0) this. PreviousLB. Enabled = false; //当为第一页
时, 上一页按钮不可用
    this. CurrentLbl. Text = ( CurrentPage + 1). ToString( ); //当前页数
    }
    catch ( Exception ex)
    {
    throw new Exception( ex. Message) ;
    }
}
    public void LinkButton_Click( Object sender, CommandEventArgs e) //自
己编写的按钮点击事件
    {
        CurrentPage = ( int) ViewState[ "PageIndex"]; //获得当前页索引
```

```
PageCount = (int) ViewState["PageCount"];  //获得总页数
string cmd = e. CommandName;
//判断 cmd,以判定翻页方向
switch (cmd)
{
    case "prev": //上一页
        if (CurrentPage > 0) CurrentPage − −;
        break;
    case "next":
        if (CurrentPage < (PageCount − 1)) CurrentPage + +; //下一页
        break;
    case "first": //第一页
        CurrentPage = 0;
        break;
    case "end": //最后一页
        CurrentPage = PageCount − 1;
        break;
    case "jump": //跳转到第几页
        if (this. TextBox1. Text. Trim() == ""|| Int32. Parse(this.
TextBox1. Text. Trim()) > PageCount) //如果输入数字为空或超出范围则
返回
            {
                return;
            }
        else
            {
            CurrentPage = Int32. Parse(this. TextBox1. Text. ToString()) − 1;
                break;
            }
    }
    ViewState["PageIndex"] = CurrentPage; //获得当前页
    this. DataListBind(); //重新将 DataList 绑定到数据库

}
```

（六）　文件列表下载

本平台在文件列表中采用了下载文件功能，该功能的代码如下：

```
string reallyname = Request. QueryString[ "name"] ;
String FullFileName = Server. MapPath( " ~ /files \ \ \ \" +  reallyname) ;
System. IO. FileInfo info = new System. IO. FileInfo( FullFileName) ;
Response. Clear( ) ;
Response. ClearHeaders( ) ;
Response. Buffer = false;
Response. ContentType = "application/octet-stream";
Response. AppendHeader( "Content-Disposition", "attachment; filename = " +
HttpUtility. UrlEncode( reallyname, System. Text. Encoding. UTF8) . Replace
( " +", "% 20") ) ;
Response. AppendHeader( "Content-Length", info. Length. ToString( ) ) ;
Response. WriteFile( FullFileName) ;
Response. Flush( ) ;
Response. End( ) ;
```

（七）　留言板功能的实现

本平台具有留言板功能，包括添加留言和查看留言，该功能的代码如下：

（1）添加留言内容。

```
//创建连接数据库对象，并读取 Web. config 文件中连接数据库字符串
SqlConnection con = new SqlConnection( ConfigurationManager.
ConnectionStrings[ "ExamConnectionString"] . ConnectionString) ;
//打开数据库连接
con. Open( ) ;
//判断用户名和密码是否为空
if ( this. t_subject. Text  = =  ""|| this. t_content. Text  = =  "")
{
Response. Write( " < script > alert( '主题、内容不能为空!') </ script >") ;
return;
}
```

```
//定义插入添加用户信息的字符串
string sqlStr = "insert into Message( mname, msubject, mcontent, mmail,
mface, mip)";
sqlStr = sqlStr + "values('" + t_name. Text + "','" + t_subject. Text +
"','" + t_content. Text + "','" + t_mail. Text + "','" + dface. SelectedValue +
"','" + GetIP()  + "')";
//创建 SqlCommand 命令对象
SqlCommand cmd = new SqlCommand( sqlStr, con) ;
//执行插入操作
cmd. ExecuteNonQuery() ;
//关闭数据库连接
con. Close() ;
Response. Write("<script>alert('留言成功!')</script>") ;
//清空
this. t_subject. Text = "";
this. t_content. Text = "";
this. t_mail. Text = "";
this. t_name. Text = "";
}
//显示表情图片
private void BindHeartList()
    {
        for ( int i = 1; i < 19; i + + )
        {
            //向 dface 控件中添加显示的表情图片
            this. dface. Items. Add( "<img alt = \"心情\"border = \"0\"
src = \"image/" + i. ToString()  + ". gif\"/>") ;
            //设定 dface 控件中显示项对应的值
            this. dface. Items[ i  – 1]. Value = i. ToString()  + ". gif";
        }
        //将第一个表情设定为选定项
        this. dface. Items[ 0]. Selected = true;
    }
```

（2）显示留言内容。

```
public void DataListBind()
    {
        try
        {
            int StartIndex = CurrentPage * PageSize; //设定导入的起终地址
            string sql = "select * from [Message] order by mid DESC";
            DataSet ds = new DataSet();
            SqlConnection con = new SqlConnection(ConfigurationManager.
ConnectionStrings["TrainConnectionString"].ToString());
            con.Open();
            SqlDataAdapter sda = new SqlDataAdapter(sql, con);
            sda.Fill(ds, StartIndex, PageSize, "Message"); //这是 sda.Fill
方法的第一次重载,里面的变量分别是数据集 DataSet,开始记录数 Star-
tRecord,最大的记录数 MaxRecord,数据表名 TableName
            this.DataList1.DataSource = ds.Tables["Message"].DefaultView;
            this.DataList1.DataBind();
            this.PreviousLB.Enabled = true;
        this.NextLB.Enabled = true;
            if (CurrentPage == (PageCount - 1)) this.NextLB.Enabled =
false; //当为最后一页时,下一页链接按钮不可用
            if (CurrentPage == 0) this.PreviousLB.Enabled = false; //当为第
一页时,上一页按钮不可用
            this.CurrentLbl.Text = (CurrentPage + 1).ToString(); //当前
页数
        }
        catch (Exception ex)
        {
            throw new Exception(ex.Message);
        }
    }
```

（八）解决 IE7、IE8 样式不兼容问题

方法一：在页面中加入如下 HTTP meta-tag：

< meta http-equiv =″X-UA-Compatible″content =″IE = EmulateIE7″/ >

方法二：对于整个网站，在 IIS 中加入下面代码：

< ?xml version =″1. 0″encoding =″utf − 8″? >

< configuration >

< system. webServer >

< httpProtocol >

< customHeaders >

< add name =″X − UA − Compatible″value =″IE = EmulateIE7″ >

< /customHeaders >

< /httpProtocol >

< /system. webServer >

< /configuration >

第六节　网络学习平台的核心代码

此节内容见附录，此处略。

参考文献

[1] 程育艳，王为杰. 国内职业技术培训网站的现状分析与对策探究. 中国教育信息化，2007（23）.

[2] 韦旻. 浅谈国内外教师培训网站的几点不同. 北京教育（普教版），2007（2）.

[3] 程胜文. 高职数控技术专业网站设计及共享资源开发探索. 新课程研究（中旬刊），2012（7）.

[4] 范利民. 构建中小学教师培训网站平台. 科学咨询（教育科研），2010（2）.

[5] 杨帆，赵义霞. ASP. NET 技术与应用. 北京：高等教育出版社，2004.

[6] 唐大仕. C#程序设计教程. 北京：清华大学出版社，北京交通大学出版社，2003.

[7] 王华秋. Visual C#. Net 程序设计基础教程. 北京：清华大学出版社，2009.

〔8〕丁昊凯，许静雯，谢黎文. ASP. NET 网站开发典型模块与实例精讲. 北京：电子工业出版社，2006.

〔9〕刘占勇. 高校教学管理信息系统的设计和实现. 华东师范大学硕士学位论文，2009.

〔10〕耿卫江. 师资培训管理系统的研究与开发. 吉林大学硕士学位论文，2008.

〔11〕张臻. 高职高专现代教育技术师资培训课程与网站建设. 华东师范大学硕士学位论文，2008.

〔12〕夏智伟. 基于. NET 的教育网站的设计与实现. 中国海洋大学硕士学位论文，2009.

〔13〕微软公司 MSDN 网站. http：//msdn. microsoft. com/library/.

第五章 职业教育教师培训实践

第一节 珠三角地区"双师型"教师能力调研及其培训策略研究①

一、引言

职业教育是我国教育体系的重要组成部分，对于提高人口素质、扩大社会就业具有积极意义。我国职业教育的发展水平距离经济和社会发展的要求仍有较大差距，在整个教育事业中仍属于薄弱环节。随着经济的快速发展，培养实用型人才已经成为职业教育的重任，特别是对于珠三角发达地区，高技能的实用性人才越来越紧缺。要培养具有较强的实践动手能力和解决实际应用问题能力的学生，就需要有高水平的教师，尤其是高水平的"双师型"教师。要提高职业教育的质量和水平，就必须把"双师型"教师队伍建设作为专业师资队伍的建设目标，即建设一支能适应以就业为导向，突出技能性、实践性要求的"双师型"教师队伍。目前，对于职业教育师资培养的研究很丰富，但专门针对"双师型"师资的研究较少。所以，通过调查珠三角地区的"双师型"师资现状，并针对其存在的问题提出有针对性的水平提升建议及培训策略，对提高珠三角地区职业教育师资的综合素质，培养适应珠三角经济社会发展的人才，具有重大意义。

二、研究思路及方法

对珠三角地区"双师型"师资情况的调查遵循"发现问题——分析问题——解决问题"的思路开展。通过对珠三角地区部分职业学校的教师的

---

① 原文发表于 2010 年第三届教育技术与培训国际学术会议（EI 和 ISTP 收录检索）。

调查，了解珠三角地区"双师型"教师的现状，分析其存在的问题，探究其原因，最后提出解决问题的建议。

本研究主要选取了珠三角多所有代表性的职业学校的老师进行问卷调查，既包括了发达地区的学校，如广州的天河职业中学、岭南职业技术学院、广州冶金技工学校、顺德李伟强职业中学和中山职业技术学院，也包括欠发达地区的鹤山高级职业中学，共计16所学校、160位教师，发放问卷160份，回收126份，回收率约为80%。

三、珠三角地区"双师型"师资培训情况调查统计和分析

（一）调查问卷的设计

调查问卷分为两部分。前言部分：主要是基本信息，包括学校、学历、职称和年龄。正文部分：第一题至第三题是对"双师型"教师的看法，第四题至第七题是所在学校关于"双师型"师资培训方面的问题，第八题至第十题是了解调查者对"双师型"培训的意向，第十一题是让教师谈一谈自己成为"双师型"教师的过程。

（二）调查的实施过程

本次调查主要针对在珠三角地区从事职业教育的教师。以广州、佛山、清远和中山等地区作为抽样地区进行调查，共选取了16所职业技术院校的160位教师作为本次调查的样本。

（三）调查结果的统计分析

1. 被调查教师的基本情况

56%的教师是从应届毕业生直接进入职业院校任教的。这种类型的教师理论基础较好，但实践经验较少，需要在职后进行培养才能成长为"双师型"教师；从企业调入为职校教师的概率为零，跟发达国家相比，我国职校的师资力量缺少直接从事一线工作的企业骨干。

从教师基本信息统计中可知，珠三角地区的教师93.7%是学士以上学历，有28.1%是硕士学历，大部分教师年龄在30~50岁之间，被调查教师中"双师型"教师达65.6%。这说明珠三角地区职校的师资结构较合理，学历比较高，大部分是青年教师，"双师型"教师的比例也比较高。从调查中我们也看出，珠三角较发达地区的教师的学历及"双师型"教师

的比例比欠发达地区高。鉴于珠三角欠发达地区的教师同样拥有高学历和低龄的优势，且具有较为扎实的理论基础和较好的新知识接受能力，因此只要加强职后的培养，也可以很快提升这些地区"双师型"教师的比例。

2. 对"双师型"教师教学效果的评价

在对传统教师和"双师型"教师教学效果的调查中，有65.6%的教师认为"双师型"教师在实践操作教学方面的效果比传统教师更加突出；有50%的教师认为，"双师型"教师在理论教学方面同样突出。这是因为"双师型"教师有实践经验，在理论讲授方面会结合实际，更容易让学生接受知识，教学效果更好。

3. "双师型"教师培训情况

学校对"双师型"教师培训的重视程度如下表所示：

学校对"双师型"教师培训的重视程度表

学校对"双师型"教师培训的重视程度	非常重视	不怎么重视	非常不重视
所占比例	56.25%	28.1%	15.6%

56.25%的学校非常重视"双师型"教师的培训。学校一般采取让教师到企业考察、参加校内外培训和参加实训基地建设等方式帮助教师提高。这说明在珠三角地区，学校对"双师型"教师的培训工作非常重视。我们还通过对"您认为什么培训方式最有效"的调查得知，大部分教师都认为到企业一线进行实践是最有效的方式，其次是到企业进行观察、与技术人员交流的方式，这样可以获得最新的、最实用的专业知识。我们通过调查发现，现行学校采取的培训方式与教师认为最有效的培训方式之间是存在差异的。

4. 对"双师型"教师的培训意向

78.13%的教师愿意在没有津贴的情况下接受半年以上的培训。这说明职校教师想要通过培训提高自己的意愿是强烈的。我们也调查了职校教师关于通过网络环境接受"双师型"培训的态度，100%教师都愿意接受网络环境下的"双师型"培训。

四、对珠三角地区"双师型"师资培训的几点建议

（一）存在的问题

（1）具有丰富的企业一线实践经验的教师的比例很少。从以上分析可知，珠三角地区虽然地处第二和第三产业发达地区，有很好的外部环境，但是有丰富企业工作经验的骨干一般不会进入职业院校任教，即便是兼职的教师也很少。

（2）发达地区与欠发达地区师资不平衡。发达地区有好的经济基础和众多的企业优势，吸引了优秀的教师到校任教，并且有利的外部环境也有利于"双师型"师资的培养。相比之下，欠发达地区的教师的学历、"双师型"素质等方面就比发达地区要差。

（3）学校采取的培训措施与最有效的措施之间存在差异。学校一般采取培训班以及到企业观察学习的方式来对教师进行培训，但实际上，大部分教师认为到企业进行一段时间的锻炼才是最有效的方式，并且教师们也认为利用网络环境建立的"双师型"师资培训平台也是一种有效的提高方式。

（4）校企结合实际上并未形成。这是在对国内研究文献进行查阅后发现的问题，很多学者都大力提倡校企结合来开展"双师型"师资的培养，但不管是对师范院校的师资培养还是对职后教师的"双师型"素质的培养，校企结合实际上并未形成，重形式，轻实效。很多学校只是在企业挂名有这样一个实践基地，学生到企业实习的时间也只是在高年级最后一两个月的时间，根本没达到校企结合的状态。

（5）对兼职教师的认识不够。在美国和英国，兼职教师的比例超过了职业院校师资的50%。兼职教师是职业院校师资队伍中不可或缺的部分，对教学效果、学校的发展都有重要的作用。兼职教师并不等同于外聘教师。外聘教师实际上就是"打短工"性质，"上课来下课走，完了就拿课时费"，人员变动非常大，有相当多的人是"一次性交易"，像游击队打仗一样，并且其中很多是为了解决生活费问题而找课上的在校研究生，他们不管专业和学科的性质特点，什么课都敢接，有些学校为节约费用也愿意聘请这样的"外聘教师"。这样的"外聘教师"是没有质量保障的。而兼职教师是相对稳定的、能长期任教的、有丰富专业实践经验的老师。只有具有丰富专业知识的兼职老师才能够保证专业课的质量。

（二）解决问题的几点建议

（1）加强职业师范学院"双师型"教师的培养，加大"双师型"师资后备力量的储备。

在我国，职业技术师范院校对职校师资的培养仍采用普通师范学校的师资培养模式，即大部分时间都在课堂进行理论学习，大学期间到企业实习一般只有一到两个月的时间，这种培养方式缺少在实际工作场景中的训练，对教师从教后的教学效果产生不利的影响，不利于"双师型"教师的成长。解决问题的办法有以下三个：一是借鉴天津职业技术师范大学"双证一体化"师资培养模式，但这种模式也存在弊端，完全是学校封闭式的培养，也不能适应培养"双师型"素质的要求；二是借鉴广东技术师范学院的"3+2"职教师资人才培养模式，从3年制的高职院校中选拔优秀学生再进行2年的本科培养，提升他们的专业知识、操作技能和师范教育教学水平；三是借鉴德国的经验。德国的职业教育教师上岗前的培养主要分为两个阶段：第一个阶段是在大学师范教育阶段，通常为9~10个学期，第二个阶段是为期4个学期的见习期，见习生既要参加教育学、专业教学法方面的大学研讨班活动，又要到职业学校去见习，从事每周10课时的教学。

（2）加大从企业调入教师的比例，重视职校兼职教师的发展。

国务院《关于大力推进职业教育改革与发展的决定》强调广泛吸引和鼓励企事业单位的工程技术人员、管理人员和有特殊技能的人员到学校担任专职、兼职教师。我们可以采取两种方法实现：一是制定相关的优惠政策，让这些有丰富一线经验的专业技术人员到职校成为一名专业教师；二是坚持"专兼结合，以兼为主"的宗旨。在美国和英国，许多教师是从企业招聘来的、有丰富实践经验的技术人才，如技术员、工程师和熟练技工，这些人员有相当的专业技术资格。这不仅有利于学生接触到最新的专业知识和技术，也有利于学校及时掌握经济发展的动态，加强校际间及其与社会的联系，并能根据最新的社会需要调整专业教育，提高办学效益。

（3）改变单一师资培训模式，政府、学校和企业共同参与建立专门的"双师型"师资培训基地。

现在针对职业院校的师资有定期和不定期的培训班，有些学校还建立了校内培训基地。但是，由于师资培训是一个复杂的过程，仅靠校内短期培训很难实现真正意义上的"双师型"师资能力的提升。必须要靠政府重视，积极引导学校和企业协作，组建由大学专家和企业技术骨干组成的培训师资，建立专业的"双师型"师资培训基地，充分利用大学和企业的优质资源，开展"双师型"师资培训。

（4）开展网络环境下的"双师型"师资培训，提高教师的整体素质，特别是加强欠发达地区的师资培养。

五、结束语

"双师型"的教师不仅要掌握教育学科的基本理论和知识，还要掌握专业理论及技术知识，不仅要懂，还要会用。在知识爆炸的今天，知识更新快，终身学习以及自我学习已经成为一种大趋势，纵然有好的外部培训条件提高教师的素质，但最终还是要靠教师自身不断地学习。通过网络学习不断提高自己，是现代教育迎接信息化社会挑战的有效策略。网络环境下的"双师型"师资远程教育是一种新型的培训模式。开展网络环境下的"双师型"师资培训，应该有计划、分阶段地付诸实施，宏观上由政府部门主导，在具体教学中创造特色，为教师学习"技能化""实用化""终身化""科学化"的职业技术创造条件。

参考文献

［1］唐林伟，周明星. 职业院校"双师型"教师研究综述. 河南职业技术师范学院（职业教育版），2005（4）.

［2］袁南辉. 网络环境下"双师型"师资培训模式创新研究. 广东技术师范学院学报，2009（4）.

［3］王希琼. 高等职业院校专业教学团队建设问题研究. 西南师范大学硕士学位论文，2008.

［4］姚贵平. 解读职业教育"双师型"教师. 中国职业技术教育，2002（6）.

［5］朱巧英. 高职院校教师职后培训的理论与实践研究. 河北师范大学硕士学位论文，2007.

［6］陈汉文. 职业教育教师指南. 上海：上海高等教育出版社，1994.

第二节 职教"双师型"师资培训模式新论[①]

一、引言

随着我国产业结构的调整和升级，各行各业对人才的要求更加苛刻，对专业技能和综合素质普遍有更高的要求。这既是对我国职业教育的一个挑战，也是职业教育发展面临的一大契机。在此前提下，职教师资队伍建设的重要性越来越突显出来。师资队伍水平，直接关系到教学质量，注重职业院校教师综合能力的培养与提高，是保障职业院校教学质量和教学水平的一大前提。经过多年的理论与实践发展，许多学校管理者和学者都积极探索"双师型"师资队伍建设的途径与模式，但大部分属于传统的教学方法与传播模式。随着信息化时代的到来，以因特网为平台的远程教育师资培训成为可能。本文主要就职教"双师型"师资培训的已有模式作一些介绍，在此基础上提出新的网络环境下的"双师型"师资培训模式。

二、"双师型"教师的内涵

由于对"双师型"内涵把握的不同，对于"双师型"教师的定义在认识和标准上存在一定差异，本文对"双师型"教师的界定是参考 2004 年 4 月教育部《高职高专院校人才培养工作水平评估方案（试行）》中的界定，即"双师型"教师是指具有讲师（或以上）的教师职称，又具备下列条件之一的专任教师：①有本专业实际工作的中级（或以上）技术职称（含行业特许的资格证书）；②近五年有两年以上（可累积计算）在企业第一线本专业实际工作的经历，或参加教育部组织的教师专业技能培训获得合格证书，能全面指导学生开展专业实践实训活动；③近五年主持（或主要参与）2 项应用技术研究，成果已被企业使用，且效益良好；④近五年主持（或主要参与）2 项校内实践教学设施建设或提升技术水平的安装工作，使用效果好，在省内同类院校中居先进水平。

---

① 原文发表于 2010 年第三届教育技术与培训国际学术会议（EI 和 ISTP 收录检索）。

三、"双师型"师资培训模式

培训模式是开展培训活动的一套方法论体系,是基于一定的培训结构,为完成特定培训目标和培训内容而围绕某一主题形成的比较稳定且简明的培训结构理论框架、具体可操作的培训活动方式和程序。"双师型"师资培训的模式,是指在职业教育领域内,对取得了教师资格的在职教师进行的以提高职业道德与素养、专业技能、教育教学能力和实践教学能力,从而有效地提高教育教学质量为主要目标的教育训练活动的方式组合及其关系。

四、职教"双师型"师资培训模式的特点

(一)职业性

2005 年底,温家宝总理在全国职业教育工作会议上的讲话中指出:"我国职业教育的根本任务,就是要培养适应现代化建设需要的高技能专门人才和高素质劳动者。"《国务院关于大力发展职业教育的决定》(以下简称《决定》)也明确提出,我国的职业教育要"以服务社会主义现代化建设为宗旨,培养数以亿万计的高素质劳动者和数以千万计的高技能专门人才"。

职业教育区别于普通教育的一点就是职业性,教师要投身并引领学生进入行业职业领域,首先必须按照行业职业道德办事。因此,职教"双师型"教师的培训要凸显职业能力和素养的提高,"双师型"教师要熟悉并遵守教师职业道德和相关行业的职业道德,清楚其制定过程、具体内容及其在行业中的地位、作用等,并通过言传身教,培养学生良好的行业职业道德。"双师型"教师要既能从事教育教学活动,又能从事行业职业实践活动,并且能将行业职业知识、能力和态度融合于教育教学过程中。能够根据市场调查、市场分析、行业分析、职业及职业岗位群分析,调整和改进培养目标、教学内容、教学方法、教学手段,注重对学生行业、职业知识的传授和实践技能、综合职业能力的培养,以及进行专业开发和改造的能力。"双师型"教师的培养必须紧密结合专业,离开专业,"双师型"教师便失去了存在的根基。真正的"双师型"教师,必须从专业出发,任何专业的"双师型"教师都有其具体的、明确的要求。

（二）技能性

职业教育是以培养数以亿计的生产、建设、管理、服务第一线技术应用型专门人才和熟练劳动者为目标的教育类型。这种类型的人才不仅要德、智、体、美全面发展，而且必须比其他类型的人才具有更宽的知识面，具备更强的技术创新能力、群体合作能力、吃苦精神、社会交往与社会服务能力和组织管理能力。技能性是职业院校学生区别于普通高等院校学生的最大不同，《决定》和温家宝总理在全国职业教育工作会议上的讲话已明确告诉我们，高等职业教育人才培养的目标是培养"数以千万计的高技能专门人才"，中等职业教育人才培养的目标是培养"数以亿万计的高素质劳动者"。2006 年 6 月中共中央办公厅、国务院办公厅印发的《关于进一步加强高技能人才工作的意见》（以下简称《意见》）也提出，要"以企业行业为主体，开辟高技能人才培养的多种途径"。《意见》还指出："高技能人才是我国人才队伍的重要组成部分，是各行各业产业大军的优秀代表，是技术工人队伍的核心骨干，在加快产业优化升级、提高企业竞争力、推动技术创新和科技成果转化等方面具有不可替代的重要作用。"因此，职业院校的教师应该具有很强的专业技能、丰富的实践经验、较强的动手操作能力，此外，最好还要有一定的技术等级证书，掌握各种专业技能考试的相关内容，以能够给学生进行备考方面的指导。鉴于以上要求，职业院校教师的培训应更加注重技能性，自己掌握过硬的专业技术，才能保证教学的顺利进行，才能实现职业教育的培养目标，才能为国家的进步与发展作出贡献。

（三）终身性

终身性从宏观方面来讲，是指终身学习，是个人或集团为了自身生活水平的提高，而通过个人的一生所经历的一种人性的、社会的、职业的过程。R. H. 戴维（联合国教科文组织教育研究所专职研究员）认为，这是在人生的各种阶段及生活领域，以带来启发及向上为目的，并包括全部的正规的（formal）、非正规的（non-formal）及不正规的（informal）学习在内的，一种综合和统一的理念。本文提到的终身性主要是指"双师型"教师培训的长期性和普遍性，美国的教育界认为：一个教师在教学的头几年，随着教学经验的增加，教学成果会不断上升，但教学五六年后，知识和教学方式固化，教学水平就会停滞或下降，因此，一定要吸收新知识。

每位教师必须边工作边学习或工作一段学习一段。美国反对师范学制的延长和课程的加重，主张把更多的注意力放在加强在职教师的终身教育、继续教育上，使教育和工作相互交替地进行，实行周期性循环教育，新陈代谢，更新知识，更新教学方法，防止教师的知识陈旧。我国目前的"双师型"培训方式都是以短期培训为主，培训人员比例较少、经常变动，且着重培养专业技能和业务水平高、教研能力强的专业带头人，培训内容只局限于学员使用，不利于教师能力的持续提升和整个教师队伍水平的提高。21世纪将更加强调正规教育、非正规教育、非正式教育三者的协调统一、地位平等，以大教育观念指导学校开展全新的教育和培训，将根据个人需要，提供多渠道、多时空、多媒体的学习机会和方式，构建适应经济发展、面向个体职业生涯全程的开放式职业教育体系。

（四）创新性

教育，特别是职业教育和职业培训，如果不主动地投入与服务于社会和企业经济文化建设的主战场，离开了社会和企业的需要，脱离了国家改革发展的主旋律，就不会有生命力，就不会有教师和教育工作者的积极性，也就没有个人价值实现的载体和基础。在当今知识经济时代的教育面临激烈竞争的条件下，必须开展学习力的竞争。不断学习、创新、实践，突破正规学历教育制度，打破传统的培训学习模式，创造出适应时代发展的新模式。尤其是职业教育领域，当代职业教育要求课程教学内容要适应或超前于行业的发展，所以教师应不断更新自己的知识结构，同时要掌握现代教育技术及学习方法。近年来，校园网的建设使以因特网为平台的远程教育成为可能。基于网络环境下的虚拟探究式学习、教学训练视频播放、协作学习小组的构建、教育教学资源库、个性化学习平台和多元评价信息平台等都已先后实现。信息技术的发展使教师培训模式创新成为可能，也为职教师资综合能力的提升开拓了新的途径。

五、职教"双师型"师资培训模式现状

（一）校本培训模式

这种模式主要有以下几种形式：①结对互学模式。充分利用本校教师资源，让教师结成对子，互教互学，产生"1＋1＞2"的教学效果，同时，这种形式也可以培养教师谦逊、好学、热爱学生的良好师德，也有利于增

强学校的凝聚力。②课题研究模式。将教育科研活动与校内教师学习很好地结合起来，通过理论研究提高理论水平，也可以通过项目开发和技能操作来提高操作水平。比较有代表性的有天津工程师范学院"三性"结合的培训模式，即"专业性""技能性""师范性"相结合，以双证书为载体，培养集理论教学和实践教学能力为一体的"双师型"素质师资的培养模式。

（二）基础互补模式

该模式的形式有：①职业院校聘请学科理论专家或技术人员到校给有某方面教育需求的教师进行面对面的指导，在学习和协作中提高这些教师的知识和能力。②选派教师参加全省、全国的学术交流会议和学术观摩活动，使教师开阔眼界、拓宽思路、接触新知识和更新观念。③定期到生产、管理和服务一线调查研究，这种培训是一种与社会实践或科研单位接触甚少的封闭型的培训方式，具体形式包括单科进修、学历进修、师资班、短训班、定向研究生班或在职研究生班等。它侧重于单向纵深提高教师的理论基础和学术水平。这对于提高教师水平来说是重要的也是必要的，但它存在知识结构单一、社会实践知识少和动手能力较差的问题。

（三）校企合作模式

即学校与企业建立"产学研"相结合的紧密合作关系。首先，职校教师可以去合作企业实习，进行继续教育，这样有助于"双师型"教师的素质培养、专业建设、课程建设和教学改革。其次，可以聘请合作企业的工程技术人员到校兼职。最后，有能力的教师可以参与合作项目的开发及员工培训。其中，比较有代表性的是石美珊通过借鉴澳大利亚的职教经验，提出的具有中国特色的职教师资培训模式，即以行业需求为导向、以能力培训为目的、以学员为中心，注重鉴定评估和质量检测监控手段等内容的培训模式，以切实提高职教师资的培训效果。

六、网络环境下的"双师型"师资培训模式

综观现有的师资培训模式，都属于传统的教学方法和传播方式，更多的是固定时间和地点的面授集中学习，而随着现代信息技术的发展和网络的普及，新的学习方式也随之产生，网络环境下的跨时空的学习为网络环

境下的"双师型"师资培训模式提供了可能。根据"双师型"教师的基本职能和实践教学的实际需求，通过设计适合于网络环境的师资培训新模式，建设集先进理念、先进技术于一体的"双师型"师资培训平台，构建科学、合理、精练的网络化"双师型"师资培训内容，设计与实现可以远程控制的专业工种技能训练项目，建设职教"双师型"师资培训资源库，开展网络化"双师型"师资培训模式的创新与实践。

（一）培训模式创新

在总结和分析目前国内"双师型"师资培训模式（以校内短期集中式培训模式为主）的不足的基础上，根据"双师型"教师的基本职能和实践教学的实际需求，提出了基于虚拟情境的探究式学习、基于案例分析的自主学习、基于网络小组的协作学习、基于远程的再现学习，以及抛锚式学习等多种新模式。

（二）培训内容创新

内容创新体现在以下几个方面：①基于案例分析与远程视频参与的师范技能训练模块；②基于虚拟情境、虚拟操作及远程控制的专业工种技能训练模块；③基于知识管理的职业教育政策、职业教育理论、职业道德、安全意识学习模块；④基于职业教育特色的实践教学方法与教学设计训练模块。

（三）培训系统创新

为确保培训的效果，通过应用虚拟现实技术、视频转播与点播技术、网络协作学习技术、过程与结果相结合的评价、知识管理、案例分析数据库等新技术和新方法，构建网络化、个性化的远程培训系统，为"双师型"教师培训模式的改革与创新探索新路。

七、结束语

鉴于信息时代的高速发展以及职业教育的快速发展，职业教育师资在教育系统中显得尤为关键，尤其是高水平的"双师型"教师。本文对"双师型"教师的培训提出一些参考性意见，强化职业性，强调技能性，普及、深化培训方式，创新培训方式，加强现代信息技术与传统教学的融合，为建设一支能适应职业教育，以就业为导向，强化技能性和实践性要求的"双师型"教师队伍作贡献。

参考文献

［1］袁南辉．网络环境下"双师型"师资培训模式创新研究．广东技术师范学院学报，2009（4）．

［2］魏国良，胡国勇．高等职业教育师资培训的研究综述．教育与职业，2009（24）．

［3］石美珊．对职教师资培训模式的探索与创新——中澳（重庆）职业教育与培训项目成果．中国职业技术教育，2006（24）．

［4］姚贵平．解读职业教育"双师型"教师．中国职业技术教育，2002（6）．

［5］王诗文．浅谈高职高专院校师资培训的几种模式．芜湖职业技术学院学报，2003（2）．

［6］苏筑华．抓好师资培训建设职教师资队伍．职教论坛，2001（9）．

［7］王键等．区域职业教育发展战略．北京：教育科学出版社，2007.

［8］谢晓珂，张进，陈君兰．网络环境下提升职业教育教师理解能力的策略初探．2009 年教育与体育教育国际学术会议（2009 International Conference on Education and Sport Education）（内部资料）.

第三节　网络环境下"双师型"师资培训模式的实践与研究①

一、引言

建设高素质的"双师型"教师队伍是发展职业教育的有效途径之一。一直以来，我国在"双师型"师资培养过程中存在着较大障碍，问题主要来自"双师型"师资的培养模式、"双师型"师资的资格认定、"双师型"师资的能力评价等方面。国内学者对"双师型"师资培训的研究较多，主要集中在以下几个领域：一是介绍发达国家职业教育师资培训的模式，对比中外职业教育师资的发展；二是阐述我国"双师型"师资培训的现状，

---

① 原文发表于《电化教育研究》2010 年第 12 期。

讨论存在的主要问题，提出改进的思路；三是讨论"双师型"师资的资格认定、师资队伍建设等问题。但对于网络环境下的"双师型"师资培训研究几乎没有。

随着科技的进步以及电脑的普遍化，因特网实现了各地资源的共享。"双师型"师资的培训可以通过教学视频案例播放和学员训练视频录制的方式展开。学员在培训中录制自己的教学过程后上传，供指导教师和小组学员交流、点评，指导教师从中选择优秀的视频加入教学视频案例，作为教学资源实现共享。这种网络环境下的培训模式使培训不受时间、地域的限制。

虚拟情境学习平台是一种特殊的学习知识和解决问题的环境。利用虚拟现实技术在计算机中创建逼真的虚拟环境，学习者通过友好的人机交互界面进行虚拟化的操作，能够获得与真实世界中相同的体验。虚拟情境学习平台克服了现实实验中场地和时间的限制、精密设备拆装训练和危险环境下操作训练的局限，并为探究学习、教师指导、学生交流、学习评价、过程记录等活动提供了技术支持。

远程视频播放、基于虚拟情境的探究式学习、协作学习在网络环境下的实现，使得网络环境下"双师型"师资培训成为可能。

二、网络环境下的培训平台的构建

（一）培训平台的教学环境设计

网络环境下的培训平台必须充分体现以学生为中心的现代教育理念。构建基于虚拟情境的探究式学习、基于案例分析的自主学习、基于网络小组的协作学习、基于远程视频再现的播放与师生点评等师资培训网络学习环境，都是培训平台中教学环境设计的重点。

（二）培训平台的教学模块设计

通过建立体现职业教育特色的实践教学方法与教学设计训练模块，开展网络化职教实践教学与设计的学习与训练；通过建立基于案例教学分析、远程视频参与的师范技能训练模块，实现师范技能训练的远程教学；通过设计与实践基于虚拟情境、虚拟操作及远程控制的专业工种技能以及建设职业技能训练资源库，实现某些专业工种的远程虚拟操作和远程控制操作训练；通过设计与建设基于知识管理的职业教育政策、理论、职业道德与规范、安全意识学习模块，实现职业道德品质的远程教育。

（三）培训平台的教学资源建设

教学资源网络化，一是将获取教学资源的途径扩展到网上；二是将已有的教学资源（如图书、教学录像带、课件等）数字化、网络化；三是将教学过程中的优秀案例积累到教学资源库中。在实践中，可以组织学生围绕与学习课程相关的主题或是学生觉得有兴趣、有意义及值得讨论的专题，通过网络搜索，进行教学资料的收集汇编，以充实教学资源；四是建设互动网络课程，融入网络学习环境。

（四）"双师型"师资培训平台的构建

为了便于网络环境下"双师型"师资培训的开展，"双师型"师资培训平台的构建共由以下四大模块组成：

1. 基于案例分析与远程视频参与的师范技能训练模块

主要用于提高学员的课堂教学水平和信息化教育能力。训练内容包括：导入、结束、提问、板书、沟通、应变、演示等分解的教学技能；"三字一话"基本功及其应用技能；综合授课技能；说课和评课的技能；基于网络的授课、辅导、布置作业和作业批改，指导学生利用网络收集与处理信息，以及利用 E-mail、QQ、博客等开展教学；开展多媒体教学的能力，即应用多媒体软件设计和制作简单的多媒体教学软件，在课堂上熟练使用多媒体教学仪器设备，充分发挥多媒体的教学功能；网络技术、多媒体技术、虚拟技术、仿真技术的综合应用能力。

2. 基于虚拟情境、虚拟操作、远程控制的专业工种技能训练模块

主要用于提高学员应用虚拟现实技术与仿真技术开展教学的能力，以及远程提高学员的专业工种职业技能水平。核心内容有基于虚拟技术或仿真技术的教学与训练，设计基于虚拟情境下的探究式学习环境，实现专业工种职业技能的远程操作、控制的训练。

3. 基于知识管理的职业教育政策与理论、职业道德、安全意识学习模块

主要有教师礼仪训练，包括站姿、坐姿、教姿、教态、服装、装饰、语言规范等；职业道德训练，包括教师职业道德规范和专业（行业）工种职业道德规范；班主任基本工作技能与技巧训练等。

4. 互动学习模块

基于网络提供一些实时和非实时的交流互动。采用电子邮件答疑、BBS 讨论、在线语音答疑等方式，根据学习者的需要，安排适量的远程视频面授辅导。

三、网络环境下"双师型"师资培训模式的实践

（一）以问题为导向开展教学

首先，构建基于问题学习的框架，提出基于问题学习的"双师型"师资培训的基本目标，结合案例描述基于问题学习的主要环节，并通过分析得出基于问题学习的师生角色；其次，明确基于问题的学习在"双师型"师资培训中的应用，进行"双师型"师资培训学习内容的选择，挖掘适用于该学习方式的培训内容；然后，从问题情境的创设、小组合作、学习方式、学习资源、评价反思等方面，提出基于问题的学习在"双师型"师资培训中的实施策略；最后，结合网络环境下的资源库案例，开展基于问题学习的教学实践。

（二）通过视频教学案例开展培训

培训学员在掌握了有关基本知识和分析技术的基础上，在教师的精心策划和指导下，根据教学目的和教学内容的要求，运用典型视频案例开展培训，将学生带入特定的现场进行案例学习。通过学生的独立思考和小组的协作、交流，不断创新，逐步掌握各种教学技能和专业工种技能。网络环境下的案例教学既可以实现自主学习，也可以实现个性化教学的开展。

（三）以小组讨论、协作学习进行深入研究

通过网络培训平台提供的协作小组、教学资源库、虚拟学习和训练环境，使教师与学生、学生与学生在讨论、协作与交流的基础上进行协作学习。在网络协作中，以学生为主体、教师为主导的基本模式给教师与学生最大化的学习空间。基于"双师型"师资培训平台，提供实时和非实时的交流互动，学生与教师可以采用电子邮件答疑、BBS 讨论、在线语音答疑等方式进行沟通交流。通过这些交流方式，一方面，辅导教师可以主动进行辅导，分阶段讲解课程学习中的重点和难点问题；另一方面，学习者在学习过程中遇到的问题能够及时得到解决，真正实现个性化教学。

（四）通过虚拟情境建构促进探究学习

通过基于虚拟情境、虚拟操作、远程控制的专业工种技能训练模块，给培训者提供实物演示情境、图画再现情境、音乐渲染情境、表演体会情境、语言描述情境、虚拟与仿真情境等，以产生一种特有的心理氛围，充分调动学生的学习积极性，激发培训者自主学习和自主探究的积极性。

（五）以开放式多元评价鞭策学员进步

在网络环境下，通过建立教师、网友、小组学员和培训者自己等多主体共同参与、交互作用的开放式多元评价模式，既能加强评价者与被评价者之间的互动，又能提高"双师型"培训学员的主体地位，还可以促进学员主动参与、自我反思、自我教育和自我发展，形成积极、平等、民主的评价关系。通过网络学习中的评价模块，还可以提高学员自我管理和自我约束的意识与能力，有利于师生双方共同监控"学习过程"，以达到及时调整培训目标的目的。

四、结束语

在网络环境下搭建"双师型"师资培训平台，通过视频案例教学资源库、设计虚拟情境培训环境以及开放式多元评价体系等内涵的建设，可以实现"双师型"师资的远程培训，有利于培训学员的自主学习，有利于个性化教学的实施，有利于培训学员的个性化发展。

参考文献

［1］金智勇，宁敏，卢子洲等．网络教学平台中协作学习的设计与实现——以"现代教育术"网络协作学习室为例．电化教育研究，2010（2）．

［2］张进，姚蕊等．网络环境下微格教学的时空拓展——以职业技术师范教育为例．微格教学专业委员会第十三届年会论文集（内部资料），2010.

［3］袁南辉，李端强．虚拟情境下探究式学习模式的构建以教育电声系统虚拟实验平台为例．电化教育研究，2008（2）．

［4］张进．虚拟情境中探究学习和评价的平台构建．第二届国际教育信息技术及应用研讨会（International Symposium on Information Technologies and Applications in Education）（内部资料）．

［5］袁南辉．基于远程控制技术的交互式远程培训系统．第二届国际教育信息技术及应用研讨会（International Symposium on Information Technologies and Applications in Education）（内部资料）．

第四节　以行动为导向的"双师型"师资培训的设计与实践①

一、引言

　　"双师型"教师是职业教育对专业课教师的一种特殊要求,即要求专业课教师具备两方面的素质和能力:一要类似文化课教师那样,具有较高的文化和专业理论水平,有较强的教学、教研能力和素质;二要类似工程技术人员那样,有广博的专业基础知识、熟练的专业实践技能、一定的组织生产经营和科技推广能力,以及指导学生创业的能力和素质。换而言之,"双师型"教师不仅要具备职业技能,也要具备职业教学能力,掌握职业教育教学方法显得尤为重要。以讲授为主的教学法已经不能满足职业院校的课堂和学生的需求,必须要有符合职业教育特点的教学法来引导这场教学变革。国内职业院校纷纷学习并借鉴西方国家的成功经验,其中,"以行动为导向"(简称"行动导向")教学法影响力最大。本研究基于广东省教育厅面向全省中职学校、高职院校开展的"行动导向"教学法专项培训,在实践中不断分析、总结、反思,形成思考。

二、行动导向教学法概述

　　行动导向教学法,又称行为导向教学法、活动导向教学法、行为引导型教学法等,代表当今世界上的一种先进的职业教学理念。20 世纪 80 年代,德国开始盛行这种教学模式,它为德国经济的发展培养了高素质的技术工人和职业人才。常用的有代表性的行动导向教学法有项目教学法、案例教学法、角色扮演法、引导文教学法、探索法、小组工作法等,名称虽不一,但内涵统一,即强调"以学生为中心,以行动为导向"。每种教学方法从不同层面(宏观、微观)、不同角度(内容、形式),用不同方式设计能让学生有机会"行动"的课程内容,并在学习过程中给予帮助与指导,让学生从"尝试行动"到"自觉行动"再到"自发行动",在"行

---

　　① 原文发表于《职教论坛》2013 年第 3 期。

动"中掌握专业知识与技能，具备专业能力与社会能力，形成具有竞争力的职业能力。

三、行动导向教学法的培训设计

培训对象是中职学校的中青年教师，部分教师拥有企业工作经历，但大部分教师是高校毕业生。他们关注职业教育改革动向，关心自身专业发展问题，因此大部分教师对职业教育教学法培训持积极态度。我们在调研过程中了解到，有部分老师之前接受过讲座式的教学法培训，但效果不甚理想，他们对此次的培训有期待，也有质疑。

基于现状分析，行动导向教学法培训团队在内容与形式上都进行了大胆创新。首先，在形式上，抛开以往讲座式的培训方式，带领老师们在"行动"中体验教学法的内涵。其次，在内容上，主要有以下特点：

（1）"以学生为中心"：活动主体是中职教师，培训者起引导及指导作用。

（2）"以行动为导向"：培训内容融入活动，在活动过程中理解教学法的内涵，掌握教学法在实践中的运用。

（3）"以小组为单位"：活动形式是以小组为单位，强调小组协同工作。

（4）"以系统方法为指导"：运用系统方法，从分析、计划、决策、实施、控制、评价六大环节组织活动内容及过程，实现培训的整体目标。

四、行动导向教学法培训实施

六种常用行动导向教学法的培训思路大体一致，即围绕一个主题或一项任务，运用系统方法的设计思想，将六个环节（即分析、计划、决策、实施、控制、评价）融入活动任务中，带领培训对象在活动中学习、体验、总结与反思。

下面以小组工作法为例分享培训的实施过程。小组工作法是一种微型方法，它侧重从组织形式方面指导教师开展行动导向教学法，换而言之，是指导和帮助培训对象理解并掌握有效开展小组工作的要素与方法。例如，如何组建小组、如何确定主题、如何协同工作、如何演示交流、如何开展活动评价等。在培训过程中，以上内容并非通过"讲授"的方式告知培训对象，而是通过具体的实践体现，具体操作如下：

（一）准备阶段（30分钟）

该阶段主要完成以下工作：随机分组或按专业分组，选拔组长，给小组命名，制作小组名片。

培训设计意图：将以下教学内容隐含于实践过程中，先做后说。

（1）分组原则："组间同质，组内异质"。组间同质，指各小组之间的总体水平相等或相当，确保组间公平竞争；组内异质，指组内成员的能力水平可以不一致，确保组内成员之间形成互补优势。

（2）小组规模：6~8人。

（3）分组方式：在遵循分组原则的前提下，分组的方式灵活多样，通常有完全随机分组、教师指定分组以及教师指导下的学生自愿组合等。

完全随机分组，通常适用于短时期的教学活动任务。例如，在一节课内，围绕某一主题内容，随机分组讨论，这种方式打破固有模式，容易让学生有新鲜感，在一定程度上能活跃课堂气氛。

教师指定分组，通常适用于有特殊要求的教学内容，或适用于低年级学生。他们通常是在教师的安排下进行分组，完成由教师指定的特定学习任务。

教师指导下的学生自愿组合，这在中高职院校是最为常见的一种分组方式。这种分组方式较适用于中长期的小组活动，如在一门课中或在一个学期中使用，适用对象是高年级学生，因为他们有自身的价值取向与判断能力。教师只需要将任务和要求说明清楚，把握大的方向即可，至于内部组合则可以交由学生自主完成。

（4）组长的选拔：组长是小组的核心人物，选拔组长是重要的准备工作之一。"Y时代"的学生个性突出，藐视权威，所以他们选拔的组长不一定是教师眼中的好学生，但一定是他们心目中的英雄。当然，如果一时没有找到合适的权威，他们也会将自己视为权威，所以轮流制也是他们常用的方式。不管怎样，教师需尊重学生的决定并予以合理的引导。

（5）小组凝聚力：小组成立之后，应给小组命名，制作小组标志与口号，让小组成员在学习过程中有"家"的归属感，容易增强学生的集体荣誉感。

（6）头脑风暴法：制订计划、决策时常用到的方法。在后续的活动中还会经常用到。

（二）小组工作阶段（60分钟）

该阶段教师的主要工作：明确主题、分解任务、观察小组合作情况。

教师首先提出任务思路，在头脑风暴的基础上引导各小组明确任务主题，开展小组工作。

在小组完成任务的过程中，培训教师担任的是观察者与引导者的角色，巡视各个小组的工作进展，听取每位组长的陈述，给予必要指导，并通过及时了解各小组对任务的理解程度，控制活动进程。

此项任务设计将以下教学内容隐含于活动之中：

（1）选取主题的方法：选取与学习者直接相关的任务主题，方能激发他们的积极性。小组长需要根据每个成员的特点，分配相应任务；也可根据教学任务的不同，分配不同的角色等。

（2）头脑风暴法：共享集体智慧。该方法能方便教师快速收集意见，更重要的是，学习者通过头脑风暴的过程加深了对任务主题的理解，为后续小组活动提供了方向。

（3）小组长的培训：小组长是小组的核心人物，对于小组工作的顺利开展起着至关重要的作用，所以教师有必要对小组长进行个别指导与培训，包括专业技能的培训以及团队管理的技能培训，有意识地让小组长走在前面，发挥小组长的"导生"优势。所谓导生，是相对于导师而言，因为导生的身份是学生，他们可以作为教师的助手，教师先向他们讲授教材内容，再令其转教其他学生。

（4）小组合作的策略与技巧：沟通是解决问题的最好方法，尤其在分工方面，必须学会聆听与表达，避免因理解出入而导致后面的工作陷入僵局。小组长担当的角色不仅仅是组织者，更是一位引导者，引导组员发言，引导组员协商，并最终将协商结果予以总结和反馈。此外，鼓励在课堂教学过程中适当插入小组团队游戏项目，不仅可以活跃课堂气氛，调动学员的学习积极性，提高学习效率，同时也能增进小组以及班级的感情。

（三）小组演示阶段（30分钟）

该阶段教师的主要工作：认真听取，发现闪光点，捕捉关键点。

该项实践活动隐含的主要教学内容有教授学生演示的方法与技巧，以及引导学生思考。

演示的方法与技巧：演示交流是小组工作的重要环节，也是培养学生的社会技能的重要环节。教师可以就以下三个问题让学生思考：如何让汇报形式的视觉效果最好？如何让汇报的内容令人印象深刻？如何让汇报的过程令人难忘？从而有意识地引导学生注意合理运用小组元素美化汇报的形式，有意识地注意口头表达与肢体语言的表达等，让学生在表达中获得自信与发展。

（四）小组评价阶段（30分钟）

该阶段教师的主要工作：指导小组评价，采用开放式评价。

演示与评价是不完全分开的，在演示过程中，教师指导组间评价以及教师点评。教师要注意发现闪光点，将其放大并共享，同时，对小组提出的共性问题，教师要提供解决建议，让学员们作为参考。所以在评价过程中要求所有人员必须认真聆听，善于发现别人的优点，对于不足，"有则改之，无则加勉"，对共性问题一起探寻可行的办法。

此项实践活动隐含的教学内容有：
（1）评价的方式：组内自评、组间互评、教师点评。
（2）评价的形式：可以采用语言、贴红花、站队等形式，目的始终如一，即鼓励与激励小组及成员在竞争中相互学习，共同进步。

（五）小组总结阶段（30分钟）

该阶段教师的主要工作：引导总结，升华理论思考。

经历了演示评价，各小组的"行动"告一段落，冷静后的思考尤为必要，因此，培训教师要将各个环节的注意事项进行梳理，帮助学员们加深印象。

培训课堂接近尾声，各小组的注意力开始分散，于是培训教师通过一个团队游戏再次聚集大家的注意力。游戏不仅活跃了课堂气氛，同时也作为复习巩固，加深培训或学习印象。

五、培训效果与反思

以上案例是从小组工作法的培训实践出发，从微观教学方法入手，对教师在课堂教学中该如何正确使用该方法作出了详细分析与指导，它和其他方法体现的理念是一致的，即"以学生为中心，以行动为导向"，内容与形式上都与传统的培训有所不同，因此让接受培训的教师印象深刻。经历体验后，学员们纷纷表示，这样的课堂很快乐，令他们感受到了在中学时的快乐，愿意在自己的课堂教学中使用这些方法，并认为，如果他们的课堂也能这样组织，学生们肯定也会很开心，换位思考深化了授受培训的教师对教学法的理解。

值得一提的是，在教学过程中使用行动导向教学方法，并不是制造热闹的表面过场，要让学生跟着动起来，教师必须在课前做大量的准备工作，包括选题、过程调控以及目标预测等，都需要教师精心设计。只有这样，教师方可在课堂教学过程中驾驭自如，游刃有余，学生才能在活动的过程中真正学到知识，提升技能。

参考文献

[1] "双师型". http：//baike. baidu. com/view/724901. htm.

[2] 王德华. 德国职业教育行动导向教学法的微观考证. 职业教育，2010 (29) .

[3] 导生. http：//baike. baidu. com/view/513186. htm.

第五节　网络环境下任务驱动式教学模式应用研究①

一、引言

随着计算机与网络技术在教育领域的渗透和应用越来越广泛，网络环境下的教学作为一种新型的教学模式在现代教育中已占有越来越重要的地位。网络环境下任务驱动式教学模式集先进教育理念和现代教育技术于一体，能有效地提高网络教学的教学质量。

任务驱动式教学模式是一种建立在建构主义教学理论基础上的教学方法，是指在整个教学过程中，以完成一个个具体的任务为线索，把教学内容巧妙地隐含在每个任务之中，并在完成任务的同时培养学生的创新意识和创新能力，以及自主学习的习惯，引导他们学习如何去发现问题、如何去思考问题、如何去寻找解决问题的方法，最终让学生自己提出问题，并经过思考，自己解决问题。

---

① 原文发表于 2011 年高等教育发展与教学改革研讨会（ISTP 收录检索）。

二、网络环境下任务驱动式教学的理论基础

（一）建构主义学习理论

网络环境下任务驱动式教学模式是以任务型教学网站为依托，在建构主义理论的指导下，教师根据一定的教学目标，把教学内容设计成一个或多个具体的学习任务，激发学生学习的动机和兴趣，促进学生自主学习，学生借助网络化的学习平台提供的学习资源来完成这些任务，以培养学生分析、解决实际问题能力的一种教学模式。

建构主义学习理论认为，学习是学习者在与环境交互作用的过程中主动地建构内部心理表征的过程，知识不是通过教师讲授得到的，而是学习者在一定的情境即社会文化背景下，借助其他辅助手段，利用必要的学习资源，通过意义建构的方式而获得的。由于学习是学习者在一定的情境即社会文化背景下，借助其他人（包括教师、同学、伙伴、同事）的帮助，即通过人际间的协作活动而实现的意义建构过程，因此建构主义学习理论强调以学习者为中心，认为情境、协作、会话和意义建构是学习环境中的基本要素或基本属性。

建构主义理论对网络环境下任务驱动式教学的指导意义如下：

1. 注重学生主体作用的发挥

教师不再是知识的传授者和灌输者，而是学生学习活动的促进者。教师通过提供充分的学习资源，设计一个个的学习任务，引导学生进行自主学习，这一过程充分体现了"以学生为中心"的教育思想。

2. 注重在实际情境中进行教学

教学中的任务应考虑学生学习的背景，创建与真实世界有关的学习情境，注重学生解决实际问题的能力。

3. 注重协作学习

由于学生个人的能力和时间有限，对于一些大的任务，就要求学生组成小组，形成一个团队，由团队协作来完成。由于每个人对事物的看法不尽相同，通过学习者的合作，可以使他们对知识的理解更加丰富和全面。

4. 注重提供充分的资源

网络环境下任务驱动式教学充分体现网络的优势，为学生提供丰富的学习资源，学生利用这些资源完成一个个的学习任务。

（二）学习动机理论

学习动机可以看作是学生学习的驱动力，是激发和维持学习活动的一种心理状态，动机的来源可以是内在的，也可以是外在的。我们认为任务驱动式教学中的学习动机主要来源于成就动机，所谓成就动机，是指人们在完成任务中力求获得成功的内部因素，亦即个体乐意去做自己感兴趣的、认为重要的或有价值的事情，并努力达到完美地步的一种内部推动力量。任务驱动式教学的最主要的特点就是设计环环相扣的学习任务，让学生在完成学习任务的同时体验成功，而这种成功的体验能激起学习者进一步学习的兴趣，以此类推，形成良性循环，成就动机也就构成了学生学习和完成任务的动力系统。

学习动机理论对网络环境下任务驱动式教学的主要启示如下：

1. 让学生获得成功的体验

成功学习的结果，可以使学生的求知欲、自信心、自尊心等心理品质得到提高和发展，使其得到很大程度上的心理满足，这促使学生进行进一步学习以获得更高程度上的满足，从而产生强烈的学习动机。这种教学方法就是让学生获得成功的体验，学生尝到学习的乐趣，就有可能产生要学习的动机。

2. 任务处于中等难度水平时，成就动机值最大

在阿特金森的理论中，任务的选择是判断成就动机的主要内容，任务处于中等难度水平时，成就动机值最大，给学生的任务既不能太难，也不应太易。一个学生如果觉得他不怎么努力就可以获得成功，那么，他的学习动机就不会是最高的；相反，如果一个学生觉得不管怎么努力都不能获得成功，那么，他的学习动机将是最低的。所以在任务设置时就要有这样的考虑：对于大多数学生来说完成任务是可能的，但要付出一定的努力，如果不付出努力的话，就有可能遭遇失败。也就是说，学生可以看到成功的希望，但又不是那么容易获得。

（三）最邻近发展区理论

维果斯基认为学习者发展有两种水平：一是现有的发展水平；二是在有指导的情况下借助外界的帮助可以达到的解决问题的水平，或是借助于他人的启发帮助可以达到的较高水平。两者之间的差距就是最邻近发展区。

根据最邻近发展区理论的指引，教学任务的设计要从学生现有的实际知识水平出发，任务的难度要适中，不能太容易解决，要有一定的挑战性，但又要保证在教师的指导及同伴的帮助下能完成，使认知结构发展到较高水平。

（四）发展性教育评价观

发展性教育评价观认为，教学评价是与教学过程并行的同等重要的过程。因为评价并不是为了检查学生的表现，而是着重于了解学生的身体、学习、情感、价值观等状况；并不是仅在于比较、筛选学生，成为学生的包袱，而是尊重个体，淡化比较，更着重于激励与帮助，促进学生的全面发展，是学生学习的动力和源泉；并不是片面性的、终结性的、定论性的，而是全面性的、发展性的。评价就是为人的终身发展服务的。

三、网络环境下任务驱动式教学理念

（一）教师为主导，学生为主体的"双主"教学理念

课程要求学生的学习内容应当是现实的、有趣的、富有挑战性的；要求学生是学习的主人，教师是学习的组织者、引导者与合作者；要求变传统的单一的目标为"三维"目标，重视学生学习的过程与方法，关注学生学习过程中体现出来的情感与态度。任务驱动式的教学活动是以任务为引导，任务的完成过程贯穿整个教学过程。学习者在接受并着手解决任务之前，教师先呈现任务的要求，对于有一定难度的任务给予演示或给出指导性提示，这就体现出了教师主导的理念。任务驱动式教学是把学习主动权还于学习者，使学习者产生责任感的同时也产生压力感，教学活动中可适当设置师生、生生互动的环节，以引导学生与资源工具之间的互动，以实现信息分享及信息的反馈，也使教师能及时地掌握教学活动的动态，作出策略调整。

（二）"以人为本"教学理念

"以人为本"的教学理念可以说是当今素质教育的核心思想，其主要观点认为，人是教育的中心，人是教育的基础，人是教育的出发点，也是教育的根本。因此，"以人为本"的教育理念，要求我们在教育教学过程中，做到尊重人、理解人、发展人、提高人，充分发挥人的主体作用。

（三） 多维、互动式的教学理念

任务驱动式教学可以把以往以传授知识为主的传统教学理念，转变为以解决问题、表达情感、完成任务为主的多维、互动式的教学理念；将再现式、训练式教学转变为探究式、实验式学习，使学生处于积极的思维与学习状态；让每一位学生能根据自己对当时问题、情感、任务的理解，运用已有的知识、技能和自己特有的经验提出设想与方案，从而解决问题。在这个过程中，学生还会不断地获得成就感，并更大地激发起求知欲望，从而培养出独立探索、勇于开拓进取的自学能力。

四、网络环境下任务驱动式教学模式

该教学模式的结构如图 5 - 1 所示：

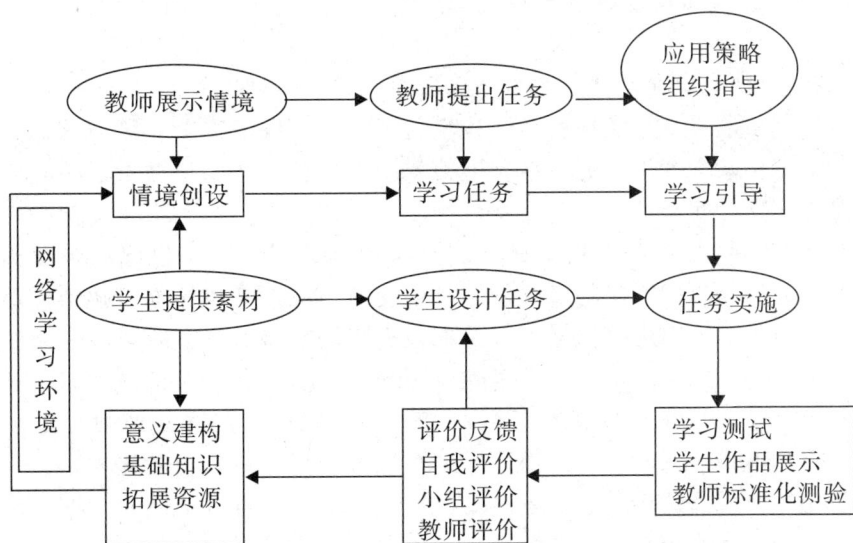

图 5 - 1 网络环境下任务驱动式教学模式的结构

该教学模式充分体现了以学生为主体，以教师为主导的教学思想。教师通过分析学生、分析教材，制定出任务，并在建构主义学习理论的指导下创设有利于完成任务的情境；监控学生完成任务的过程，并随时加以指导，给予学生及时的帮助，保证任务的顺利完成；通过学习测试给予学生及时的反馈，使所学知识得到巩固和提高；意义建构是指学生通过测试，进行学习反思，与同学进行在线经验交流，最终达到意义学习的目的。在学习过程中，学生可以寻求老师的帮助或者与同学进行在线交流。本教学模式的学习环境为学生提供了丰富的学习资源，可供学生自主学习。

五、网络环境下任务驱动式教学模式的应用

我们设计了"教育电声系统"网络课程，具体模块如下：

1. 课程学习模块（情境创设）

通过网上丰富的多媒体资源，可生动、形象地创设与当前学习主题相关的、尽可能真实的学习情境供学习者观察、思考、操作，引导学习者带着真实的任务进入学习情境，通过生动直观的形象，有效地激发学生的联想，唤起学生原有认知结构中相关的知识、经验及表象，从而使学生能利用已有的知识和经验去"同化"或"顺应"新知识，建构自己新的知识结构。

2. 虚拟实验模块（学习任务和引导）

该模块通过演示虚拟实验，让学习者感受不同的混响效果，并借此学习和探究各参数和声场的关系。虚拟实验制作精美实用，演示了现实生活中难以实现的实验效果。

本实验通过虚拟实验场景，让学习者以虚拟人物角色沉浸于虚拟房间，并通过与虚拟环境的交互作用，感受在房间不同位置的直达声、反射声、声压级等室内声场量，以及虚拟人物的听觉效果，并计算室内的声压级，达到从感性到理性认识室内声场的目的。

由于该实验涉及较多的参数和知识点，我们在学习总体目标的框架上，把总体目标分成一个个小目标，并把每一个学习模块转化为一个个容易掌握的"任务"，通过这些小"任务"来体现总的学习目标。每个"任务"中涉及的知识点不宜过多，"任务"的规模不宜过大，前后"任务"之间最好有一定的联系，体现知识的系统性。注意由点到面，逐步介绍各知识点，同时让主要知识点能够在不同的"任务"中多次反复出现，达到强化和巩固的目的，让学生对知识的理解、认识、运用有一个逐步深入的螺旋式上升过程。

3. 学习测评（自主学习与评价）

学习者在该模块可进行自我测试，如成果的展示和交流，主要考查学

生解决问题的能力、高级思维技能与学习能动性的强弱。学生通过自测、小组评价和老师的批阅获得考试成绩，对自身学习情况予以考查，以在复习过程中更有针对性。

4. 在线交流（协作学习与评价）

学习者在此模块可发表问题、查找答案、互发邮件，与同学、老师进行互动交流，从而能更快、更有效地解决学习上的问题。

5. 拓展资源（意义建构）

该模块收集了大量与教育电声系统相关的文章、动画、视频等资源，还有中英文对照表，方便学习者在阅读外文资料时查阅。该模块内容丰富，涵盖面广，为学习者发散思维、扩充知识面起到了良好的作用。

六、网络环境下任务驱动式教学模式的研究意义

1. 网络为任务驱动式教学提供了良好的环境

任务驱动式教学的任务需要学生在一定的情境中借助资源或他人的帮助，经过努力才能完成。网络的资源十分丰富，形式多种多样，功能齐全，能为学生创设理想的学习情境；网络搜索的方法简单，学生在网络环境中能更多、更好地获得解决问题所需的资料；网络还是一个十分开放的环境，学生在网上可随时获得他人的帮助，与他人进行交流、讨论，加深对问题的理解，有助于任务的顺利完成；同时，网络也有助于培养学生的终身学习能力。

2. 有助于激发学生的学习动机

传统教学模式的主体是教师，教学时往往是教师讲、学生听，学生是被动地接受知识，这非常不利于调动学生的学习积极性。而在任务驱动式教学模式中，由于任务多来自于学生的日常工作、学习和生活，是他们的实际生活情境中的问题，是他们的兴趣、好奇和需求之所在，因此能很好地吸引学生的注意力，使之积极主动地进入课程内容的学习。这样可以充分调动学生的学习积极性，有利于学生进行探究式学习，适合学生个性的发展，充分体现了以学生为主体的教学思想，有利于学生进行自主学习，同时培养了学生提出问题、分析问题和解决问题的能力。

3. 适用于培养学生的协作能力和独立分析问题的能力

在此模式下，学生拥有学习的主动权，教师不断指导和鼓励学生，给学生提供解决问题所需的资料和方法，学生在教师的帮助下，逐步掌握解

决问题的方法和技巧，提高自主学习的能力。

任务驱动式教学的任务具有一定的综合性，而且教学效果测评中有大家共同交流的板块，有助于培养学生协作学习和交流的能力。

任务驱动式教学具有一定的探究性，学生需要经过思考、分析才能解决问题、达到目的，从而培养学生的创新能力和分析问题、解决问题的能力。

在此模式下，可以扩展学生的思维空间，在相互讨论、分析问题、解决问题的过程中，学生可对照别人的观点审视自己的观点。特别是对争议问题的讨论，不仅可以开阔学生的眼界，引导他们深入思考，更有利于他们知识的建构。

七、结束语

"教育电声系统"网络课程的教学实践证明，在网络环境下采用任务驱动式教学，有利于提高网络教学的质量，同时使在现实条件下不能实现的各种实验得以很好地展示，使学习者对知识内容的掌握更加深刻，很好地体现建构主义学习理论的指导思想，注重学生综合能力的培养，具有很好的理论价值和实践意义。

参考文献

［1］袁南辉. 虚拟现实技术在"教育电声系统"课堂教学中的应用. 电化教育研究，2007（1）.

［2］陈雅. 以职业能力为目标的网络环境下任务驱动式教学. 职教论坛，2011（11）.

［3］郭光勇，朱海军. 网络环境下任务驱动式自主型学习. 教育信息化，2005（3）.

［4］王后军. 网络环境下的"任务驱动"式教学. 新课程研究，2004（1）.

［5］张红. 网络环境下"任务驱动"教学的探讨. 电化教育研究，2004（6）.

［6］吕慧芳，罗志武. 任务驱动式教学法探析. 军事经济学院学报.2005，12（4）.

［7］许成良，陈龙泉. 基于网络环境下的"任务驱动"学习模式的建构与应用. 成都大学学报，2008（6）.

第六节　基于案例推理的职业院校教师继续教育培训模式研究①

一、引言

　　职业教育是指使受教育者获得某种职业或生产劳动所需要的职业知识、技能和职业道德的教育，目的是培养应用人才和具有一定文化水平和专业知识技能的劳动者。职业教育是我国教育事业的重要组成部分，与普通教育相比，职业教育在传授文化和专业知识的同时，更侧重于培养学生的实践技能和实际工作能力，师资的数量和质量直接关系到职业教育发展的规模、速度和人才培养的质量。

　　随着职业教育的快速发展，师资队伍结构不合理、数量不足、质量不高等问题愈来愈突出，成为阻碍职业教育发展的瓶颈。因此，有必要在职业院校中建立行之有效的教师继续教育培训体系，除了提高职业院校教师的理论水平外，还要利用信息科学、计算机、通信以及网络等新技术、新方法支持他们在实践经验和实践技能上的提高，弥补专任教师的行业实践经验，培养他们的实践操作技能，提高他们的实践教学能力。在职业院校教师的继续教育培训中，本文针对职业院校不同的专业教师的特定实践技能需求，以案例推理为核心，以校企沟通为导向，以理论与实践的连接为目的，以案例重用为手段，建构了基于案例推理的职业院校教师继续教育培训模式，在理论与实践之间起沟通桥梁的作用，有助于完善职业教育师资队伍的建设。

二、基于案例推理概述

（一）概念

　　所谓推理，就是按照某种策略由已知判断推出另一判断的思维过程。基于案例推理（Case-Based Reasoning，CBR）是人工智能领域新崛起的一种重要的基于案例的问题求解和学习方法，利用类比推理的方法，在案例

---

　　①　原文发表于《电化教育研究》2012 年第 3 期。

库中搜索与用户的新问题最相匹配的一个或多个案例，得到新问题的近似解答，再加以适当修改，使之适合于新问题。基于案例推理属于相似推理，把过去处理过的问题，描述成由问题特征集合解决方案组成的案例，案例的集合组成了案例库。

（二）特点

基于案例推理（CBR）将解决问题的经验知识抽象化，运用于具体问题的处理，为方法重用和知识获取提供新思路。CBR 技术的特点如下：

（1）CBR 使用的主要知识是案例，而案例的获取要比规则获取容易得多，并且丰富。

（2）对于提取案例有困难的应用领域，通过确定案例所包含的信息、定义信息的表示方法以及从可提供的数据中抽取信息等方法来提取案例。

（3）CBR 基于类比推理，通过适应性修改可以形成与旧问题处理不同的创新解答，解决问题的范围扩大。

（4）CBR 可以简化复杂问题的求解过程，一般不需要考虑问题求解的具体细节，而是通过保存失败的解和成功的解，来记住和使用上一次的结果，可以避免重复失败求解的代价。

（5）CBR 反映实际发生的真实情况，有助于提高解的质量。

（6）CBR 以案例为基础，为用户提供了易于理解的结论。

（三）工作流程

基于案例推理的工作原理，就是利用过去的经验和事例来解决、评价、解释和理解新问题，符合人类的认知心理过程——人们在求解一个新问题时，往往习惯于借鉴以前对类似问题的处理经验。当新出现的问题是人们以前处理过的问题的简单重复时，人们可以将处理旧问题的成功经验直接应用于求解新问题，即使新问题是从未遇见过的，也可以回忆起一个（或多个）类似的问题，通过类比得到重要的提示，加上一些规律性的知识作为指导，完成对新问题的解决。通过修改用以解决以往问题的方案来解决当前问题，是一个包括建立索引、案例检索、案例评价修改、案例存储的循环过程，即基于案例推理的工作流程，如图 5 - 2 所示。

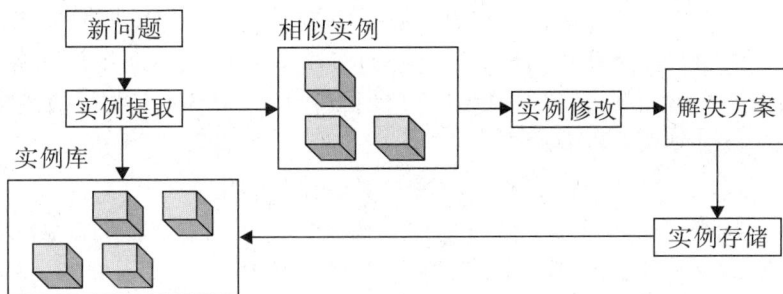

图 5 - 2　基于案例推理的工作流程

从上图可看出，其工作流程步骤如下：

（1）提出问题：明确待解决问题的要求、初始条件以及其他相关信息。

（2）检索和提取案例：根据问题的要求、初始条件，从案例库中提取一个或几个与当前问题相似的案例。

（3）评价、修改案例：从相似案例中找出最相似的一个案例或多个案例的组合，形成待解决问题的可能解决方案，并通过对目标方案的评价、修改来解决当前问题。

（4）存储案例：问题解决之后，将当前的解作为新的案例存入案例库，提高自学能力。

三、传统继续教育培训模式

（一）构成要素

国家对职业教育师资提出了明确的质量标准，即专业理论知识、实际经验技能、教育理论方法三者统一。教育部《2003—2007 教育振兴行动计划》提出了进一步加强职业教育师资队伍建设的基本思路：以建设"双师型"职教师资队伍为目标，以师资培养培训体系建设为支撑，以推进职业学校人事制度改革为动力，通过制度创新和广泛开展以骨干教师为重点的教师全员培训，充实数量、优化结构、提高素质、完善制度、加强交流，进一步促进职业教育师资队伍结构的优化和整体素质的提高，适应职业教育改革和发展的需要。

培训模式是人们在实践中对培训工作方式规律性的认识，是经过人脑对培训过程的主要构成要素进行的概括或组合。培训模式建构的实质，就是培训模式各构成要素的优化组合过程，即在一定情境下，将培训理论与具体实践中的多种因素相结合，创造条件发挥某一要素的作用的过程，包括培训主体、培训理念、培训对象、培训目标、培训内容、培训手段与培训管理等组成要素。按照构成要素之间不同的结构性关系，可以形成不同的培训模式，目前各地存在的培训模式主要有以下几类：

（1）从培训主体角度：院校本位培训模式、企训结合培训模式、校本位培训模式、导师制培训模式、远程教育培训模式。

（2）从培训对象角度：新教师培训模式、骨干教师培训模式、普及履职培训模式。

（3）从培训内容角度：基本功训练培训模式、计算机培训模式、课程中心培训模式、课题中心培训模式、热点培训模式。

（4）从培训手段角度：微格教学培训模式、网络培训模式、电化教育培训模式。

（5）从培训管理角度：学分驱动培训模式、自学考试培训模式等。

（二）逻辑结构

无论是强调"培训院校"这一培训主体作用的"院校本位"培训模式、强调"教师任职学校"这一培训主体作用的"校本位"培训模式，还是同时强调培训基地与企业作用的"企训结合"培训模式，通常都是由受训教师集合、培训基地集合、培训教师和行业专家集合三部分组成，其逻辑结构如图 5－3 所示。

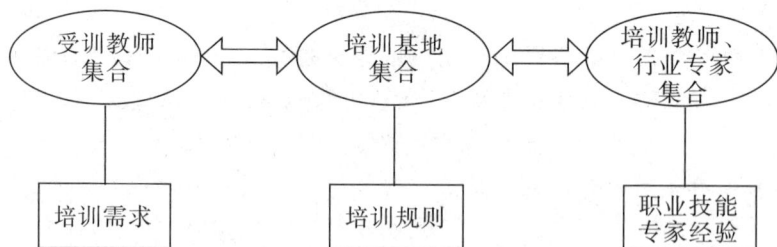

图 5－3　职业院校教师继续教育培训模式的框架

1. 受训教师集合

在职业教育进入新的历史发展时期的今天，职业院校师资队伍建设面临与时俱进的问题，教师的职业素养和知识结构需要调整，教师的专业实践技能需要加强，教师培训变得愈来愈重要。各职业院校根据自身院校的发展规模和专业设置，选派特色专业骨干教师和具备发展条件的专业教师以及刚毕业的教师接受继续教育，形成培训模式中的受训教师集合。

2. 培训教师、行业专家集合

培训教师、行业专家集合主要由高校专职教师和兼职的行业专家组成。专职教师主要侧重在培训内容的理论层面，负责培训内容的教学设计、组织与管理等工作；兼职行业专家则在某一行业具有丰富的实践经验和实践操作技能。

3. 培训基地集合

目前职业院校师资培训基地主要设在具有一定师资能力的本科院校，虽然有助于提高受训教师的教育理论和学术水平，但是对于提高职业院校教师的实践操作技能有一定的局限性。

四、基于案例推理的继续教育培训模式

（一）实施原则

职业院校教师队伍建设如今面临知识结构调整和更新的时代要求，采用基于案例推理的继续教育培训模式有助于丰富教师的知识结构，提高教师的专业实践技能，使教师适应职业教育快速发展的需要，成为职教创新和职教改革与发展的生力军。

基于案例推理的培训模式与传统的培训模式的主要区别是从各个受训教师的实际出发，以案例为核心，按需培训，使受训教师既能够快速掌握行业实践操作技能，又能及时掌握行业最新的技术。因此在实施基于案例推理的培训模式过程中需要依据相应的实施原则，来取得事半功倍的效果。

1. 递进式原则

为了便于开展有针对性的案例教学，根据受训教师所在的地区、最后的学历、所从事的专业以及各自的能力水平，将受训教师分为若干层次。分层不是简单地给受训教师贴上标签，束缚他们的思想，分层只是手段，目的是使每个层次的受训教师都能从适当的案例中获得最佳的学习发展。这种基于案例的学习是动态的和可变的，在具体实施过程中随着培训的进展进行，当受训教师的操作技能提高以后，低层次的受训教师可以递进式

地向高层次发展。采用递进式原则可以对受训教师给予鼓励性评价，激发受训教师的积极性、上进心和自信心，使他们不断跃上新台阶，不断向高层次目标迈进。

2. 隐蔽式原则

在基于案例推理的培训模式中，如何给受训教师分层是一个比较棘手的问题。可以根据职业院校的学科专业、受训教师的知识结构与操作技能素质，将受训教师的分层隐藏到具体案例中，使受训教师直接接受与其层次相匹配的案例的培训。依据隐蔽式原则可以针对不同的受训个体，有目的、有计划地实施培训，同时又可以保护受训教师的自尊心理，使他们不至于因为过早地体会到失败感而放弃，始终保持对培训的持久学习动力。

3. 反馈性原则

只有及时了解培训的实际情况，采取相应的策略，才能有的放矢地进行培训，满足职业院校的专业学科发展。案例评价和反馈是了解培训情况、掌握受训教师培训状况的重要手段。具体要求是：在培训模式实施的过程中，应及时评价各受训教师是否符合案例所对应的层次，控制案例的难易程度，根据评价结果及时调整案例层次，加强对受训教师的个别指导，再反馈给相关案例并存入案例库中。

（二）逻辑结构

作为职业院校的专业教师，首先应当具有职业实践经验，至少应该具有从事相关职业实践的能力。因此，在职业院校教师继续教育培训模式中引入 CBR 技术的目的是在整个培训过程中最大限度地实现理论知识和实践经验的共享，通过将最恰当的案例在最恰当的时间传递给最恰当的受训教师，将强调培训主体的"院校本位"培训模式和强调企业作用的"企训结合"培训模式结合起来，以提高职业院校教师的实践技能和实践操作能力为培训目标，完善职业院校教师培养体系，提高职业院校教师培养质量，扩大职业院校教师培养规模。基于案例推理的职业院校教师继续教育培养模式的逻辑结构如图 5-4 所示。

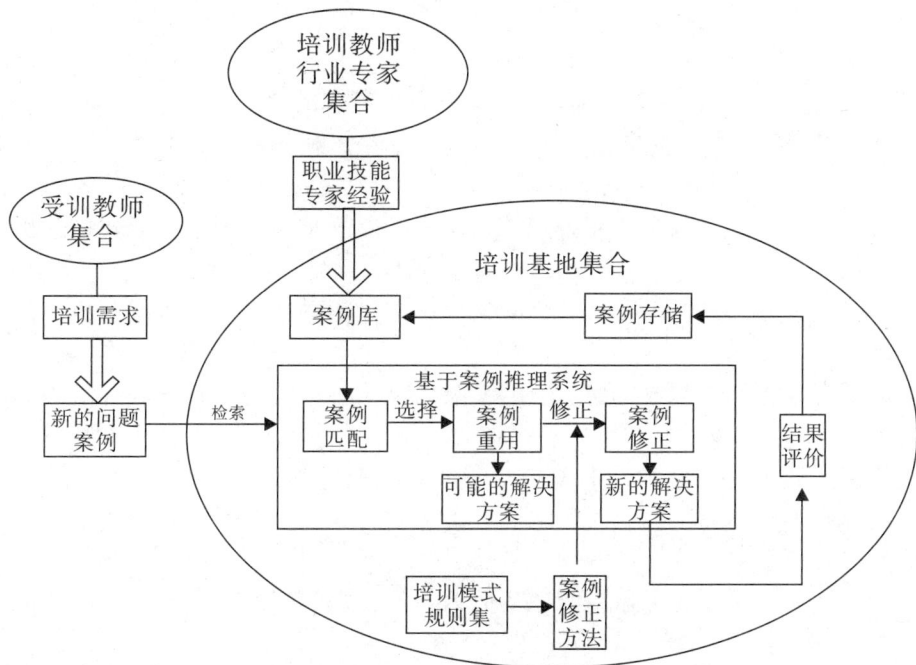

图 5－4　基于案例推理的职业院校教师继续教育培训模式的逻辑结构

　　案例是将知识看作一组解决特定领域问题的方案，以及相关的使用或操作方面的知识。案例库包括理论知识和由知识组成的案例解决方案的集合。

　　培训基地集合以基于案例推理的培训模式将受训教师集合和培训教师、行业专家集合联系起来，是由案例库、解决方案、新问题案例、基于案例推理的活动及其对应的规则组成。

　　培训教师、行业专家集合拥有的理论知识、职业技能和行业专家经验以不同的组合方式和表达方式，形成若干解决方案，解决方案对应着基础案例，多个基础案例构成了案例库。

　　受训教师集合汇集了受训教师的知识需求和实践技能需求，形成新问题案例，受训教师集合以案例形式来映射这些知识需求和技能需求，使培训教师、行业专家和受训教师之间有了能共同理解其含义的案例，使培训工作能够顺利地进行下去。

（三）实施过程

在图 5-4 所示的逻辑结构中，基于案例推理的培训模式作为实现培训活动最关键的部分，是联系培训教师、行业专家和受训教师的纽带，其工作过程遵循如下步骤：

（1）根据受训教师的知识需求和操作技能需求，以规范的形式描述出新问题案例。

（2）检索与新问题案例类似的案例，通过案例推理和相似度分析，确定最类似的案例。

（3）使用最类似案例所对应的解决方案，将该解决方案作为可能的解决方案。

（4）修订解决方案以使其更加适应新问题案例。

（5）审查和评估修订后的解决方案，判断其是否有保留新问题案例为新案例的必要。

（6）如有必要，保留新问题案例为新的案例，存入案例库，并保留相应的解决方案。

（7）修改案例库中的案例索引和特征权重。

在上述步骤中，新案例需要经过预处理和过滤才能被保留在案例库中，再通过代理或推理者检索成功的案例，并重用这个案例。有时还需要对案例的解决方案进行适应性修改，加入新的专家知识，并创造出新案例。新案例经过评估审查（与案例库中的旧案例作比较），若有用，则保留在案例库中。无论案例推理是否成功，都会使案例库中的案例索引方案和特征权重有所改进。

五、结束语

在职业教育进入新的历史发展时期的今天，职业院校教师队伍建设面临着教师素养与知识结构的调整和更新，采用基于案例推理的继续教育培训模式有助于丰富教师的知识结构，提高教师的专业实践技能，使教师适应职业教育快速发展的需要，成为职教创新和职教改革与发展的生力军。

本文提出的基于案例推理的继续教育培训模式可以满足职业教育专业发展较快的要求，在短时间内有效地提高教师的实践水平，满足专业建设的要求，能够避免或缓解专业调整时出现教师大量闲置或转岗的问题；能有效弥补职业院校教师行业实践接触机会较少、对最新技术的掌握相对滞后的缺陷，及时了解行业发展动态和掌握行业最新技术，并传授给学生；有利于产教结合，使职业院校培养的人才更好地满足企业和社会的需求。

参考文献

［1］中华人民共和国职业教育法．北京：法律出版社，1996.

［2］Watson I. Case-Based Reasoning：A Review. *The Knowledge Engineering Review*，1994，9（4）.

［3］陆汝铃．世纪之交的知识工程与知识科学．北京：清华大学出版社，2001.

［4］王晓丹，凌锋，樊磊．知识工程在教育技术发展中的应用．软件导刊（教育技术），2008（1）.

［5］2003—2007年教育振兴行动计划实施纲要．长春：吉林电子出版社，2004.

［6］潘海燕．教师继续教育培训模式的建构与分类．继续教育，2002（2）.

［7］王君，潘星，李静等．基于案例推理的知识管理咨询系统．清华大学学报（自然科学版），2006（S1）.

［8］曹晔．重视兼职教师的发展　构建二元化"双师型"师资队伍．中国职业技术教育，2007（2）.

第七节　网络环境下微格教学的拓展研究①

一、引言

目前，中国大陆从事职业技术教育的师资主要是由普通高校与师范院校的毕业生、企业的工程师或高级工程师、职业院校留校从教的优秀毕业生及从其他行业调入职业院校的从教人员组成。这种多渠道的师资来源，以及各个职业院校人才引进标准的差异，造成了职业院校师资水平的良莠不齐。教师在教学中存在的主要问题有：教学系统设计能力较差，课堂教学技能应用生疏，教学评价形式与方法单一，缺乏信息化教育应用能力、基于职业情境的实训指导能力、以学生为中心的行动导向能力等方面的系统培训。为了提高职教师资的整体水平，十几年来，教育部有关部门先后组织并派遣数以千计的职教精英远赴德国、美国和澳大利亚等职业教育发

_____

① 原文发表于《电化教育研究》，2014年第8期。

达的国家学习、交流。同时，也在全国许多中心城市布点，开展了职业院校骨干教师的培训。但从国内目前开展的职业院校骨干教师培训的内容、方法与结果看，普遍存在重考取技能等级证书忽视一线生产技能训练，重专业学习忽视师范技能训练，重国外职业教育发展介绍忽视体现职业教育的教学方法训练，重大多数受训学员学习的共性需求而忽视不同受训者的个性化需求等问题。

就传统意义上教师课堂知识传授的基本能力而言，教学设计与课堂教学技能是最核心、最基本的。自从 20 世纪 60 年代斯坦福大学的艾伦教授及其研究小组将微格教学应用于教育之后，许多国家的教育学家和心理学家从不同的角度对其进行了深入的研究。尤其是在微格教学的空间设计、教学技能的选择、教学训练过程的组织、教学监控与评价方法等方面取得了卓有成效的研究。微格教学及其研究的良性发展使得整个世界教育界，尤其是教师教育受益良多。目前，我国大多数师范院校实施的微格教学技能训练，仍采用 1994 年原国家教委下发的《高等师范学校学生的教师职业技能训练大纲》中的分类标准。即把教学技能分为五类：教学设计技能、使用教学媒体技能、课堂教学技能、组织和指导课外活动技能、教学研究技能。其中，在课堂教学技能中又包括了九项基本技能：导入技能、板书与板画技能、演示技能、讲解技能、提问技能、反馈和强化技能、结束技能、组织教学技能、变化技能。经过几十年的发展，微格教学过程已经形成一定的模式。该模式一般包括以下几个步骤：①理论学习与研究。②确定培训的教学技能，提出培训目标。③观摩微格教学视频片段或现场示范。④组织讨论。⑤编写教案。⑥微格教学实践。⑦反馈和评价。

但是，由于我国现行师范教育"重理论轻实践"、微格教学理论研究不足、教师微格教学素养较低等，我国师范院校的微格教学的有效实施一直存在很多的矛盾与问题。其中，较为突出的主要问题包括：①微格教学课时严重不足。我国的微格教学课时远远低于国外的微格教学课时。在英国，微格教学安排在四年制的教育学士课程内，课程用 42 周完成，每周 5 学时，共计 210 学时。澳大利亚的悉尼大学和新南威尔士大学教育学院开设微格课程，每周 4 课时，13 周，共 52 课时。目前我国许多师范院校微格课时通常只有 7~8 周，每周 2 学时，共 14~16 学时。相对于要训练的多种教学技能，微格教学课时严重不足，学生只能稍微体验一下微格教学，远远达不到微格教学的要求，起不到真正训练教学技能的作用。②微格教学在职教师资基本教学技能的培训中基本是空白。③微格教学课程资源缺乏，教学没有保障。④微格教学研究不足，微格教学技能分类不适应教育教学发展的需要。随着教学改革不断深入，学生不再是知识的被动接受者，而是信息加工的主体、知识意义的主动建构者；教师也不再是知识的灌输者、课堂权威，而是学生学习的指导者、促进者、教育信息的组织者。教学观念、教学方式、教学模式正面临着深刻的变革，教师教的行为和学生学的行为正在发生巨大变化。这些都对教师和学生的素养提出了新的要求。譬如，要求教师要具备教材使用与创新处理技能、备课与教案生成技能、课堂情境创设技能、课堂上师生互动与沟通技能、讲授技能、新课程下的调控技能、课堂拓展技能等。

近十年来，随着多媒体技术、网络技术、虚拟与仿真技术、通信技术等先进技术的快速发展，以及它们在教育界的普遍应用，生成了许多崭新的教学工具，改进了许多教学方法，甚至形成了许多新型的教学模式。这些发展对传统的微格教学提出了严峻的挑战。譬如，在微格教学的空间上，即全球网络化时代，是否一定要恪守在微格教室里开展教学训练？在微格教学的时间上，即注重个性化发展和人性化关爱的今天，是否一定要在指定的时间从事微格教学训练？在微格教学的形势与内容上，即多媒体技术广泛应用的社会，是否应该更加重视信息化教学技能的训练和信息技术的应用？微格教学能否在实践教学技能训练中发挥作用？此外，基于资源库的学生自主学习与训练、教师自主备课的微格教学开展形式该如何生成？翻转课堂又该如何生成？

二、教学技能训练模块的发展

无论是艾伦教授最初设计的教学技能训练模块，还是澳大利亚教育家们开发的微格教学技能训练体系，国外学者把微格教学技能训练的重点放在课堂教学的设计、语言与沟通、教学的组织与评价等方面。国内专家通过对国外微格教学的研究，把微格教学训练的模块细分得更加合理。主要有课堂授课的教学技能（如导入、提问、语言、板书、强化、应变、结课等技能）模块、"三字一话"（钢笔、毛笔、粉笔、普通话）能力模块、教学设计与教学组织模块。

随着计算机网络技术、移动通信技术、虚拟仿真技术等信息技术在教育中的应用越来越广，信息化教育已经成为一种基本发展趋势，而教师的信息化教育应用能力也成为教师开展课堂教学、课后辅导的必备素质。从目前国内高校的微格教室及其系统来看，大部分都已经进入了数字化和网络化。因此，在师范生开展课堂教学技能训练的同时，实施信息化教育应用技能的训练亦已有了基础保障。

从工程教育和创新教育的需要看，指导项目研发、创新实践和技能训练的能力，是新的发展趋势。即实践教学环节的指导能力也已成为教师开展教学的必备能力之一。因此，教师除了要掌握课堂教学技能外，还要具备在实验室、研发室甚至生产线上，开展实践教学的能力。

此外，德国的"行动导向法"、英国的"以学生为中心教学法"等先进的教学方式与方法也都在我国职业教育领域被推广使用，并被重构，甚至被本土化。

综上所述，从发展的角度重新审视教师教育与微格教学技能训练的课程设置，我们认为，教学技能核心训练内容可以由五个基本模块构成：课堂教学技能训练模块、信息化教育应用能力训练模块、基于职业情境的实践教学指导能力训练模块、教学设计能力训练模块、行动导向法应用能力训练模块，该基本模块如图5-5所示。

图5-5 职教师范生教学技能训练模块

（一）课堂教学技能训练模块

课堂教学技能是从众多的教学行为经验和一定的教育理论中概括抽象出来的要求和要领，师范生可以通过学习与训练而掌握并在教学中应用。

通过训练，可以使之主体化为师范生自己的教学行为方式。课堂教学技能的训练主要用于提高师范生的课堂教学水平。训练内容包括三个部分：一是导入、提问、语言、板书、强化、应变、结课等分解的课堂教学技能；二是钢笔字、毛笔字、粉笔字加普通话的"三字一话"基本功及其应用技能；三是综合授课技能，主要用于提高师范生的课程设计能力、教学组织能力和灵活运用各种教学方法的能力。

（二）信息化教育应用能力训练模块

随着信息技术的迅速发展以及在教育界的广泛应用，教师熟练应用信息技术开展信息化教育已经成为21世纪教育教学的主流。信息化教育应用能力训练模块的主要功能目标就是用于提高师范生开展信息化教育的应用能力，提高师范生的信息观念、素质及其处理能力。训练内容主要包括以下几个部分：一是培养网络教学的能力。譬如，基于网络的授课、辅导、布置作业和作业批改，利用E-mail、QQ、博客等开展教学与辅导，指导学生利用网络收集与处理信息等；二是培养利用多媒体软、硬件环境开展多媒体教学的能力。譬如，设计和制作多媒体教学软件，熟练使用多媒体教学仪器设备，充分发挥多媒体的教学功能等；三是培养应用虚拟与仿真技术开展教学的能力。譬如，设计基于虚拟情境下的探究式学习环境，开展基于虚拟与仿真技术的教学与训练等；四是培养利用移动通信设备开展现代化教学的能力；五是培养灵活利用、制作与积累教育资源，并应用微课、幕课等实施翻转课堂，开展教学的能力。

（三）基于职业情境的实践教学指导能力训练模块

随着普通高等教育在人才培养目标上向就业、应用型方向的靠拢，项目研发能力、工程技术能力已经成为毕业生的核心竞争力之一。如何在实践教学环节提高指导效率，如何在实验室、研究室或生产线上更好地开展实践教学指导，使得学生能够理论联系实际，进行正确的设备操作、排故检测，更多地接触工程项目，不断积累经验，提高实践动手能力和操作技能水平，这些都是实践教学技能训练模块所要完成的任务。因此，该模块的训练目标主要包括：①实验与实训环境下安全操作规范、意识的培养；②基于职业情境的操作技能、工作经验等隐性知识的传授、指导能力的培养；③提高实践教学指导效率的能力培养。

（四）教学设计能力训练模块

教学设计是指教师以现代教学理论为基础，依据教学对象的特点和教师自己的教学观念、经验、风格，运用系统的观点与方法，分析教学中的问题和需要，确定教学目标，建立解决问题的步骤，合理组合与安排各种教学要素，为优化教学效果而制订实施方案的系统的计划过程。20 世纪 90 年代，随着建构主义学习理论的日趋成熟，教学设计理论也发展到了建构主义学习理论指导下的以学生为主体的教学设计。即强调以促进学生的学习为教学设计的主要出发点，强调教学资源和教学环境的设计，特别强调支持学生意义建构活动的学习环境和资源的设计。随着多媒体技术、计算机网络等技术在教育中的广泛应用，形成了一些新的教学设计应用模式。譬如，"多媒体组合优化课堂教学"设计模式、"Intel 未来教育"教学设计模式、"Webquest"教学设计模式等。由此可见，教学设计是随着教育理论的发展、科学技术的进步而不断变化的。

因此，通过教学设计模块的训练，师范生可以对教学活动的基本过程有整体的把握，可以根据教学情境的需要和教育对象的特点确定合理的教学目标，选择适当的教学方法、教学策略，采用有效的教学手段，创设良好的教学情境，实施可行的评价方案，从而保证教学活动的顺利进行。通过教学设计模块的训练，师范生可以有效地掌握学生学习的初始状态和学习后的状态，从而及时调整教学策略、方法，采取必要的教学措施，为下一阶段的教学奠定良好基础。通过教学设计模块的训练，师范生还可以学习基于新技术、新理论的教学设计应用新模式。

（五）行动导向法应用能力训练模块

行动导向教学法 20 世纪 70 年代在德国职业教育领域生成，并在20 世纪 80 年代迅速传播至全世界。行动导向教学法的核心是根据某一职业工作活动所需要的行动和行动产生和维持所需要的环境条件以及从业者的内在调解机制来设计、实施和评价职业教育的教学活动。行动导向教学法是一种新的教学范式，既超越了传统的课程结构主义模式，又为现代职业教育教学过程的发展奠定了基础。行动导向教学法的出现，标志着职业教育从传授知识为主的学科结构化教学范式转化为行动导向的教学范式。因此，作为面向职业教育的师范院校，应该将行动导向教学法作为培养师范生教学应用能力的核心内容。培训内容主要包括：①行动导向教学理念，即基于以学生为中心、任务驱动为指导思想的教学理念。②实施步骤，即基于咨询、计划、决策、实施、检查、评估的"六步模式法"。③基于职业情境的行动导向教学方法，包括项目教学法、引导教学法、案例教学法、角色扮演法、头脑风暴法、卡片展示法等。

三、网络环境下微格教学的时空拓展

（一）微格教学的空间拓展

1. 基于校园网的微格教学校内空间拓展

针对职业技术师范教育的自身特点，可以将微格教学的训练形式灵活地应用于微格教室、实验室、实训室，以及各种职业情境下的工作现场。在这种基于职业情境下的工作现场开展实践教学指导训练，既可以积累师范生的实践经验，也可以积累其实践教学的指导经验，让师范生学会如何将实践者的隐性知识传授给学习者。

在基于职业情境下的工作现场，师范生可以由 5 至 8 人组成一个小组。其中，由一个学生负责录像，另一个学生负责实训教学指导，其他学生扮演工作中的角色或者旁听。在第一个学生实施实践教学指导训练完毕后，小组成员开始现场评议与总结。然后轮换下一个学生继续实施实践教学指导训练，录像工作由另一个成员进行操作。录像信号可以通过实践教学现场的编码器输入，经过网络传输到微格教学总控室统一保存与管理。

就网络技术而言，在校园网内实现各个课室的录像视频信号传输、控制和管理已经没有任何问题，并已有在实训现场开展微格教学的案例。从网络教学的角度看，实现了视频录像的网络传输与管理，就能让在实践教学现场训练的学生和在计算机前观看的学生都能仔细学习到实践教学的指导经验，一同经历实践教学及其指导的训练过程。就远程教育而言，这些录像还可以作为学校的教学资源为互联网上的学习者服务。

2. 基于因特网的微格教学城域空间拓展

从师范生培养的不同阶段着眼，以及从教师继续教育层面来考虑，我们还可以将微格教学的拓展空间进一步扩大。例如，师范院校的师范生都要参加教育实习，教育实习的单位可能与该师范院校在同一个城市，也可能在其他城市。参加教育实习的学生可以在课堂开展授课，或者在实验室指导实验，他们的教学行为、组织形式、教学过程是否合理，除了实习单位的指导教师外，师范院校并不了解。如果我们在这些教育实习单位的教学、实验场所安装录播设备，再通过因特网就可以实现远程的观摩与指导。此外，这种远程录播系统也可以成为师范院校与教育实习单位开展教师教育教学研讨的纽带。

（二）微格教学的时间拓展

现代教育理论提倡开展以学生为中心的个性化教育。从建构主义的观点来看，就是要针对不同学习者已有的知识结构，进行新知识的建构与知识重构。这种学习者之间差异性的教学在传统的课堂教学中实现难度很大，但是在网络教学中较容易解决。任何一个学习小组或个人都可以在网络上先行开展学习，理解训练的重点，针对自己的薄弱点进行重点的学习和练习。

现代网络技术及其开放式的网络管理，使得开展教学技能训练的时间、地点都可以灵活改变，只要有可以利用的场所、设备就行。甚至在学生的宿舍、学习者的家中、办公室、实验室、生产线旁，只要有视频传输的地方都可以作为教学技能训练的场所，并根据学生个体的时间安排与训练需求随时开展教学技能训练，从而面向学习者实现真正意义上的时间拓展。

（三）网络环境下微格教学拓展的实现

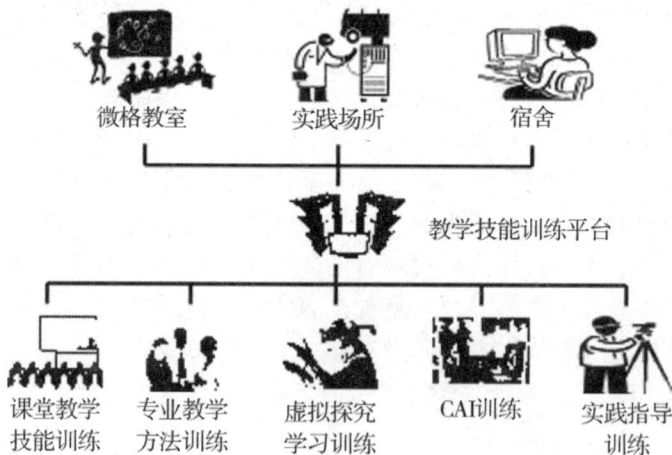

图 5-6　微格教学训练平台的模块构建

在总结和分析国内外职教师资培训先进经验的基础上，我们根据各类教学过程中的基本技能和实际需求，建设了微格教学拓展训练平台，如图

5–6所示。基于校园网的训练平台分为两个部分，一是现场视频录播训练，除了师范生在微格教室开展的教学技能训练外，还为师范生（或培训教师）在项目研发室、生产线、工作现场，甚至在家里、宿舍里构建了远程视频服务系统，以便将自己（或同伴）进行教学技能训练的视频上传到服务器，供同学、教师观看后进行点评。该平台利用计算机网络实现远程视频采集、存储、上传、点播与下载等功能，融合了计算机技术、网络通信技术、数字压缩技术和流媒体技术。二是基于资源的自主学习与训练，其训练内容包括课堂教学技能训练模块、专业教学方法训练模块、虚拟探究学习训练模块、CAI（计算机辅助教学）训练模块、实践教学指导训练模块等部分。

四、网络环境下微格教学存在的主要问题

基于校园网的微格教学训练开展了多年，突出的问题主要有：①任课教师的工作态度问题。认真的工作态度与严谨的工作作风是保证严格执教的基础。由于微格教学训练的工作量很大，且工作重复度高，长此以往，指导教师容易产生倦怠，在教学中不够认真负责。②任课教师的指导水平问题。指导教师如果不认真学习新的教育理论，不掌握新的教育技术，不懂得新的科学技术在教育中的应用，就不可能让师范生在未来的教育中立稳脚跟，占据一席之地。③网络化管理问题。师范生的自主学习与训练需要网络化的管理方案。譬如，学生自主训练时对微格教室的网络预约、微格教室管理人员的网上审批、门禁系统对预约时间的响应等；又如，学生在网络学习平台上自主学习与训练的疑难解答、上传训练视频、有效组织对训练视频的点评等。这些都需要有效的网络化管理。④资源库建设问题。开展微格教学训练遇到的问题之一是训练内容丰富而训练时间有限。因此，让师范生课后利用资源库进行自主、有效的学习，实施翻转课堂式的教学与训练就成为完成微格教学训练计划的基本保障。资源库的建设必须向有序、丰富与开放的方向发展。

五、结束语

科学技术与现代教育理论的发展，促进了微格教学在内容与形式上的变化。用发展的角度重新审视职教师资的教师教育以及微格教学技能训练

的内容，我们认为，可以由课堂教学技能训练模块、信息化教育应用能力训练模块、基于职业情境的实践教学指导能力训练模块、教学设计能力训练模块、行动导向法应用能力训练模块五个模块组成。这些训练模块体现了教师教育、信息化教育、工程教育与职业教育的特征。此外，我们通过计算机网络技术的支持，丰富了教学形式与教学资源，实现了微格教学的空间拓展与时间拓展，提高了师范生教学技能的训练质量，促进了职前与职后教师教育的进步。

参考文献

[1] 贺文瑾. 完善培养培训机制，促进职教师资专业成长. 当代职业教育，2013（11）.

[2] 刘玉东. 德国职业教育与中国职业教育特点比较. 职业教育研究，2010（4）.

[3] 李攀，邵晓枫. 我国中等职业学校骨干教师培训存在问题及改革策略. 职教论坛，2010（34）.

[4] 王华兵. 论中职师资培训中存在的问题及其对策. 合肥学院学报（社会科学版），2011（6）.

[5] 孟宪凯，李涛. 中国微格教学 20 年. 北京教育学院学报，2008（3）.

[6] 黄宇星. 信息技术微格教学. 厦门：厦门大学出版社，2008.

[7] 穆陟呾. 基于网络的微格教学系统及其设计刍议. 中国电化教育，2007（10）.

[8] 童文学，毛加宁，吴忆平. 微格教学存在的主要问题及改进策略. 乐山师范学院学报，2010（11）.

[9] 刘新科，陈刚. 试论微格教学新模式在教师教育中的地位和作用. 陕西师范大学继续教育学报，2004（3）.

[10] 黄燕青. 翻转课堂中微课程教学设计模式研究. 软件导刊，2013（6）.

[11] 陈晓辉，徐建志. 信息化环境下微格教学的多维性探析. 电脑与电信，2009（12）.

[12] 刘飞. 论教师教学设计能力的构成与培养. 牡丹江教育学院学报，2013（2）.

[13] 郑俏. 远程微格教学及其实现. 中国教育网络，2008（4）.

第八节　构建网络环境下教师远程培训平台的关键技术研究

——以职业教育教师培训网络平台开发为例[①]

一、引言

随着信息技术的迅猛发展，远程教育的方式与方法发生了许多变化。随着基于虚拟情境的探究学习培训、基于网络小组的协作学习培训、基于案例分析的自主学习培训以及个性化学习平台的建立等先后实现，网络环境下职教师资的远程培训成为可能。本文就职教师资网络培训平台的构建、职教师资教学能力的提升与拓展等方面展开分析研究。

二、职教师资教学能力分析

在职业院校任职的教师，除了要掌握课堂教学技能外，还要具备在实验室、实训室甚至生产线上开展实践教学的能力。此外，随着信息技术的迅速发展，信息化教育应用能力也成为职教师资不可或缺的重要能力之一。根据职教师资在开展各类教学过程中的基本职能和实际需求，以及行业工种的职业技能需求，我们将职教师资的教学能力归纳为以下三个方面：一是课堂教学技能应用能力，即教师在教学设计、教材编写、授课技能、教学评价与反馈、说课等方面的能力水平；二是信息化教育应用能力，即教师熟练开展 CAI 教学，通过形象化的教学手段展示概念原理，演示操作步骤，并能引导学生利用多媒体技术来创设虚拟教学情境，开展虚拟探究学习，提高教学质量和效率的能力水平；三是职业教育教学方法应用能力，即教师自行设计体现职业工种、项目特色的教学方案，以及灵活应用行动导向法（项目教学法、案例教学法、情境教学法、角色扮演法等）、任务驱动法等实践教学方法开展教学的能力。

---

①　原文发表于《中国远程教育》2014 年第 7 期。

三、"双师型"师资培训平台的构建

依据对职教师资教学能力的分析，我们将职教师资培训平台划分为八大模块。主要包括教师教学模块、学生远程自主学习模块及六个教学资源类模块，如图 5 - 7 所示。

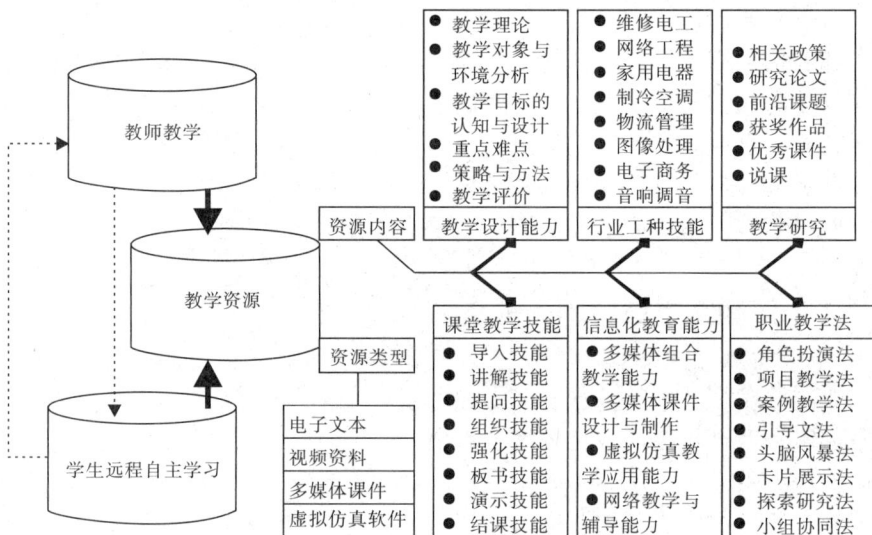

图 5 - 7　"双师型"师资培训平台的构建

第一个是课堂教学技能提升模块，主要培训内容包括：导入技能、提问技能、组织技能、讲解技能、强化技能、演示技能、板书技能、结课技能等；第二个是信息化教育应用能力提升模块，主要培训内容包括：多媒体组合教学能力、多媒体教学课件设计与制作能力、精品课程规划设计与建设能力、教学资源库的规划设计与制作能力、网络环境下开展教学与实施辅导的能力、基于虚拟仿真技术的教学应用能力、移动技术教学应用能力等；第三个是基于职业情境的职业教学法提升模块，主要培训内容包括：头脑风暴法、卡片展示法、角色扮演法、案例教学法、项目教学法、引导文法、探索研究法、分组教学法等；第四个是教学设计能力提升模块，主要培训内容包括：现代教学理论的认识、教学对象与教学环境的分

析能力、教学目标的认知与设计能力、突出教学重点与化解教学难点的能力、合理采用教学策略与教学方法的能力、教学评价能力、说课与教学反思能力等；第五个是行业工种技能提升模块，主要培训内容包括：电工电子、网络工程、家用电器、制冷空调等专业工种；第六个是教学研究模块，主要包括与职教师资培训内容相关的研究论文、研究课题、说课研究等内容，以及师生优秀作品的展示；第七个是远程自主学习与训练模块，主要包括身份识别、在线学习监控与记录、学习与训练成果上传展示、协同学习与交流评价等内容；第八个是教师教学模块，主要包括：教师开展职教师资培训用的教学大纲、电子教案、教学课件、教学视频等教学资源，以及课后作业布置、平时作业点评与成绩发布等教学管理内容。

四、建设"双师型"师资培训平台的关键技术

（一）在线学习监控技术

对于远程培训来说，如何客观、公正地评价学员的参与情况，将是实现过程性评价的一个关键性问题。只有对学员进行较为全面、公正的评价，才能激发学习者的参与热情，才能有利于远程培训的开展。

根据学习者在网络环境中的行为活动方式，可以将在线学习行为分为四大类：①浏览点击。在这一类活动中，学习者点击登录网络平台，浏览网络课程、讨论区发帖、课程公告栏等，这类在线学习的参与度可以通过对学习者所建立的标签记录的数据统计分析获得。②创建回复。在这类活动中，学习者回复他人的帖子，或者是自己发起新的话题，网络平台数据库对于学习者回复和发帖情况存有纪录，从而可以通过记录对学习者的回帖和发帖进行数据统计。③完成与提交。在这一类活动中，主要包括完成调查问卷、完成作业、完成学习任务、完成测试等活动，这类活动也可以通过对学习者提交的作业数量、所得分数等进行数据统计来获得其参与度。④贡献与分享。学习参与主要包括学习者的各类教学成果展示和作品分享，以及学员之间进行互动评价和作品的点评等活动，这一部分的参与度可以通过网对络日志进行数据统计获得。

（二）小组学习协同技术

学习者利用职教师资培训平台可以开展自主式的个性化学习与小组的协作学习。QQ 群的建立，实现了真正意义上的协作学习。QQ 群使得协作

学习小组更具活力。学员们的学习问题可在 QQ 群中得到解答，遇到学员自己无法解决的问题，责任教师将参与讨论。QQ 群一般采用小组长负责制，由学员推举有责任心的同学组建 QQ 群并担任组长，实行学员自主管理，通过 Wiki，可以促进师生交流。在 Wiki 站点，每个人都可以自由发表意见，对共同的专题进行探讨。在 Wiki 站点，不同教育者的教学经验和教学思想可以被分享，能进一步完善教学内容和相关教学资源。

（三）虚拟仿真技术

目前，在职业技术教育中，常常在以下三类的教学与训练中应用虚拟仿真技术：

（1）用于实现真实教学与实验中不具备或难以完成的教学功能。例如，通过实施"基于 EON Studio 的交互式虚拟装配"训练项目，让学生使用 EON Studio 构建若干个汽车变速器工作原理虚拟教学系统，可以在虚拟环境下观察汽车变速器的主要内部结构、工作过程，以及装配过程。学生能够在虚拟环境下操作各构件，并在拆卸的状态下观察变速器内部零件的运动过程，能有效避免拆装真实变速器可能出现的危险。这在现实中是无法实现的。

（2）在涉及高危或极端的环境进行不可及或不可逆的操作。例如，在数控加工训练过程中，应用"CZK 数控加工仿真训练与智能化考核系统"开展面向实际生产过程的机床仿真加工训练，以解决因数控设备高成本和学生误操作带来的危险性。学生先在虚拟的平台上进行数控加工操作，建立对数控加工的感性认识，再在虚拟平台上训练并考试合格后才能在真实的机床上进行实操训练，从而有效地节约了实训成本，同时降低了危险性。又如，采用 Proteus 电子仿真平台开发了"三相桥式全控整流电路"和"非隔离型 AC－DC 变换器"等虚实结合的实训项目。学生首先在仿真平台上构建电路并施加电源，利用虚拟仪器测试电路的性能，反复改变参数以观察电路行为和理解背后的工作原理，以及在过压、过流等极端故障情况下保护电路的工作原理，在此基础上再完成实操训练。通过虚拟仿真教学大大降低了由于学生不理解电路原理而遭受电击的危险，并大大减少了实验仪器的损坏和材料的消耗。

（3）在高成本、高消耗、大型或综合等情况下的项目训练。例如，在"虚拟演播室应用"实验项目中，利用虚拟演播室软、硬件系统对学生进行电视节目制作技能的综合训练；在"虚拟场景制作"实验项目中训练学生按照虚拟演播室的技术指标进行虚拟场景的设计与制作。这两个项目可以用非常经济的手段来实现丰富多彩的演播室场景，解决了高成本、高消耗的训练问题。又如，在基于 Automod 物流三维模拟仿真平台开展的"物流仿真实训"，可以解决高成本、难以重复、受气候条件和场所限制的问题。

在虚拟与仿真环境下，通过情境构建、问题引入、项目导向等形式，运用现代教育思想和理念，开展探究式学习、自主学习和个性化学习，促进教师教学能力的提高。利用虚拟现实技术创设开放式虚拟学习平台，还能够支持职教师资的自主探究学习。

（四）视音频远程点播与流媒体技术的应用

课堂教学视频案例研究是用视频技术手段记录课堂教学中的典型事件，并对其进行全息分析和研究。课堂视频案例与现场观课、传统录像课和文本案例相比，可以记录课堂教学活动过程、教师的教学设计思路与实际教学行为、学生的课堂学习状况与反应，有利于教师从多种角度反复获取所要观察的信息，进行深入的教学反思，从而促进教师的专业成长。

流媒体技术可以帮助我们有效解决当前现代远程教育中所存在的一些问题。利用流媒体技术可以很方便地将上课时教师和学生的图像、声音等进行互传。此外，还可以模拟出学校课堂教育，建立"虚拟教室"，模拟出班级，以加强学习者之间的交流。另外，还可以方便地获得世界上丰富的多媒体学习资源来帮助学习者进行学习。

（五）人工智能技术

人工智能是一门研究运用计算机模拟和延伸人脑功能的技术科学。人工智能技术应用于计算机辅助教学（CAI），就形成智能计算机辅助教学系统（ICAI）。以基于网络的家用电器故障检测智能化考核系统为例，该智能考核系统由教师主控机、学生终端机、家用电器控制电路、智能嵌入式控制器、系统控制软件、培训与考务管理系统、家电原理仿真软件和题库等几个部分组成。其内部结构有三个特点：①主从式的网络结构，系统由信息化管理系统与仿真培训系统以主从方式构成，采取调用的方式为用户服务；②故障内嵌式设计结构，系统由智能化管理系统和仿真培训系统相互嵌入构成，两个模块相互调用；③并列式的管理与调用，由专家系统、知识工程、智能指导系统与仿真培训系统在各层次、各方面既独立又协同地工作，协同器对两个系统进行调度管理并提供通信服务。根据培训与考核内容的不同，家用电器故障检测智能化考核系统提供了三种家用电器控制电路考核板，第一种是彩色电视机控制电路，第二种是 DVD 机控制电路，第三种是洗衣机控制电路。这三种电路均由服务器软件以智能化方式来设置各种故障点，其中，彩色电视机设置了 28 个故障点，DVD 机设置了 28 个故障点，洗衣机设置了 24 个故障点，以满足不同等级的技术培训与考核使用。系统设置了两类网络版试题库，一类是针对家用电器控制电路板设置的培训与考核应会试题库；另一类是根据国家劳动部有关制冷设备相应职业技能等级设置的应知试题库。学生在终端机上可以进行上述两种类型试题库的培训与考核。

五、结束语

网络环境下"双师型"师资培训平台的设计与实现涉及多方面的理论、方法和技术。该培训平台的设计以提升职业技术教育中教师的实际教学能力和行业工种技能为目标，从课堂教学基本技能、基于职业情境的职业教育教学方法应用能力、信息化教育应用能力、教学设计能力、行业工种技能等多个方面展开培训设计。在该培训平台中通过应用在线监控技术、小组协同技术、虚拟仿真技术、流媒体技术、人工智能技术等关键技术，保障了远程教育培训平台下"双师型"职教师资在教学能力与行业工种技能两方面的有效提高与拓展。

参考文献

[1] 陆曙毅. 教师教育发展的思考——新加坡教师网络远程再培训计划的启示. 外国中小学教育, 2008 (2).

[2] 孙默. 基于课堂教学视频案例的教师远程培训. 中国电化教育, 2011 (4).

[3] 张进. 虚拟情境中探究学习平台的构建. 国际计算机新科技与教育学术会议 (International Conference on Computer Science & Education) (内部资料), 2008.

[4] 匡向荣. 发挥 QQ 群在远程教育协作学习小组中的主导作用. 中国科教创新导刊, 2007 (26).

[5] 袁南辉. 虚拟现实技术在"教育电声系统"课堂教学中的应用. 电化教育研究, 2007 (1).

[6] 殷常鸿, 黄纯国, 李龙. 职教师资远程培训网络资源的研究与开发. 中国职业技术教育, 2007 (18).

［7］许旭. 现代远程教育教学资源的开发与教师开发设计理念的创新. 湖南广播电视大学学报, 2007（3）.

［8］张进. 家用电器故障检测的智能测试系统设计. 医学和教育信息化国际会议（International Symposium on IT in Medicine & Education）（内部资料）, 2008.

第九节 基于 Web 2.0 的教学资源库的组织方式与评价研究①

一、引言

传统的教学资源库是一个相对静止的知识仓库，知识的更新、维护都依靠各级管理员和特定的素材创作者完成，使用者只能观看和下载知识资源，无法参与知识库的建设。由于缺乏交流平台，基于资源库的自主学习只能是个人的封闭学习，无法进行交流协作，遇到问题时，得不到有效解决。这就导致了传统资源库的知识更新缓慢、用户满意度差等问题。

Web 2.0 的核心概念是互动、分享与关系。鼓励个体深度参与网络建设，积极主动地创造、分享信息资源，通过各种虚拟关系网络进行交流互动。在 Web 2.0 理念的指导下，教学资源库建设应该具备以下功能：

（1）用户能够参与资源库建设，能上传自己的教学视频、教案、多媒体课件等学习资源，能参与 Wiki 等学习资源的创造。

（2）具有较强的知识关联性，知识组织不再是单纯的树状结构，而是网状结构，满足用户非线性学习的需要。

（3）具备良好的资源评估机制，使用者可方便地参与用户评分，自动实现学习资源的优胜劣汰，促进资源库的自我优化。

（4）能够支持个人写作，使用者能记录和分享自己的学习过程、心得体验等。

（5）提供协作互助平台，使用者在基于资源库的自主化学习中遇到困难时，能够得到其他学习者及时有效的帮助；课题需要群体参与时，能够招募合作伙伴，共同完成项目。

基于 Web 2.0 的教学资源库，鼓励使用者进行交流、互助和分享，提

———————

① 原文发表于《中国电化教育》2011 年第 8 期，此处内容略有修改。

高资源库用户的忠诚度，促进资源库的自我完善和发展。简言之，该资源库不仅仅是资源管理和存储的仓库，还是由使用者共同建设、不断完善的在线学习和分享互动的网络学习平台。

在运行良好的 Web 2.0 教学资源环境中，来自不同用户的各种信息源源不断地载入数据库，这些资源风格各异、良莠不齐，如何合理组织并有效评价这些资源信息是 Web 2.0 资源库建设中的重点和难点问题。知识关联是情报学领域非常热门的研究内容，文庭孝提出知识单元间存在着各种关联，揭示和利用知识关联是知识组织、知识管理、知识发现和知识创造的起点。李家清阐述了知识组织的方式，详细分析了知识组织的 7 种方法。但是在资源库建设中，如何综合应用这些知识关联方式建立网状知识结构，却鲜有论述。目前网络教学资源的评价主要采用等级量规法，周梅群、吴华、赵文静、王丽珍等分别建立了不同的评价模型。这些模型一般包括 4~6 个一级指标、10~15 个二级指标和 38~43 个三级指标，每项指标具有不同的权重。但这种方法过于烦琐，操作性差，难以实施。基于此，本文重点讨论以下两方面内容：①类型、关键词和自由标签这三种关联方式是如何在各类素材与应用中进行有机的配合，以建立起满足非线性学习需要的网状知识结构的。②提出用户和系统智能相结合的评价机制，从用户打分，资源被引用、收藏、转发的次数以及得分趋势五方面对教学资源的质量进行综合评价，借鉴淘宝、Google 等大型网站对资源的评价方法，简化用户步骤，加强系统智能。

二、教学资源库的系统架构

为实现上述功能，教学资源库引入了博客、Wiki、威客、自由标签等 Web 2.0 应用系统和工具。整个资源库系统由应用程序和资源库两大部分构成。"用户"的意义在这里已经发生了变化，用户不再只是传统意义上的孤立个体，而是同时作为群体的一份子，参与到群体行为中。因此，"用户"概念在这里包括个人实体与虚拟群体两部分。系统各部分的功能特点及主要的用户活动分述如图 5 - 8 所示。

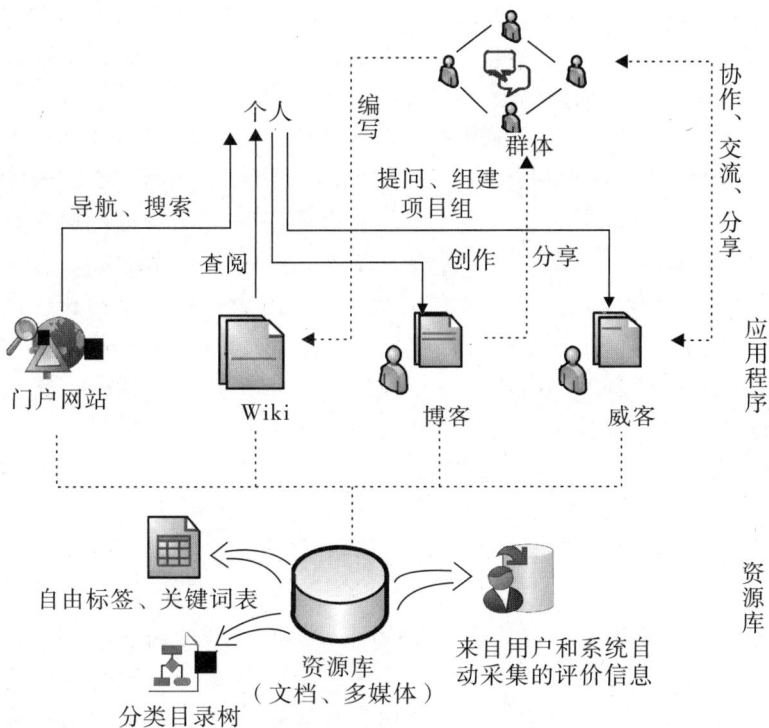

图 5 - 8　教学资源库系统的架构

（1）资源库中存储的信息，除传统意义上的文档和多媒体材料外，还包含用于构建网状知识组织结构的各种关系表，以及各种资源的评价信息。知识关系表包含分类目录树、自由标签和关键词三部分，资源评价信息包括用户评价和系统智能评价两部分。公平有效的资源评价机制是资源库建设中的难点问题，也是知识系统实现自我管理和优化的关键。评价机制能促使高质量内容的提升推广和低质量内容的淘汰沉底。

（2）应用程序包括门户网站、Wiki、博客与威客四部分。门户网站是系统的统一入口，为用户提供包括分类导航、资源搜索、信息公告、登录、注册以及导向 Wiki、博客、威客及其他应用系统的链接。门户网站资源搜索的结果，将指向资源库中的文档、视频、动画或者 Wiki、博客、威客等页面。

（3）Wiki 是专业领域内的百科知识库，支持面向群体的协作式写作，适合对本领域的相关概念术语进行内涵和外延上的深入探讨。存储在资源库中的 Wiki 词条，根据关键词与其他教学资源建立链接，增强了资源之间的关联度。Wiki 可以与专业课程进行整合，开展基于网络的小组协作研究，既加深了学生对知识的理解，又促进了资源库的扩充和发展，是师生共建共享专业学习资源库的理想手段。

（4）博客作为一种支持个人写作的网络信息发布平台，以时间为顺序记录使用者的学习过程、心得体会等，既能够对显性知识进行梳理，又促进了隐性知识的挖掘和表述，非常适合作为学习交流反思的工具。

（5）教学资源库系统引入威客机制，为使用者提供一个协作、交流与分享的平台。个人可在这里创建简单的悬赏提问，或者是招募项目协作小组成员，共同解决复杂的课题。系统建立问题审核机制，确保该平台上提出的问题与领域知识相关。问题和解答对外公开，使资源成果让更多的人受益。

三、教学资源库的知识组织与评价机制

Web 2.0 应用系统在为教学资源库引入源源不断的新知识的同时，又给资源库的建设提出了新的挑战。第一，与传统的学习资源相比，博客中的内容更加个性化、情感化，行文风格往往随性散漫，更加倾向于学习体验等隐性知识的表达。威客关注的是教学实践中遇到的问题，这些往往是综合的，涉及很多知识。因此，Web 2.0 应用平台中蕴含的知识很难按照传统的树状目录进行分类。同时，用户不再拘泥于传统的、按照学科目录结构进行循规蹈矩的学习，而是趋于非线性的、跳跃式的学习方式，这为资源库的知识组织带来了新的挑战。第二，具有自扩充能力的资源库，能有效地吸引用户参与建设，极大地丰富资源库内容，但群体的参与内容难免良莠不齐，信息资源的评估成为难题。如何通过公平有效的评价机制对资源进行分级标注，使得用户在搜索时，能优先呈现高质量的资源，是提高资源库用户体验、增强学习效果、缩短信息过滤时间的关键。

（一）网状的知识组织结构

1. 知识关联方式的选择及作用

KMPro 认为，知识可以通过类别、关键词、标签、聚类、行为、属性、诊断/推理这几种方式建立关联。属性、诊断/推理有赖于知识的高度形式化表示，这需要基于知识本体的 Web 3.0 技术，制定专业领域的本体

库，工程浩大，很难实现。聚类关联通过分析知识的相关程度来建立关联，本系统把这类关联应用到 Wiki 中各个条目的"扩展阅读"部分。行为关联通过分析使用者的行为来建立关联性。例如，用户在搜索"汽车"这个关键词时，可推荐到特定商家购买、保养或购买保险等。这种关联方式在商业广告活动中使用比较多。

教学资源库主要采用类别、关键词和自由标签三种方式实现资源库知识之间的关联。图 5－9 展示了三种方式对知识的关联作用，以及基于此的各种应用系统。

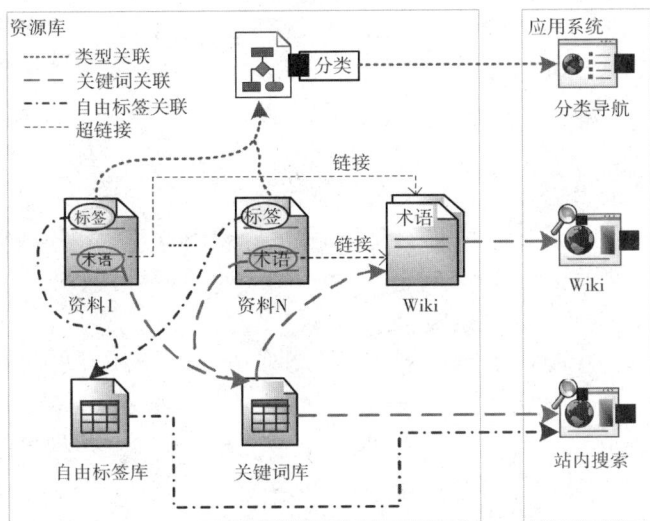

图 5－9　分类、自由标签和关键词三种关联方式的作用及基于此的应用系统

（1）类别关联，即传统的分类目录，将知识资源按照专业、年级、课程、素材种类等进行逐层划分，形成完整的、层次分明的逻辑体系。教学资源库采用多维分类方法，即同一知识点按照内容、媒体类型等相关属性在不同分类目录中建立索引，而实际上在资源库中只存储一份。例如，"数控铣机床操作"的教学视频，在资源库中是唯一的，但是在用户页面中，用户可以按照"媒体类型""学科专业""课程类别"等在多个目录下找到该资源。由于类别关联要求分类清晰准确，一些内容复杂或者类别比较含糊的知识素材很难处理。因此，需要引入其他分类方法。

（2）关键词关联，即以知识内容中的关键词作为关联纽带，具有相同关键词的知识自动被关联起来。当用户发布知识资源时，系统自动提取关键词，与知识库中已有的相关知识进行关联。当查询该资源时，与之关联的相关知识资源也会被呈现出来，作为补充参考。在资源库的建设中，我们根据该领域内的专业术语表建立关键词库，确保用户发布资源时，资源内部包含的专业术语能够被识别出来。但是，相比于 Web 2.0 中丰富多变的资源来说，这种以固定的术语作为检索关键词的资源组织方式还是不够灵活。

（3）自由标签，也称为分众分类法，是指一种由用户以任意关键词进行分类的协同工作。其特点是：自由标签是由个人自发性定义的，标签分类是公开共享的，标签由用户群体定义的频率来决定。例如，用户收藏"数控铣机床操作"视频时，自定义"数控铣""导入""职教"为标签。其他人收藏时也自定义了关键词作为标签。系统对该视频的标签进行统计时，如果"数控铣"、"导入""职教"出现频率最高，那么"数控铣""导入""职教"就是用户对这一视频定义的自由标签。自由标签虽然不够严谨准确，但使用灵活，更接近用户对知识的认识和理解。

图 5-10 展示了三种方式与不同形式的知识内容的关联情况。博客及威客的内容自由性强，往往难以归并到知识结构的某一个分支中，因此主要靠关键词和自由标签来建立知识关联。关键词库由专业术语构成，关键词广泛地存在于各种形式的专业知识内容中，是三种关联方式中关联度最强的一种。自由标签同样可应用于各式文档或多媒体文件中，但一般不应用到 Wiki 上。这是因为 Wiki 主要是对某一术语的解说或某一常见问题的解答，Wiki 本身的目的性强，分类明确，无须借助标签来建立特殊的分类。

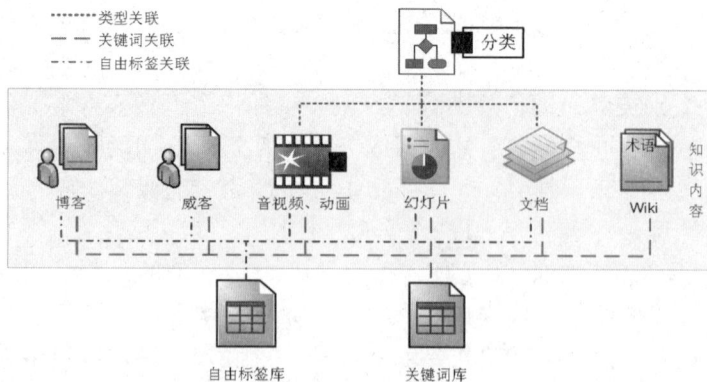

图 5-10　各种知识内容的关联方法

2. 知识关联的建立流程

当知识资源上传到数据库时，关键词关联可依赖计算机强大的运算能力自动匹配完成，自由标签与类别分类则需要用户主动提供。图 5 - 11 展示了一个资源文件从上传到建立起知识关联的过程。具体如下：

（1）根据文件名与内部 ID 映射表为上传文件分配新 ID，此后对上传文件的引用，都将通过这一 ID 进行。ID 可采用 GUID 值，以保证其唯一性。

（2）按用户指定的标签，在标签与文件 ID 映射表中插入记录，建立标签关联。

（3）如果用户在上传时指定了资源类别，那么按指定类别归入分类目录树，建立分类目录。

（4）应用词典分词法，建立全文索引。词典由关键词（专业术语）词典、汉语词典以及自定义词典三个子词典构成。自定义词典主要是起到补充作用。自定义词典的词汇可先用互信息（Mutual Information）技术从资源库中提取关联度高的词汇，此后再根据需要手工添加。

（5）根据本专业的 Wiki 百科词典，对上一步骤已经分析的术语一一建立 Wiki 链接。

（6）按分词的结果建立索引，并将文件保存到资源库中。

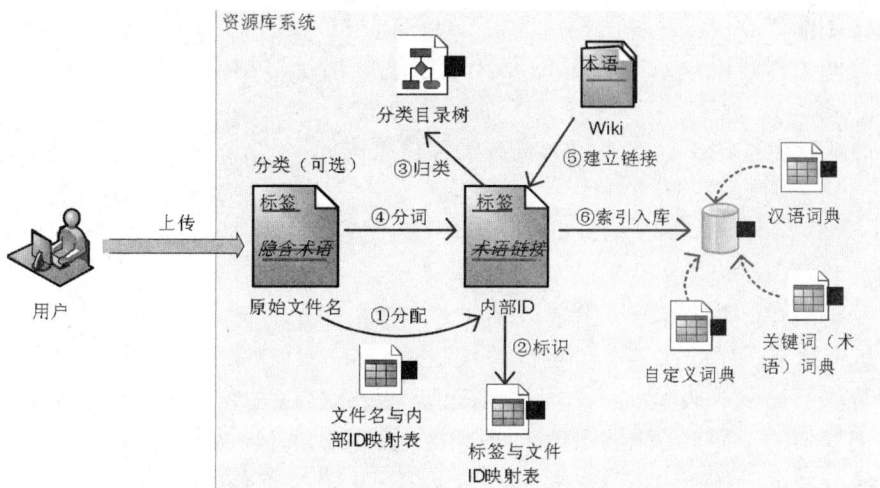

图 5 - 11　建立分类、标签和关键词三种知识关联方式的过程

标签和关键词的关联数据表会随信息量的不断增加而成倍地快速膨胀，当数据量过大时（如超过 1 000 万），可用标签和关键词作 Key，建立 Partition 表，以优化检索效率。分类目录树的数据量会在专业基础知识内容日趋完善后稳定下来。

（二）用户和系统智能相结合的评价机制

本系统是一个以用户为核心的开放性网络平台。用户每天在这个平台上的行为，都会产生大量的信息。例如，撰写新博文、在威客上解答他人的求助问题、欣赏并分享他人作品等。平台的开放特性及用户的高度参与将产生海量的信息。评价机制可促进知识资源库的优胜劣汰。公平恰当的评分方式以及大众的参与是评价机制成功的关键。

1. 用户评价

用户个人评价借鉴淘宝网的评价机制，采用总体打分和分项打分两种方法。总体打分采用 5 分制，用户从整体上对该资源进行打分。另外还设立分项打分，从教育性、科学性、艺术性、技术性和实用性五个方面对资源进行评价。这种评分机制较为灵活，积极热心、时间充裕的用户可以同时进行两项打分。总体打分方法非常简便，适合那些时间仓促、参与感较差的用户。

2. 系统智能评价

系统智能评价是从宏观上对作品进行评价，包括资源被引用、收藏、转发的次数，以及资源得分的趋势等，这些信息可由系统自动分析计算得到。

综合上述因素，本系统对资源的评价公式如下：

$$S = (w_1A + w_2B + w_3C)(1 + R)$$

S 表示资源的得分，由 A、B、C、R 四个因素决定：A 是读者的给分；B 是资源被引用的次数；C 是资源被收藏与分享的次数；R 是资源得分的趋势。w_1、w_2、w_3 是前三个因素的权值。A、B、C 三个因素基本是随时间单向增加的，而 R 值则是随时间不断变化的。R 值反映的是资源近期的热度及分数上升的潜力。这一指标在以下情况中具有重要作用：

（1）促使新闻时效性强的资源在时效范围内能及时地推荐给读者，在时效范围外，又能比较快地沉底。新闻性的资源 R 值开始时上升很快，然后随着新闻时效性的丧失而又快速地下降。这使得资源的整体得分也随新闻时效性而波动。

（2）促使新出现的优质资源更快地被发现和分享。由于 A、B、C 是随时间递增的，时间越长数值越大。如不考虑得分趋势，新出现的优质资源得分会比较低，很容易被忽略。引入 R 值，将使得分虽低但上升趋势强的资源能及时地被用户发现。如果资源确实优秀，那么很快会形成良性循环，不断上升。

新资源运行一段时间后，系统会采集若干时间点的得分，然后应用线性回归方法计算出 R 值。由于 A、B、C 三项的得分是单向增加的，因此回归直线的斜率总是大于或等于 0 的。如果 R 值等于 0，那么说明资源最近没有受到关注，这时 S 值即是 A、B、C 三项加权的结果。时间间隔建议至少以天为单位，因为 A、B、C 三项一天之内的波动性会比较高，参考价值不大。另外，R 值的计算有一定的间隔，太频繁会影响系统性能，在深夜访问量低时进行重新计算比较合适。

四、结束语

基于 Web 2.0 的教学资源库引入博客、威客、Wiki 等工具，能够营造交流、互助、分享的网络学习氛围，学生从被动的阅读者转变为资源的创造者、分享者和贡献者，激励他们以更加积极主动的心态进行网上学习和交流，同时也推动了资源库的自主发展。用户与系统智能相结合的评价机制有效地促进了资源的优胜劣汰，使资源库获得了长期的良性发展。然而，该系统无法为用户提供一些更智能化的服务，如知识推理、自动答疑等。因此系统未来发展的方向，是让计算机具备"理解"领域知识的能力，以完成更复杂更智能化的服务。本系统的 Wiki 已经对一部分专业术语进行了整理，将来可以基于此建立领域本体术语表，然后结合推理系统，实现教学资源库系统智能化。

参考文献

［1］文庭孝，刘晓英，刘进军. 知识关联的理论基础研究. 图书馆，2010（4）.

［2］李家清. 知识组织方法及策略研究. 图书情报工作，2005（5）.

［3］周梅群，吴华. 教育网站评价指标体系设计之研究. 电化教育研究，2004（8）.

［4］赵文静. 数学教育网站评价指标体系的设计与建构. 广州大学硕士学位论

文，2006.

[5] 王丽珍．信息技术与研究性学习整合专题学习网站评价体系的设计．中国电化教育，2005（2）．

[6]知识关联．http：//baike. baidu. com/view/3461258. htm.

[7] 熊超．基于 Web 2.0 的教学资源库的研究与设计．北京交通大学硕士学位论文，2009.

[8] 余延冬，赵蔚，黄伯平．Web 2.0 理念与数字化教育资源库的深层次整合研究．中国电化教育，2009（4）．

[9] Web 2.0. http：//zh. wikipedia. org/zh/Web_2.0.

[10] 魏白莲，郑建明．基于 Web2.0 的个人知识管理研究．现代情报，2010（5）．

[11] 祁玉娟，杨世伟．基于 Web 2.0 的生物资源库设计研究．中国电化教育，2009（6）．

附　录

（一）在线训练平台模块核心代码

1. 构造类

在线测试平台涉及用户、试卷和试题多种信息的处理，还有数据库的频繁操作，为了简化代码、方便引用，构造了类并存于 Business Logic Layer、Data Access Helper、Data Access Layer 三个不同的文件夹中。

（1）Business Logic Layer 文件夹。

① Course 类。

```
using TrainingWebsite. DataAccessLayer;
using TrainingWebsite. DataAccessHelper;
namespace TrainingWebsite. BusinessLogicLayer
{    //考试科目类
    public class Course
    {  #region 私有成员
        Private int_ID; //题目编号
        private string_Name; //题目
        #endregion 私有成员
        #region 属性
        public int ID
        {    set
            { this. _ID = value; }
            get
            {    return this. _ID ; } }
        public string Name
        {    set
            { this. _Name = value; }
            get
            { return this. _Name; } }
        #endregion 属性
        #region 方法
        //向 Course 表中添加考试科目信息
        //输出：
        //        插入成功：返回 True;
        //        插入失败：返回 False;
        public bool InsertByProc( )
        {    SqlParameter[ ] Params = new SqlParameter[1];
            DataBase DB = new DataBase( );
            Params[0] = DB. MakeInParam("@ Name", SqlDbType. VarChar, 50, Name); //考试科目名称

            int Count = - 1;
            Count = DB. RunProc("Proc_CourseAdd", Params);
            if ( Count > 0)
                return true;
            else return false; }
        //更新科目的信息
        public bool UpdateByProc( int CID)
        {    SqlParameter[ ] Params = new SqlParameter[2];
            DataBase DB = new DataBase( );
            Params[0] = DB. MakeInParam("@ ID", SqlDbType. Int, 4, CID);
        //用户编号
            Params[1] = DB. MakeInParam("@ Name", SqlDbType. VarChar, 200, Name); //用户权限
```

```
                 int Count = - 1;
                 Count = DB. RunProc("Proc_CourseModify", Params);
                 if (Count > 0)
                     return true;
                 else return false; }
      //删除科目
      //输入:
      //        CID -科目编号;
      //输出:
      //        删除成功:返回 True;
      //        删除失败:返回 False;
      public bool DeleteByProc(int CID)
      {    SqlParameter[ ] Params = new SqlParameter[1];
           DataBase DB = new DataBase();
           Params[0] = DB. MakeInParam("@ ID", SqlDbType. Int, 4, CID); //科目编号
           int Count = - 1;
           Count = DB. RunProc("Proc_CourseDelete", Params);
           if (Count > 0)
               return true;
           else return false; }
      //查询所用考试科目
      //不需要参数
      public DataSet QueryCourse()
      {    DataBase DB = new DataBase();
           return DB. GetDataSet("Proc_CourseList"); }
      #endregion 方法 }}
```

② Fill Blank Problem 类。

```
using TrainingWebsite. DataAccessLayer;
using TrainingWebsite. DataAccessHelper;
namespace TrainingWebsite. BusinessLogicLayer
{    //填空题类
     public class FillBlankProblem
     {    #region 私有成员
          private int_ID; //题目编号
          private int_CourseID; //所属科目
          private string_FrontTitle; //题目前部分
          private string_BackTitle; //题目后部分
          private string_Answer; //答案
          #endregion 私有成员
          #region 属性
          public int ID
          {    set
               { this. _ID = value; }
               get
               {    return this. _ID ; } }
          public int CourseID
          {    set
               { this. _CourseID = value; }
               get
               { return this. _CourseID; } }
          public string FrontTitle
          {    set
               { this. _FrontTitle = value; }
               get
               { return this. _FrontTitle; } }
          public string BackTitle
          {    set
               { this. _BackTitle = value; }
```

```
        get
        { return this. _BackTitle; } }
    public string Answer
    {   set
        { this. _Answer = value; }
        get
        { return this. _Answer; } }
    #endregion 属性
    #region 方法
    // 根据题目 ID 初始化题目
    // 输入:
    //      TID - 题目编号;
    // 输出:
    // 题目存在: 返回 True;
    // 题目不在: 返回 False;
    public bool LoadData( int TID)
    {   SqlParameter[ ] Params = new SqlParameter[1];
        DataBase DB = new DataBase( );
        Params[0] = DB. MakeInParam("@ ID", SqlDbType. Int, 4, TID); // 用户编号
        DataSet ds = DB. GetDataSet("Proc_FillBlankProblemDetail", Params);
        ds. CaseSensitive = false;
        DataRow DR;
        if ( ds. Tables[0]. Rows. Count > 0)
        {   DR = ds. Tables[0]. Rows[0];
            this. _CourseID = GetSafeData. ValidateDataRow_N( DR, "CourseID"); // 科目编号
            this. _FrontTitle = GetSafeData. ValidateDataRow_S( DR, "FrontTitle"); // 题目前部分
            this. _BackTitle = GetSafeData. ValidateDataRow_S( DR, "BackTitle"); // 题目后部分
            this. _Answer = GetSafeData. ValidateDataRow_S( DR, "Answer"); // 答案
            return true; }
        else
        { return false; } }
    // 向 FillBlankProblem 表中添加题目信息( 采用存储过程)
    // 输出:
    // 插入成功: 返回 True;
    // 插入失败: 返回 False;
    public bool InsertByProc( )
    {   SqlParameter[ ] Params = new SqlParameter[4];
        DataBase DB = new DataBase( );
        Params[0] = DB. MakeInParam("@ CourseID", SqlDbType. Int, 4, CourseID); // 科目编号
        Params[1] = DB. MakeInParam("@ FrontTitle", SqlDbType. VarChar, 500, FrontTitle); // 题目前
部分
        Params[2] = DB. MakeInParam("@ BackTitle", SqlDbType. VarChar, 500, BackTitle); // 题目后部分
        Params[3] = DB. MakeInParam("@ Answer", SqlDbType. VarChar, 200, Answer); // 答案
        int Count = - 1;
        Count = DB. RunProc("Proc_FillBlankProblemAdd", Params);
        if ( Count > 0)
            return true;
        else return false; }
    // 更新填空题的信息
    public bool UpdateByProc( int TID)
    {   SqlParameter[ ] Params = new SqlParameter[5];
        DataBase DB = new DataBase( );
        Params[0] = DB. MakeInParam("@ ID", SqlDbType. Int, 4, TID);    // 题目编号
        Params[1] = DB. MakeInParam("@ CourseID", SqlDbType. Int, 4, CourseID); // 科目编号
        Params[2] = DB. MakeInParam("@ FrontTitle", SqlDbType. VarChar, 500, FrontTitle); // 题目前
部分
        Params[3] = DB. MakeInParam("@ BackTitle", SqlDbType. VarChar, 500, BackTitle); // 题目后部分
        Params[4] = DB. MakeInParam("@ Answer", SqlDbType. VarChar, 200, Answer); // 答案
        int Count = - 1;
```

```
                Count = DB. RunProc("Proc_FillBlankProblemModify", Params);
                if (Count > 0)
                    return true;
                else return false; }
        //删除题目
        //输入:
        //        TID – 题目编号;
        //输出:
        //删除成功: 返回 True;
        //删除失败: 返回 False;
        public bool DeleteByProc(int TID)
        {   SqlParameter[] Params = new SqlParameter[1];
            DataBase DB = new DataBase();
            Params[0] = DB. MakeInParam("@ID", SqlDbType. Int, 4, TID); //题目编号
            int Count = -1;
            Count = DB. RunProc("Proc_FillBlankProblemDelete", Params);
            if (Count > 0)
                    return true;
            else return false; }
        //查询单选题
        //课程编号
        public DataSet QueryFillBlankProblem(int TCourseID)
        {   SqlParameter[] Params = new SqlParameter[1];
            DataBase DB = new DataBase();
            Params[0] = DB. MakeInParam("@CourseID", SqlDbType. Int, 4, TCourseID); //题目编号
            return DB. GetDataSet("Proc_FillBlankProblemList", Params); }
        #endregion 方法 } }


③ Judge Problem 类。
using TrainingWebsite. DataAccessLayer;
using TrainingWebsite. DataAccessHelper;
namespace TrainingWebsite. BusinessLogicLayer
{   //判断题类
    public class JudgeProblem
    {   #region 私有成员
        private int_ID; //题目编号
        private int_CourseID; //所属科目
        private string_Title; //题目
        private bool_Answer; //答案
        #endregion 私有成员
        #region 属性
        public int ID
        {   set
            { this. _ID = value; }
            get
            { return this. _ID ; } }
        public int CourseID
        {   set
            { this. _CourseID = value; }
            get
            { return this. _CourseID; } }
        public string Title
        {   set
            { this. _Title = value; }
            get
            { return this. _Title; } }
        public Boolean Answer
        {   set
            { this. _Answer = value; }
```

```
            get
            { return this. _Answer; } }
#endregion 属性
#region 方法
// 根据题目 ID 初始化题目
// 输入:
//       TID – 题目编号;
// 输出:
// 题目存在: 返回 True;
// 题目不在: 返回 False;
public bool LoadData(int TID)
{    SqlParameter[ ] Params = new SqlParameter[1];
     DataBase DB = new DataBase();
     Params[0] = DB. MakeInParam("@ ID", SqlDbType. Int, 4, TID); // 用户编号
     DataSet ds = DB. GetDataSet("Proc_JudgeProblemDetail", Params);
     ds. CaseSensitive = false;
     DataRow DR;
     if (ds. Tables[0]. Rows. Count > 0)
     {    DR = ds. Tables[0]. Rows[0];
          this. _CourseID = GetSafeData. ValidateDataRow_N(DR, "CourseID"); // 科目编号

          this. _Title = GetSafeData. ValidateDataRow_S(DR, "Title"); // 题目
          this. _Answer = GetSafeData. ValidateDataRow_B(DR, "Answer"); // 答案

          return true; }
     else
     { return false; } }
// 向 SingleProblem 表中添加题目信息(采用存储过程)
// 输出:
// 插入成功: 返回 True;
// 插入失败: 返回 False;
public bool InsertByProc()
{    SqlParameter[ ] Params = new SqlParameter[3];
     DataBase DB = new DataBase();
     Params[0] = DB. MakeInParam("@ CourseID", SqlDbType. Int, 4, CourseID); // 科目编号
     Params[1] = DB. MakeInParam("@ Title", SqlDbType. VarChar, 1000, Title); // 题目

     Params[2] = DB. MakeInParam("@ Answer", SqlDbType. Bit, 1, Answer); // 答案 A

     int Count = − 1;
     Count = DB. RunProc("Proc_JudgeProblemAdd", Params);
     if (Count > 0)
          return true;
     else return false; }
// 更新判断题的信息
public bool UpdateByProc(int TID)
{    SqlParameter[ ] Params = new SqlParameter[4];
     DataBase DB = new DataBase();
     Params[0] = DB. MakeInParam("@ ID", SqlDbType. Int, 4, TID); // 题目编号
     Params[1] = DB. MakeInParam("@ CourseID", SqlDbType. Int, 4, CourseID); // 科目编号
     Params[2] = DB. MakeInParam("@ Title", SqlDbType. VarChar, 1000, Title); // 题目
     Params[3] = DB. MakeInParam("@ Answer", SqlDbType. Bit, 1, Answer); // 答案
     int Count = − 1;
     Count = DB. RunProc("Proc_JudgeProblemModify", Params);
     if (Count > 0)
          return true;
     else return false; }
// 删除题目
// 输入:
```

```
//        TID  – 题目编号;
//输出:
//删除成功: 返回 True;
//删除失败: 返回 False;
public bool DeleteByProc( int TID)
{   SqlParameter[ ] Params = new SqlParameter[1];
    DataBase DB = new DataBase( );
    Params[0] = DB. MakeInParam("@ ID", SqlDbType. Int, 4, TID); //题目编号
    int Count = - 1;
    Count = DB. RunProc("Proc_JudgeProblemDelete", Params);
    if ( Count > 0)
        return true;
    else return false; }
//查询判断题
//课程编号
public DataSet QueryJudgeProblem( int TCourseID)
{   SqlParameter[ ] Params = new SqlParameter[1];
    DataBase DB = new DataBase( );
    Params[0] = DB. MakeInParam("@ CourseID", SqlDbType. Int, 4, TCourseID);
//题目编号
    return DB. GetDataSet("Proc_JudgeProblemList", Params); }
#endregion 方法  } }


④ Single Problem 类。
using TrainingWebsite. DataAccessLayer;
using TrainingWebsite. DataAccessHelper;
namespace TrainingWebsite. BusinessLogicLayer
{   //单选题类
    public class SingleProblem
    {   #region 私有成员
        private int_ID; //题目编号
        private int_CourseID; //所属科目
        private string_Title; //题目
        private string_AnswerA; //答案 A
        private string_AnswerB; //答案 B
        private string_AnswerC; //答案 C
        private string_AnswerD; //答案 D
        private string_Answer; //答案
        #endregion 私有成员
        #region 属性
        public int ID
        {   set
            { this. _ID = value; }
            get
            { return this. _ID ; } }
        public int CourseID
        {   set
            { this. _CourseID = value; }
            get
            { return this. _CourseID; }}
        public string Title
        {   set
            { this. _Title = value; }
            get
            { return this. _Title; }}
        public string AnswerA
        {   set
            { this. _AnswerA = value; }
            get
```

```
                { return this. _AnswerA; } }
public string AnswerB
{     set
            { this. _AnswerB = value; }
        get
            { return this. _AnswerB; } }
public string AnswerC
{     set
            { this. _AnswerC = value; }
        get
            { return this. _AnswerC; } }
public string AnswerD
{     set
            { this. _AnswerD = value; }
        get
            { return this. _AnswerD; } }
public string Answer
{     set
            { this. _Answer = value; }
        get
            { return this. _Answer; } }
#endregion 属性
#region 方法
// 根据题目 ID 初始化题目
// 输入:
//          TID – 题目编号;
// 输出:
// 题目存在: 返回 True;
// 题目不在: 返回 False;
public bool LoadData( int TID)
{     SqlParameter[ ] Params = new SqlParameter[1];
        DataBase DB = new DataBase( );
        Params[0] = DB. MakeInParam("@ ID", SqlDbType. Int, 4, TID); // 用户编号
        DataSet ds = DB. GetDataSet("Proc_SingleProblemDetail", Params);
        ds. CaseSensitive = false;
        DataRow DR;
        if ( ds. Tables[0]. Rows. Count > 0)
        {     DR = ds. Tables[0]. Rows[0];
            this. _CourseID = GetSafeData. ValidateDataRow_N( DR, "CourseID"); // 科目编号
            this. _Title = GetSafeData. ValidateDataRow_S( DR, "Title"); // 题目
            this. _AnswerA = GetSafeData. ValidateDataRow_S( DR, "AnswerA"); // 答案 A
            this. _AnswerB = GetSafeData. ValidateDataRow_S( DR, "AnswerB"); // 答案 B
            this. _AnswerC = GetSafeData. ValidateDataRow_S( DR, "AnswerC"); // 答案 C
            this. _AnswerD = GetSafeData. ValidateDataRow_S( DR, "AnswerD"); // 答案 D
            this. _Answer = GetSafeData. ValidateDataRow_S( DR, "Answer"); // 答案
            return true; }
        else
        { return false; } }
// 向 SingleProblem 表中添加题目信息(采用存储过程)
// 输出:
// 插入成功: 返回 True;
// 插入失败:返回 False;
public bool InsertByProc( )
{     SqlParameter[ ] Params = new SqlParameter[7];
        DataBase DB = new DataBase( );
        Params[0] = DB. MakeInParam("@ CourseID", SqlDbType. Int, 4, CourseID); // 科目编号
        Params[1] = DB. MakeInParam("@ Title", SqlDbType. VarChar, 1000, Title); // 题目
        Params[2] = DB. MakeInParam("@ AnswerA", SqlDbType. VarChar, 500, AnswerA); // 答案 A
        Params[3] = DB. MakeInParam("@ AnswerB", SqlDbType. VarChar, 500, AnswerB); // 答案 B
```

```
                Params[4] = DB. MakeInParam("@ AnswerC", SqlDbType. VarChar, 500, AnswerC); //答案 C
                Params[5] = DB. MakeInParam("@ AnswerD", SqlDbType. VarChar, 500, AnswerD); //答案 D
                Params[6] = DB. MakeInParam("@ Answer", SqlDbType. VarChar, 2, Answer); //答案
                int Count = -1;
                Count = DB. RunProc("Proc_SingleProblemAdd", Params);
                if (Count > 0)
                        return true;
                else return false; }
        //更新单选题试题信息
        public bool UpdateByProc(int TID)
        {    SqlParameter[] Params = new SqlParameter[8];
                DataBase DB = new DataBase();
                Params[0] = DB. MakeInParam("@ ID", SqlDbType. Int, 4, TID); //题目编号
                Params[1] = DB. MakeInParam("@ CourseID", SqlDbType. Int, 4, CourseID); //科目编号
                Params[2] = DB. MakeInParam("@ Title", SqlDbType. VarChar, 1000, Title); //题目

                Params[3] = DB. MakeInParam("@ AnswerA", SqlDbType. VarChar, 500, AnswerA); //答案 A
                Params[4] = DB. MakeInParam("@ AnswerB", SqlDbType. VarChar, 500, AnswerB); //答案 B
                Params[5] = DB. MakeInParam("@ AnswerC", SqlDbType. VarChar, 500, AnswerC); //答案 C
                Params[6] = DB. MakeInParam("@ AnswerD", SqlDbType. VarChar, 500, AnswerD); //答案 D
                Params[7] = DB. MakeInParam("@ Answer", SqlDbType. VarChar, 2, Answer); //答案
                int Count = -1;
                Count = DB. RunProc("Proc_SingleProblemModify", Params);
                if (Count > 0)
                        return true;
                else return false; }
        //删除题目
        //输入:
        //        TID  -题目编号;
        //输出:
        //删除成功: 返回 True;
        //删除失败: 返回 False;
        public bool DeleteByProc(int TID)
        {    SqlParameter[] Params = new SqlParameter[1];
                DataBase DB = new DataBase();
                Params[0] = DB. MakeInParam("@ ID", SqlDbType. Int, 4, TID); //题目编号
                int Count = -1;
                Count = DB. RunProc("Proc_SingleProblemDelete", Params);
                if (Count > 0)
                        return true;
                else return false; }
        //查询单选题
        public DataSet QuerySingleProblem(int TCourseID)
        {    SqlParameter[] Params = new SqlParameter[1];
                DataBase DB = new DataBase();
                Params[0] = DB. MakeInParam("@ CourseID", SqlDbType. Int, 4, TCourseID); //题目编号
                return DB. GetDataSet("Proc_SingleProblemList", Params); }
        #endregion 方法 }}


⑤ Multi Problem 类。
using TrainingWebsite. DataAccessLayer;
using TrainingWebsite. DataAccessHelper;
namespace TrainingWebsite. BusinessLogicLayer
{    //多选题类
    public class MultiProblem
    {    #region 私有成员
        private int_ID; //题目编号
        private int_CourseID; //所属科目
        private string_Title; //题目
```

```
private string_AnswerA; //答案 A
private string_AnswerB; //答案 B
private string_AnswerC; //答案 C
private string_AnswerD; //答案 D
private string_Answer; //答案
#endregion 私有成员
#region 属性
public int ID
{    set
     { this. _ID = value; }
     get
     { return this. _ID ; } }
public int CourseID
{    set
     { this. _CourseID = value; }
     get
     { return this. _CourseID; } }
public string Title
{    set
     { this. _Title = value; }
     get
     { return this. _Title; } }
public string AnswerA
{    set
     { this. _AnswerA = value; }
     get
     { return this. _AnswerA; } }
public string AnswerB
{    set
     { this. _AnswerB = value; }
     get
     { return this. _AnswerB; } }
public string AnswerC
{    set
     { this. _AnswerC = value; }
     get
     { return this. _AnswerC; } }
public string AnswerD
{    set
     { this. _AnswerD = value; }
     get
     { return this. _AnswerD; } }
public string Answer
{    set
     { this. _Answer = value; }
     get
     { return this. _Answer; } }
#endregion 属性
#region 方法
//根据题目 ID 初始化题目
//输入:
//        TID  –题目编号;
//输出:
//题目存在: 返回 True;
//题目不在: 返回 False;
public bool LoadData( int TID)
{    SqlParameter[ ] Params = new SqlParameter[ 1 ];
     DataBase DB = new DataBase( ) ;
     Params[ 0 ] = DB. MakeInParam( "@ ID", SqlDbType. Int, 4, TID) ;        //用户编号
```

```
                DataSet ds = DB. GetDataSet("Proc_MultiProblemDetail", Params);
                ds. CaseSensitive = false;
                DataRow DR;
                if ( ds. Tables[0]. Rows. Count > 0)
                {     DR = ds. Tables[0]. Rows[0];
                    this. _CourseID = GetSafeData. ValidateDataRow_N( DR, "CourseID");   //科目编号
                    this. _Title = GetSafeData. ValidateDataRow_S( DR, "Title");   //题目
                    this. _AnswerA = GetSafeData. ValidateDataRow_S( DR, "AnswerA");   //答案 A
                    this. _AnswerB = GetSafeData. ValidateDataRow_S( DR, "AnswerB");   //答案 B
                    this. _AnswerC = GetSafeData. ValidateDataRow_S( DR, "AnswerC");   //答案 C
                    this. _AnswerD = GetSafeData. ValidateDataRow_S( DR, "AnswerD");   //答案 D
                    this. _Answer = GetSafeData. ValidateDataRow_S( DR, "Answer");   //答案
                    return true; }
            else
            { return false; }}
        //向 MultiProblem 表中添加题目信息(采用存储过程)
        //输出:
        //插入成功: 返回 True;
        //插入失败: 返回 False;
        public bool InsertByProc()
        {     SqlParameter[ ] Params = new SqlParameter[7];
            DataBase DB = new DataBase();
            Params[0] = DB. MakeInParam("@ CourseID", SqlDbType. Int, 4, CourseID);   //科目编号
            Params[1] = DB. MakeInParam("@ Title", SqlDbType. VarChar, 1000, Title);   //题目

            Params[2] = DB. MakeInParam("@ AnswerA", SqlDbType. VarChar, 500, AnswerA);   //答案 A
            Params[3] = DB. MakeInParam("@ AnswerB", SqlDbType. VarChar, 500, AnswerB);   //答案 B
            Params[4] = DB. MakeInParam("@ AnswerC", SqlDbType. VarChar, 500, AnswerC);   //答案 C
            Params[5] = DB. MakeInParam("@ AnswerD", SqlDbType. VarChar, 500, AnswerD);   //答案 D
            Params[6] = DB. MakeInParam("@ Answer", SqlDbType. VarChar, 50, Answer);   //答案
            int Count = - 1;
            Count = DB. RunProc("Proc_MultiProblemAdd", Params);
            if ( Count > 0)
                return true;
            else return false; }
        //更新多选题的信息
        public bool UpdateByProc( int TID)
        {     SqlParameter[ ] Params = new SqlParameter[8];
            DataBase DB = new DataBase();
            Params[0] = DB. MakeInParam("@ ID", SqlDbType. Int, 4, TID);   //题目编号
            Params[1] = DB. MakeInParam("@ CourseID", SqlDbType. Int, 4, CourseID);   //科目编号
            Params[2] = DB. MakeInParam("@ Title", SqlDbType. VarChar, 1000, Title);   //题目

            Params[3] = DB. MakeInParam("@ AnswerA", SqlDbType. VarChar, 500, AnswerA);   //答案 A
            Params[4] = DB. MakeInParam("@ AnswerB", SqlDbType. VarChar, 500, AnswerB);   //答案 B
            Params[5] = DB. MakeInParam("@ AnswerC", SqlDbType. VarChar, 500, AnswerC);   //答案 C
            Params[6] = DB. MakeInParam("@ AnswerD", SqlDbType. VarChar, 500, AnswerD);   //答案 D
            Params[7] = DB. MakeInParam("@ Answer", SqlDbType. VarChar, 50, Answer);   //答案
            int Count = - 1;
            Count = DB. RunProc("Proc_MultiProblemModify", Params);
            if ( Count > 0)
                return true;
            else return false; }
        //删除题目
        //输入:
        //      TID – 题目编号;
        //输出:
        //删除成功: 返回 True;
        //删除失败: 返回 False;
```

```
        public bool DeleteByProc(int TID)
        {   SqlParameter[ ] Params = new SqlParameter[1];
            DataBase DB = new DataBase();
            Params[0] = DB. MakeInParam("@ID", SqlDbType. Int, 4, TID); //题目编号
            int Count = -1;
            Count = DB. RunProc("Proc_MultiProblemDelete", Params);
            if (Count > 0)
                    return true;
            else return false; }
    //查询单选题
    //课程编号
        public DataSet QueryMultiProblem(int TCourseID)
        {   SqlParameter[ ] Params = new SqlParameter[1];
            DataBase DB = new DataBase();
            Params[0] = DB. MakeInParam("@CourseID", SqlDbType. Int, 4, TCourseID); //题目编号
            return DB. GetDataSet("Proc_MultiProblemList", Params); }
        #endregion 方法 }}
```

⑥ Paper 类。
```
using TrainingWebsite. DataAccessLayer;
using TrainingWebsite. DataAccessHelper;
namespace TrainingWebsite. BusinessLogicLayer
{   //用户类
    public class Paper
    {   #region 私有成员
        private int_paperID; //试卷编号
        private int_courseID; //科目编号
        private string_paperName; //试卷名称
        private bool_paperState; //试卷状态
        #endregion 私有成员
        #region 属性
        public int PaperID
        {   set
            { this. _paperID = value; }
            get
            { return this. _paperID; }}
        public int CourseID
        {   set
            { this. _courseID = value;    }
            get
            { return this. _courseID; }}
        public string PaperName
        {   set
            {   this. _paperName = value; }
            get
            {   return this. _paperName; }}
        public bool PaperState
        {   set
            { this. _paperState = value; }
            get
            { return this. _paperState; }}
        #endregion 属性
        #region 方法
    //向 Paper 表中添加试卷信息(采用存储过程)
    //输出:
    //插入成功: 返回 True;
    //插入失败: 返回 False;
        public bool InsertByProc()
        {   SqlParameter[ ] Params = new SqlParameter[3];
```

```
                    DataBase DB = new DataBase();
                    Params[0] = DB. MakeInParam("@ CourseID", SqlDbType. Int, 4, CourseID); //科目编号
                    Params[1] = DB. MakeInParam("@ PaperName", SqlDbType. VarChar, 200, PaperName); //试卷
名称
                    Params[2] = DB. MakeInParam("@ PaperState", SqlDbType. Bit, 1, PaperState); //试卷状态
                    int Count = -1;
                    Count = DB. RunProc("Proc_PaperAdd", Params);
                    if (Count > 0)
                        return true;
                    else return false; }
            //更新试卷信息
            public bool UpdateByProc(int PID)
            {    SqlParameter[ ] Params = new SqlParameter[2];
                    DataBase DB = new DataBase();
                    Params[0] = DB. MakeInParam("@ PaperID", SqlDbType. Int, 4, PID); //试卷编号
                    Params[1] = DB. MakeInParam("@ PaperState", SqlDbType. Bit, 1, PaperState); //试卷状态
                    int Count = -1;
                    Count = DB. RunProc("Proc_PaperModify", Params);
                    if (Count > 0)
                        return true;
                    else return false; }
            //删除题目
            //输入：
            //         TID  -题目编号；
            //输出：
            //删除成功：返回 True；
            //删除失败：返回 False；
            public bool DeleteByProc(int PID)
            {    SqlParameter[ ] Params = new SqlParameter[1];
                    DataBase DB = new DataBase();
                    Params[0] = DB. MakeInParam("@ ID", SqlDbType. Int, 4, PID); //题目编号
                    int Count = -1;
                    Count = DB. RunProc("Proc_PaperDelete", Params);
                    if (Count > 0)
                        return true;
                    else return false;    }
            //查询所用试卷
            //不需要参数
            public DataSet QueryAllPaper()
            {    DataBase DB = new DataBase();
                    return DB. GetDataSet("Proc_PaperList"); }
            //查询所用可用试卷
            //不需要参数
            public DataSet QueryPaper()
            {    DataBase DB = new DataBase();
                    SqlParameter[ ] Params = new SqlParameter[1];
                    Params[0] = DB. MakeInParam("@ PaperState", SqlDbType. Bit, 1, "true"); //题目编号
                    return DB. GetDataSet("Proc_PaperUseList", Params); }
            #endregion 方法 }}

    ⑦ Scores 类。
using TrainingWebsite. DataAccessLayer;
using TrainingWebsite. DataAccessHelper;
namespace TrainingWebsite. BusinessLogicLayer
{    //用户类
    public class Scores
    {    #region 私有成员
        private int_ID; //用户编号
        private string_userID; //用户密码
```

```
private int_paperID; //用户权限
private int_score; //用户姓名
#endregion 私有成员
#region 属性
public int ID
{    set
     { this. _ID = value; }
     get
     { return this. _ID ; } }
public string UserID
{    set
     { this. _userID = value; }
     get
     { return this. _userID; } }
public int PaperID
{    set
     {    this. _paperID = value; }
     get
     { return this. _paperID; } }
public int Score
{    set
     { this. _score = value; }
     get
     { return this. _score; } }
#endregion 属性
#region 方法
//向 Score 表中添加成绩
//输出:
//插入成功: 返回 True;
//插入失败: 返回 False;
public bool InsertByProc( )
{    SqlParameter[ ] Params = new SqlParameter[3];
     DataBase DB = new DataBase( );
     Params[0] = DB. MakeInParam("@ UserID", SqlDbType. VarChar, 20, UserID); //用户编号
     Params[1] = DB. MakeInParam("@ PaperID", SqlDbType. Int, 4, PaperID); //用户密码
     Params[2] = DB. MakeInParam("@ Score", SqlDbType. Int, 4, Score); //用户权限
     int Count = - 1;
     Count = DB. RunProc("Proc_ScoreAdd", Params);
     if ( Count > 0)
          return true;
     else return false; }
//删除成绩
//输入:
//        XUserID - 用户编号;
//输出:
//删除成功: 返回 True;
//删除失败: 返回 False;
public bool DeleteByProc( int SID)
{    SqlParameter[ ] Params = new SqlParameter[1];
     DataBase DB = new DataBase( );
     Params[0] = DB. MakeInParam("@ ID", SqlDbType. Int, 4, SID); //成绩编号
     int Count = - 1;
     Count = DB. RunProc("Proc_ScoreDelete", Params);
     if ( Count > 0)
          return true;
     else return false; }
//查询所用成绩
//不需要参数
public DataSet QueryScore( )
```

```
{    DataBase DB = new DataBase( );
        return DB. GetDataSet("Proc_ScoreList"); }
#endregion 方法 }}
```

⑧ Users 类。

```
using TrainingWebsite. DataAccessLayer;
using TrainingWebsite. DataAccessHelper;
namespace TrainingWebsite. BusinessLogicLayer
{    //用户类
    public class Users
    {   #region 私有成员
        private string_userID; //用户编号
        private string_userPwd; //用户密码
        private int_userPower; //用户权限
        private string_userName; //用户姓名
        #endregion 私有成员
        #region 属性
        public string UserID
        {    set
            { this. _userID = value;     }
            get
            { return this. _userID; }    }
        public string UserPwd
        {    set
            { this. _userPwd = value; }
            get
            { return this. _userPwd; }}
        public int UserPower
        {    set
            { this. _userPower = value; }
            get
            { return this. _userPower; }}
        public string UserName
        {    set
            { this. _userName = value; }
            get
            { return this. _userName; }}
        #endregion 属性
        #region 方法
        //根据用户 UserID 初始化该用户
        //输入:
        //        XUserID  -用户编号;
        //输出:
        //用户存在:返回 True;
        //用户不在:返回 False;
        public bool LoadData( string XUserID)
        {    SqlParameter[ ] Params = new SqlParameter[ 1];
            DataBase DB = new DataBase( );
            Params[0] = DB. MakeInParam("@ UserID", SqlDbType. VarChar, 50, XUserID); //用户编号

            DataSet ds = DB. GetDataSet("Proc_UsersDetail", Params);
            ds. CaseSensitive = false;
            DataRow DR;
            if ( ds. Tables[0]. Rows. Count  > 0)
            {    DR = ds. Tables[0]. Rows[0];
                this. _userID = GetSafeData. ValidateDataRow_S( DR, "UserID"); //用户编号
                this. _userPower = GetSafeData. ValidateDataRow_N( DR, "UserPower"); //用户权限
                this. _userName = GetSafeData. ValidateDataRow_S( DR, "UserName"); //用户姓名
```

```
                return true; }
        else
        { return false; } }
//根据 UserID 判断该用户是否存在
//输入:
//        XUserID –用户编号;
//输出:
//用户存在: 返回 True;
//用户不在: 返回 False;
public bool CheckUser( string XUserID)
{    SqlParameter[ ] Params = new SqlParameter[1];
        DataBase DB = new DataBase();
        Params[0] = DB. MakeInParam("@ UserID", SqlDbType. VarChar, 50, XUserID); //管理员姓名
        SqlDataReader DR = DB. RunProcGetReader("Proc_UsersDetail", Params);
        if (! DR. Read())
        { return false; }
        else
        { return true; }    }
//根据 UserID 和 UserPassword 判断密码是否正确
//输入:
//        XUserID –用户编号;
//输出:
//用户存在: 返回 True;
//用户不在: 返回 False;
public bool CheckPassword( string XUserID)
{    SqlParameter[ ] Params = new SqlParameter[1];
        DataBase DB = new DataBase();
        Params[0] = DB. MakeInParam("@ UserID", SqlDbType. VarChar, 50, XUserID); //编号
        SqlDataReader DR = DB. RunProcGetReader("Proc_UsersDetail", Params);
        if (! DR. Read())
        { return false; }
        else
        {    this. _userPwd = DR["UserPwd"]. ToString();
                return true; } }
//向 Users 表中添加用户信息(采用存储过程)
//输出:
//插入成功: 返回 True;
//插入失败: 返回 False;
public bool InsertByProc()
{    SqlParameter[ ] Params = new SqlParameter[4];
        DataBase DB = new DataBase();
        Params[0] = DB. MakeInParam("@ UserID", SqlDbType. VarChar, 50, UserID); //用户编号
        Params[1] = DB. MakeInParam("@ UserName", SqlDbType. VarChar, 50, UserName); //用户
姓名
        Params[2] = DB. MakeInParam("@ UserPwd", SqlDbType. VarChar, 50, UserPwd); //用户密码
        Params[3] = DB. MakeInParam("@ UserPower", SqlDbType. Int, 4, UserPower); //用户权限
        int Count = -1;
        Count = DB. RunProc("Proc_UsersAdd", Params);
        if (Count > 0)
                return true;
        else return false; }
//更新用户的信息
public bool UpdateByProc( string XUserID)
{    SqlParameter[ ] Params = new SqlParameter[3];
        DataBase DB = new DataBase();
        Params[0] = DB. MakeInParam("@ UserID", SqlDbType. VarChar, 50, XUserID); //用户编号

        Params[1] = DB. MakeInParam("@ UserName", SqlDbType. VarChar, 50, UserName); //用户姓名
        Params[2] = DB. MakeInParam("@ UserPower", SqlDbType. SmallInt, 2, UserPower); //用户
```

权限

```
            int Count = - 1;
            Count = DB. RunProc("Proc_UsersModify", Params);
            if ( Count > 0)
                return true;
            else return false; }
    //删除用户
    //输入:
    //        XUserID -用户编号;
    //输出:
    //删除成功:返回 True;
    //删除失败:返回 False;
    public bool DeleteByProc( string XUserID)
    {   SqlParameter[ ] Params = new SqlParameter[1];
        DataBase DB = new DataBase();
        Params[0] = DB. MakeInParam("@ UserID", SqlDbType. VarChar, 50, XUserID); //用户编号

        int Count = - 1;
        Count = DB. RunProc("Proc_UsersDelete", Params);
        if ( Count > 0)
            return true;
        else return false; }
    //查询用户
    //查询所用用户
    //不需要参数
    public DataSet QueryUsers()
    {   DataBase DB = new DataBase();
        return DB. GetDataSet("Proc_UsersList"); }
    //修改用户的密码
    //输入:
    //        XUserID -用户编号;
    //输出:
    //修改成功:返回 True;
    //修改失败:返回 False;
    public bool ModifyPassword( string XUserID)
    {   SqlParameter[ ] Params = new SqlParameter[2];
        DataBase DB = new DataBase();
        Params[0] = DB. MakeInParam("@ UserID", SqlDbType. VarChar, 50, XUserID); //用户编号
        Params[1] = DB. MakeInParam("@ UserPwd", SqlDbType. VarChar, 50, UserPwd); //用户密码
        int Count = - 1;
        Count = DB. RunProc("Proc_UsersPasswordModify", Params);
        if ( Count > 0)
            return true;
        else return false; }
    #endregion 方法 }}
```

(2) Data Access Helper 文件夹。

① Get Safe Data 类。

```
namespace TrainingWebsite. DataAccessHelper
{ ///从数据库中安全获取数据,即当数据库中的数据为 NULL 时,保证读取不发生异常。
    public class GetSafeData
    {   #region DataRow
        ///从一个 DataRow 中,安全得到列 colname 中的值:值为字符串类型
        /// < param name = "row" > 数据行对象 </param >
        /// < param name = "colname" > 列名 </param >
        /// < returns > 如果值存在,返回;否则,返回 System. String. Empty </returns >
        public static string ValidateDataRow_S( DataRow row, string colname)
        {   if ( row[colname] ! = DBNull. Value)
                return row[colname]. ToString();
```

```
                else
                    return System. String. Empty; }
        //从一个 DataRow 中，安全得到列 colname 中的值：值为整数类型
        ///  < param name = "row" > 数据行对象 </param >
        ///  < param name = "colname" > 列名 </param >
        ///  < returns > 如果值存在，返回；否则，返回 System. Int32. MinValue </returns >
        public static int ValidateDataRow_N(DataRow row, string colname)
        { if (row[colname] ! = DBNull. Value)
                    return Convert. ToInt32(row[colname]);
                else
                    return System. Int32. MinValue;     }
        //从一个 DataRow 中，安全得到列 colname 中的值：值为布尔类型
        ///  < param name = "row" > 数据行对象 </param >
        ///  < param name = "colname" > 列名 </param >
        ///  < returns > 如果值存在，返回；否则，返回 System. Int32. MinValue </returns >
        public static bool ValidateDataRow_B(DataRow row, string colname)
        { if (row[colname] ! = DBNull. Value)
                    return Convert. ToBoolean(row[colname]);
                else
                    return false;     }
        //从一个 DataRow 中，安全得到列 colname 中的值：值为浮点数类型
        ///  < param name = "row" > 数据行对象 </param >
        ///  < param name = "colname" > 列名 </param >
        ///  < returns > 如果值存在，返回；否则，返回 System. Double. MinValue </returns >
        public static double ValidateDataRow_F(DataRow row, string colname)
        { if (row[colname] ! = DBNull. Value)
                    return Convert. ToDouble(row[colname]);
                else
                    return System. Double. MinValue;     }
        //从一个 DataRow 中，安全得到列 colname 中的值：值为时间类型
        ///  < param name = "row" > 数据行对象 </param >
        ///  < param name = "colname" > 列名 </param >
        ///  < returns > 如果值存在，返回；否则，返回 System. DateTime. MinValue; </returns >
        public static DateTime ValidateDataRow_T(DataRow row, string colname)
        {   if (row[colname] ! = DBNull. Value)
                    return Convert. ToDateTime(row[colname]);
                else
                    return System. DateTime. MinValue; }
        #endregion DataRow    }}
```

② SQL String 类。

```
namespace TrainingWebsite. DataAccessHelper
{    //对传递过来的字符串进行处理的类
    public class SQLString
    {  //公有静态方法，将 SQL 字符串里面的(')转换成(")
        public static String GetSafeSqlString(String XStr)
        {   return XStr. Replace("'","''"); }
        //公有静态方法，将 SQL 字符串里面的(')转换成(")，再在字符串的两边加上(')
        public static String GetQuotedString(String XStr)
        {   return ("'" + GetSafeSqlString(XStr) + "'");}} }
```

(3) Data Access Layer 文件夹。

DataBase 类：

```
namespace TrainingWebsite. DataAccessLayer
    {   //数据库接口类
    public class DataBase
    {   //私有变量，数据库连接
        protected SqlConnection Connection;
        protected string ConnectionString;
```

```
//构造函数
public DataBase()
{ ConnectionString = ConfigurationManager. ConnectionStrings["ConnectionString"]. ConnectionString; }
//保护方法,打开数据库连接
    private void Open()
    {   //判断数据库连接是否存在
        if (Connection == null)
        {   //不存在,新建并打开
            Connection = new SqlConnection(ConnectionString);
            Connection. Open(); }
        else
        {//存在,判断是否处于关闭状态
            if (Connection. State. Equals(ConnectionState. Closed))
                Connection. Open(); //连接处于关闭状态,重新打开 }   }
    //公有方法,关闭数据库连接
    public void Close()
    {   if (Connection. State. Equals(ConnectionState. Open))
        { Connection. Close(); //连接处于打开状态,关闭连接 }   }
    // / < summary >
    //析构函数,释放非托管资源
    // / </summary >
    ~ DataBase()
    {   try
        {   if (Connection !  = null)
                Connection. Close(); }
        catch { }
        try
        {   Dispose();   }
        catch { }}
    //公有方法,释放资源
    public void Dispose()
    {   if (Connection !  = null) //确保连接被关闭
        {   Connection. Dispose();
            Connection = null; }}
    //公有方法,根据 Sql 语句,返回是否查询到记录
    public bool GetRecord(string XSqlString)
    {   Open();
        SqlDataAdapter adapter = new SqlDataAdapter(XSqlString, Connection);
DataSet dataset = new DataSet();
        adapter. Fill(dataset);
Close();
        if (dataset. Tables[0]. Rows. Count > 0)
        { return true; }
        else
        { return false; }}
    //公有方法,返回 Sql 语句获得的数据值
    //SqlString 的格式:select count( * ) from XXX where ...
    //                   select max(XXX) from YYY where ...
    public int GetRecordCount(string XSqlString)
    {   string SCount;
        Open();
        SqlCommand Cmd = new SqlCommand(XSqlString, Connection);
        SCount = Cmd. ExecuteScalar(). ToString(). Trim();
        if (SCount == "")
            SCount = "0";
        Close();
        return Convert. ToInt32(SCount); }
    //公有方法,根据 XWhere 更新数据表 XTableName 中的某些纪录
    //XTableName -- 表名
```

```
//XHT -- 哈希表, 键为字段名, 值为字段值
public DataSet AdvancedSearch(string XTableName, Hashtable XHT)
{    int Count = 0;
     string Fields = "";
     foreach (DictionaryEntry Item in XHT)
     {   if (Count ! = 0)
         {   Fields + = "and "; }
         Fields + = Item. Key. ToString();
         Fields + = "like '%'";
         Fields + = Item. Value. ToString();
         Fields + = "%'";
         Count + +; }
     Fields + = "";
     string SqlString = "select * from " + XTableName + "where " + Fields;
     Open();
     SqlDataAdapter Adapter = new SqlDataAdapter(SqlString, Connection);
     DataSet Ds = new DataSet();
     Adapter. Fill(Ds);
     Close();
     return Ds;    }
//私有方法, 获得一个用来调用存储过程的 SqlCommand
//输入:
//     ProcName - 存储过程名
//     Params    - 用来调用存储过程的参数表
private SqlCommand CreateCommand(string ProcName, SqlParameter[] Prams)
{    Open();
     SqlCommand Cmd = new SqlCommand(ProcName, Connection);
     Cmd. CommandType = CommandType. StoredProcedure;
     if (Prams ! = null)
     {   foreach (SqlParameter Parameter in Prams)
             Cmd. Parameters. Add(Parameter);    }
     return Cmd; }
//公有方法, 实例化一个用于调用存储过程的参数
//输入:
//     ParamName - 参数名称
//     DbType - 参数类型
//     Size - 参数大小
//Direction - 传递方向
//Value - 值
public SqlParameter MakeParam(string ParamName, SqlDbType DbType, Int32 Size, ParameterDirection
Direction, object Value)
     {   SqlParameter Param;
         if (Size > 0)
             Param = new SqlParameter(ParamName, DbType, Size);
         else Param = new SqlParameter(ParamName, DbType);
         Param. Direction = Direction;
         if (Value ! = null)
             Param. Value = Value;
         return Param;    }
//公有方法, 实例化一个用于调用存储过程的输入参数
//输入:
//     ParamName  - 参数名称
//     DbType -  参数类型
//     Size -  参数大小
//     Value -  值
public SqlParameter MakeInParam(string ParamName, SqlDbType DbType, int Size, object Value)
{    return MakeParam(ParamName, DbType, Size, ParameterDirection. Input, Value); }
//公有方法, 调用存储过程(不带参数)
//输入:
```

```
//ProcName 存储过程名
//输出:
//对 Update、Insert、Delete 操作返回影响到的行数,其他情况为 -1
public int RunProc(string ProcName)
{   int Count = -1;
    SqlCommand Cmd = CreateCommand(ProcName, null);
    Count = Cmd.ExecuteNonQuery();
    Close();
    return Count; }
//公有方法,调用存储过程(带参数)
//输入:
//ProcName -存储过程名
//Params     -用来调用存储过程的参数表
//输出:
//对 Update、Insert、Delete 操作返回影响到的行数,其他情况为 -1
public int RunProc(string ProcName, SqlParameter[] Params)
{   int Count = -1;
    SqlCommand Cmd = CreateCommand(ProcName, Params);
    Count = Cmd.ExecuteNonQuery();
    Close();
    return Count; }
//公有方法,调用存储过程(不带参数)
//输入:
//ProcName 存储过程名
//输出:
//将执行结果以 SqlDataReader 返回
//注意:使用后注意调用 SqlDataReader.Close()方法
public SqlDataReader RunProcGetReader(string ProcName)
{   SqlCommand Cmd = CreateCommand(ProcName, null);
    return Cmd.ExecuteReader(System.Data.CommandBehavior.CloseConnection); }
//公有方法,调用存储过程(带参数)
//输入:
//ProcName - 存储过程名
// Params - 存储过程需要的参数
//输出:
//将执行结果以 SqlDataReader 返回
//注意:使用后主意调用 SqlDataReader.Close()方法
public SqlDataReader RunProcGetReader(string ProcName, SqlParameter[] Params)
{   SqlCommand Cmd = CreateCommand(ProcName, Params);
    return Cmd.ExecuteReader(System.Data.CommandBehavior.CloseConnection); }
//公有方法,调用存储过程(带参数)
//输入:
//ProcName -存储过程名
// Params - 存储过程需要的参数
//输出:
//将执行结果以 SqlDataReader 返回
//注意:使用后注意调用 SqlDataReader.Close()方法
public int RunProcGetCount(string ProcName, SqlParameter[] Params)
{   SqlCommand Cmd = CreateCommand(ProcName, Params);
    string SCount;
    SCount = Cmd.ExecuteScalar().ToString().Trim();
    if (SCount == "")
        SCount = "0";
    Close();
    return Convert.ToInt32(SCount); }
//公有方法,调用存储过程(不带参数)
//输入:
//ProcName 存储过程名
//输出:
```

```
//将执行结果以 DataSet 返回
public DataSet GetDataSet(string ProcName)
{    Open();
     SqlDataAdapter adapter = new SqlDataAdapter(ProcName, Connection);
     DataSet dataset = new DataSet();
     adapter. Fill(dataset);
     Close();
     return dataset; }
//公有方法,调用存储过程(不带参数)
//输入:
//ProcName 存储过程名
//输出:
//将执行结果以 DataSet 返回
public DataSet GetDataSet(string ProcName, SqlParameter[] Params)
{    //Open();
     SqlCommand Cmd = CreateCommand(ProcName, Params);
     SqlDataAdapter adapter = new SqlDataAdapter(Cmd);
     DataSet dataset = new DataSet();
     adapter. Fill(dataset);
     Close();
     return dataset; }
//公有方法,根据 Sql 语句,返回一个结果数据集
public DataSet GetDataSetSql(string XSqlString)
{    Open();
     SqlDataAdapter Adapter = new SqlDataAdapter(XSqlString, Connection);
     DataSet Ds = new DataSet();
     Adapter. Fill(Ds);
     Close();
     return Ds; }
//公有方法,根据 Sql 语句,插入记录
public int Insert(string XSqlString)
{    int Count = -1;
     Open();
     SqlCommand cmd = new SqlCommand(XSqlString, Connection);
     Count = cmd. ExecuteNonQuery();
     Close();
     return Count; }
//公有方法,根据 Sql 语句,插入记录并返回生成的 ID 号
public int GetIDInsert(string XSqlString)
{    int Count = -1;
     Open();
     SqlCommand cmd = new SqlCommand(XSqlString, Connection);
     Count = int. Parse(cmd. ExecuteScalar(). ToString(). Trim());
     Close();
     return Count;      }    }    }
```

2. 注册代码

```
protected void imgBtnSave_Click(object sender, ImageClickEventArgs e)
{   if (Page. IsValid)
    {   Users user = new Users();          //创建 Users 对象
        user. UserID = txtUserID. Text;
        user. UserName = txtUserName. Text;
        user. UserPwd = txtUserPwd. Text;
        if (user. InsertByProc())
        {   lblMessage. Text = "注册成功!";
            Response. Write ("< script > alert ('注册成功!'); location = ' .. /train/Login. aspx' </
script >"); }
        else
        { lblMessage. Text = "添加用户失败!"; } } }
```

3. 登录代码
// 登录按钮事件

```
protected void imgBtnLogin_Click( object sender，ImageClickEventArgs e)
{   Users user = new Users( );                        // 创建 Users 对象 user
    if ( user. CheckPassword( txtUserID. Text. Trim( ) ) )// 根据用户编号查询用户密码
    {   if ( user. UserPwd == txtPwd. Text. Trim( ) )// 输入密码与用户密码相同
        {   Session[ "userID" ] = txtUserID. Text. Trim( ); // 存储用户编号
            Session[ "PaperID" ] = ddlPaper. SelectedValue;
            Session[ "PaperName" ] = ddlPaper. SelectedItem. Text;
            Response. Redirect( "UserTest. aspx" ); // 转向考试界面 }
        else // 密码错误，给出提示
        {   lblMessage. Text = "您输入的密码错误！";    }
    else // 用户不存在,给出提示
    { lblMessage. Text = "该用户不存在！";    }}
```

4. 在线答题代码
// 初始化试卷，从数据库中将试题取出

```
protected void InitData( )
{   // Response. Write( Session[ "PaperID" ]. ToString( ) );
    // Response. End( );
    SqlParameter[ ] Params1 = new SqlParameter[2];
    DataBase DB = new DataBase( );
    int paperID = int. Parse( Session[ "PaperID" ]. ToString( ) );
    Params1[0] = DB. MakeInParam( "@ PaperID", SqlDbType. Int, 4, paperID); // 试卷编号
    Params1[1] = DB. MakeInParam( "@ Type", SqlDbType. VarChar, 10, "单选题"); // 题目类型
    DataSet ds1 = DB. GetDataSet( "Proc_PaperDetail", Params1);
    GridView1. DataSource = ds1;
    GridView1. DataBind( );
    ( ( Label)GridView1. HeaderRow. FindControl( "Label27" )). Text
    ( ( Label)GridView1. Rows[0]. FindControl( "Label4" )). Text;
    SqlParameter[ ] Params2 = new SqlParameter[2];
    Params2[0] = DB. MakeInParam( "@ PaperID", SqlDbType. Int, 4, paperID); // 试卷编号
    Params2[1] = DB. MakeInParam( "@ Type", SqlDbType. VarChar, 10, "多选题"); // 题目类型
    DataSet ds2 = DB. GetDataSet( "Proc_PaperDetail", Params2);
    GridView2. DataSource = ds2;
    GridView2. DataBind( );
    ( ( Label)GridView2. HeaderRow. FindControl( "Label28" )). Text =
    ( Label)GridView2. Rows[0]. FindControl( "Label8" )). Text;
    SqlParameter[ ] Params3 = new SqlParameter[2];
    Params3[0] = DB. MakeInParam( "@ PaperID", SqlDbType. Int, 4, paperID); // 试卷编号
    Params3[1] = DB. MakeInParam( "@ Type", SqlDbType. VarChar, 10, "判断题"); // 题目类型
    DataSet ds3 = DB. GetDataSet( "Proc_PaperDetail", Params3);
    GridView3. DataSource = ds3;
    GridView3. DataBind( );
     ( ( Label ) GridView3. HeaderRow. FindControl ( "Label29" ) ). Text = ( ( Label ) GridView3. Rows [ 0 ]
. FindControl( "Label12" ) ). Text;
    SqlParameter[ ] Params4 = new SqlParameter[2];
    Params4[0] = DB. MakeInParam( "@ PaperID", SqlDbType. Int, 4, paperID); // 试卷编号
    Params4[1] = DB. MakeInParam( "@ Type", SqlDbType. VarChar, 10, "填空题"); // 题目类型
    DataSet ds4 = DB. GetDataSet( "Proc_PaperDetail", Params4);
    GridView4. DataSource = ds4;
    GridView4. DataBind( );
    ( ( Label)GridView4. HeaderRow. FindControl( "Label30" )). Text =
    ( ( Label)GridView4. Rows[0]. FindControl( "Label17" )). Text; }
    // 提交试卷，生成成绩
protected void imgBtnSubmit_Click( object sender, ImageClickEventArgs e)
{   int score = 0;
    int singlemark = int. Parse( ( ( Label)GridView1. Rows[0]. FindControl( "Label4" )). Text); // 取出单选
```

题的每题分值
```
        foreach（GridViewRow dr in GridView1. Rows）//对单选题每题进行判断用户选择答案
        {    string str = "";
            if（（（RadioButton）dr. FindControl（"RadioButton1"））. Checked）
            { str = "A"; }
            else if（（（RadioButton）dr. FindControl（"RadioButton2"））. Checked）
            { str = "B"; }
            else if（（（RadioButton）dr. FindControl（"RadioButton3"））. Checked）
            { str = "C"; }
            else if（（（RadioButton）dr. FindControl（"RadioButton4"））. Checked）
            { str = "D"; }
            if（（（Label）dr. FindControl（"Label3"））. Text. Trim() == str）//将用户选择结果和答案进行
比较
            { score = score + singlemark; } }
        int multimark = int. Parse（（（Label）GridView2. Rows[0]. FindControl（"Label8"））. Text）; //取出多选
题每题分值
        foreach（GridViewRow dr in GridView2. Rows）//对多选题每题进行判断用户选择答案
        {    string str = "";
            if（（（CheckBox）dr. FindControl（"CheckBox1"））. Checked）
            { str += "A"; }
            if（（（CheckBox）dr. FindControl（"CheckBox2"））. Checked）
            { str += "B"; }
            if（（（CheckBox）dr. FindControl（"CheckBox3"））. Checked）
            { str += "C"; }
            if（（（CheckBox）dr. FindControl（"CheckBox4"））. Checked）
            { str += "D"; }
            if（（（Label）dr. FindControl（"Label7"））. Text. Trim() == str）//将用户选择结果和答案进行
比较
            { score = score + multimark; } }
        int judgemark = int. Parse（（（Label）GridView3. Rows[0]. FindControl（"Label12"））. Text）; //取出判
断题每题分值
        foreach（GridViewRow dr in GridView3. Rows）//对判断题每题进行判断用户选择答案
        {    bool j = false;
            if（（（CheckBox）dr. FindControl（"CheckBox5"））. Checked）
            { j = true; }
            if（j == bool. Parse（（（Label）dr. FindControl（"Label11"））. Text. Trim()））
            { score = score + judgemark; } }
        int fillmark = int. Parse（（（Label）GridView4. Rows[0]. FindControl（"Label17"））. Text）; //取出填空
题每题分值
        foreach（GridViewRow dr in GridView4. Rows）
        {    string str = "";
            str = （（TextBox）dr. FindControl（"TextBox1"））. Text. Trim();
            if（str == （（Label）dr. FindControl（"Label16"））. Text. Trim()）
            { score = score + fillmark; } }
        Scores insertScore = new Scores();    //创建 Scores 类对象
        insertScore. UserID = Session["userID"]. ToString(); //设置 Scores 对象的属性
        insertScore. PaperID = int. Parse（Session["PaperID"]. ToString()）;
        insertScore. Score = score;
        if（insertScore. InsertByProc()）//调用 InsertByProc 方法向数据库中插入成绩
        {    if（score >= 80）//根据成绩给出相应提示
            { Response. Write（"< script language = javascript > alert（'你太棒了! 您的成绩为: " + score + "
分! '） </script >"）; }
            else if（score >= 60）
            { Response. Write（"< script language = javascript > alert（'合格! 您的成绩为: " + score + "
分!'） </script >"）; }
            else
            { Response. Write（"< script language = javascript > alert（'需要努力了! 您的成绩为: " + score
+ "分! '） </script >"）;    }
            Panel1. Visible = true; }    }
```

5. 查看答案代码

```
//初始化试卷,从数据库中将试题取出
    protected void InitData()
    {    SqlParameter[] Params1 = new SqlParameter[2];
         DataBase DB = new DataBase();
         int paperID = int. Parse(Session["PaperID"]. ToString());
         Params1[0] = DB. MakeInParam("@ PaperID", SqlDbType. Int, 4, paperID); //试卷编号
         Params1[1] = DB. MakeInParam("@ Type", SqlDbType. VarChar, 10, "单选题"); //题目类型
         DataSet ds1 = DB. GetDataSet("Proc_PaperDetail", Params1);
         GridView1. DataSource = ds1;
         GridView1. DataBind();
         ((Label)GridView1. HeaderRow. FindControl("Label27")). Text = ((Label)GridView1. Rows[0]
. FindControl("Label4"). Text;
         SqlParameter[] Params2 = new SqlParameter[2];
         Params2[0] = DB. MakeInParam("@ PaperID", SqlDbType. Int, 4, paperID); //试卷编号
         Params2[1] = DB. MakeInParam("@ Type", SqlDbType. VarChar, 10, "多选题"); //题目类型
         DataSet ds2 = DB. GetDataSet("Proc_PaperDetail", Params2);
         GridView2. DataSource = ds2;
         GridView2. DataBind();
         ((Label)GridView2. HeaderRow. FindControl("Label28")). Text
         ((Label)GridView2. Rows[0]. FindControl("Label8")). Text;
         SqlParameter[] Params3 = new SqlParameter[2];
         Params3[0] = DB. MakeInParam("@ PaperID", SqlDbType. Int, 4, paperID); //试卷编号
         Params3[1] = DB. MakeInParam("@ Type", SqlDbType. VarChar, 10, "判断题"); //题目类型

         DataSet ds3 = DB. GetDataSet("Proc_PaperDetail", Params3);
         GridView3. DataSource = ds3;
         GridView3. DataBind();
         ((Label)GridView3. HeaderRow. FindControl("Label29")). Text =
         ((Label)GridView3. Rows[0]. FindControl("Label12")). Text;
         SqlParameter[] Params4 = new SqlParameter[2];
         Params4[0] = DB. MakeInParam("@ PaperID", SqlDbType. Int, 4, paperID); //试卷编号
         Params4[1] = DB. MakeInParam("@ Type", SqlDbType. VarChar, 10, "填空题"); //题目类型
         DataSet ds4 = DB. GetDataSet("Proc_PaperDetail", Params4);
         GridView4. DataSource = ds4;
         GridView4. DataBind();
         ((Label)GridView4. HeaderRow. FindControl("Label30")). Text =
         ((Label)GridView4. Rows[0]. FindControl("Label17")). Text; }
```

6. 在后台生成试卷代码

```
//根据设置自动生成试卷
    protected void imgBtnConfirm_Click(object sender, ImageClickEventArgs e)
    {    Panel1. Visible = true;
         DataBase db = new DataBase(); //创建 DataBase 类对象
         string GridView1Str = "select top " + int. Parse(txtSingleNum. Text. Trim()) + " * from SingleProblem
order by newid()"; //根据参数设置查询单选题 Sql 语句
         DataSet ds1 = db. GetDataSetSql(GridView1Str); //调用 DataBase 类方法 GetDataSetSql 方法查询
数据
         GridView1. DataSource = ds1. Tables[0]. DefaultView; //为单选题 GridView 控件指名数据源
         GridView1. DataBind(); //绑定数据
         string GridView2Str = "select top " + int. Parse(txtMultiNum. Text. Trim()) + " * from MultiProblem
order by newid()"; //根据参数设置查询多选题 Sql 语句
         DataSet ds2 = db. GetDataSetSql(GridView2Str); //调用 DataBase 类方法 GetDataSetSql 方法查询
数据
         GridView2. DataSource = ds2. Tables[0]. DefaultView; //为多选题 GridView 控件指名数据源
         GridView2. DataBind(); //绑定数据
         string GridView3Str = "select top " + int. Parse(txtJudgeNum. Text. Trim()) + " * from JudgeProblem
order by newid()"; //根据参数设置查询判断题 Sql 语句
         DataSet ds3 = db. GetDataSetSql(GridView3Str); //调用 DataBase 类方法 GetDataSetSql 方法查询
```

数据

```
        GridView3. DataSource = ds3. Tables[0]. DefaultView; //为判断题 GridView 控件指名数据源
        GridView3. DataBind(); //绑定数据
        string GridView4Str = "select top " + int. Parse(txtFillNum. Text. Trim()) + " * from FillBlankProblem
order by newid()"; //根据参数设置查询填空题 Sql 语句
        DataSet ds4 = db. GetDataSetSql(GridView4Str); //调用 DataBase 类方法 GetDataSetSql 方法查询
数据
        GridView4. DataSource = ds4. Tables[0]. DefaultView; //为填空题 GridView 控件指名数据源
        GridView4. DataBind(); //绑定数据 }
```

7. 将试卷保存到数据库的代码
```
//将生成试卷保存到数据库
    protected void imgBtnSave_Click(object sender, ImageClickEventArgs e)
    {   DataBase db = new DataBase();
        string insertpaper = "insert into Paper(CourseID, PaperName, PaperState) values(" + int. Parse(ddl-
Course. SelectedValue) + ",'" + txtPaperName. Text +"',1)";
        int afterID = db. GetIDInsert(insertpaper); //保存试卷,并返回自动生成的试卷编号
        if (afterID > 0)
        { foreach (GridViewRow dr in GridView1. Rows) //保存试卷单选题信息
            { string single = "insert into PaperDetail(PaperID, Type, TitleID, Mark) values(" + afterID + ",
'单选题'," + int. Parse(((Label) dr. FindControl("Label3")). Text) + "," + int. Parse(txtSingleFen. Text)
+ ")";
                db. Insert(single); }
            foreach (GridViewRow dr in GridView2. Rows) //保存试卷多选题信息
            { string multi = "insert into PaperDetail(PaperID, Type, TitleID, Mark) values(" + afterID + ",
'多选题'," + int. Parse(((Label) dr. FindControl("Label6")). Text) + "," + int. Parse(txtMultiFen. Text)
+ ")";
                db. Insert(multi); }
            foreach (GridViewRow dr in GridView3. Rows) //保存试卷判断题信息
            { string judge = "insert into PaperDetail(PaperID, Type, TitleID, Mark) values(" + afterID + ",
'判断题'," + int. Parse(((Label) dr. FindControl("Label7")). Text) + "," + int. Parse(txtJudgeFen. Text)
+ ")";
                db. Insert(judge); }
            foreach (GridViewRow dr in GridView4. Rows) //保存试卷填空题信息
            { string fill = "insert into PaperDetail(PaperID, Type, TitleID, Mark) values(" + afterID + ",'填
空题'," + int. Parse(((Label) dr. FindControl("Label8")). Text) + "," + int. Parse(txtFillFen. Text) + ")";
                db. Insert(fill); }} }
```

（二）视频点播中心模块核心代码
1. 构造类
视频点播中心涉及视频的上传操作和数据库的频繁操作,为了简化代码、方便引用,构造了类 oper-
ate Data 和 operate Method。
（1）类 operate Data（主要功能是数据库连接和读取操作部分）。
```
public class operateData
{   public operateData()
    {   // TODO:在此处添加构造函数逻辑 }
//创建数据库连接
/// <returns > 返回 SqlConnection 对象 </returns >
    public static SqlConnection createCon()
    {   //创建数据库连接
        SqlConnection ConnectionString = new SqlConnection(ConfigurationManager. ConnectionStrings["Connec-
tionString"]. ConnectionString);
        return ConnectionString; }
    //返回一行数据
    /// < param name = "sql" > SQL 语句用来查询一行数据 </param >
    /// < returns > 返回 SqlDataReader 对象 </returns >
    public static SqlDataReader getRow(string sql)
    {   SqlConnection ConnectionString = createCon();
        ConnectionString. Open();
```

```
            SqlCommand com = new SqlCommand(sql, ConnectionString);
            SqlDataReader sdr = com. ExecuteReader();
            return sdr; }
///执行添加、删除和更新数据操作
/// < param name ="sql" > SQL 语句添加数据、删除数据和更新数据 </param >
/// < returns > 返回一个布尔值,表示操作是否成功! </returns >
public static bool execSql(string sql)
{   SqlConnection ConnectionString = createCon();
    ConnectionString. Open();
    SqlCommand com = new SqlCommand(sql, ConnectionString);
    int Ex = com. ExecuteNonQuery();
    ConnectionString. Close();
    if ( Ex > 0)
    { return true; }
    else
    { return false; }}
///返回多行数据
/// < param name ="sql" > SQL 语句查询出多行语句 </param >
/// < returns > 返回多行数据 </returns >
public static DataTable getRows(string sql)
{   DataSet ds;
    SqlConnection ConnectionString = createCon();
    ConnectionString. Open();
    SqlDataAdapter sda = new SqlDataAdapter(sql, ConnectionString);
    ds = new DataSet();
    sda. Fill(ds);
    ConnectionString. Close();
    return ds. Tables[0]; }
///查询数据是否在表中存在
/// < param name ="sql" > SQL 语句查询一行数据 </param >
/// < returns > 返回 int 类型大于 1 表示存在 </returns >
public static int getCount(string sql)
{   SqlConnection ConnectionString = createCon();
    ConnectionString. Open();
    SqlCommand com = new SqlCommand(sql, ConnectionString);
    int Ex = Convert. ToInt32(com. ExecuteScalar());
    ConnectionString. Close();
    return Ex; }
///返回某一个列的值
/// < param name ="sql" > SQL 语句用来查询某一列的值 </param >
/// < returns > 返回列值,该值为字符串类型 </returns >
public static string getTier(string sql)
{   SqlConnection ConnectionString = createCon();
    ConnectionString. Open();
    SqlCommand com = new SqlCommand(sql, ConnectionString);
    SqlDataReader sdr = com. ExecuteReader();
    sdr. Read();
    string tier = sdr[0]. ToString();
    ConnectionString. Close();
    return tier; }
///该方法用来实现登录查询
/// < param name ="sql" > 需要执行的 SQL 语句 </param >
/// < param name ="name" > 登录名 </param >
/// < param name ="pass" > 密码 </param >
/// < returns > 返回一个布尔值,true 表示登录成功 false 表示失败 </returns >
public static bool login(string sql, string name, string pass)
{   SqlConnection ConnectionString = createCon();
    ConnectionString. Open();
    SqlCommand com = new SqlCommand(sql, ConnectionString);
```

```
com. Parameters. Add( new SqlParameter("@ name", SqlDbType. VarChar, 20));
com. Parameters["@ name"]. Value = name;
com. Parameters. Add( new SqlParameter("@ pass", SqlDbType. VarChar, 20));
com. Parameters["@ pass"]. Value = pass;
int Ex = Convert. ToInt32( com. ExecuteScalar( ) );
ConnectionString. Close( );
if ( Ex > 0)
{ return true; }
else
{ return false; } } }
```

(2) 类 operateMethod(主要功能是视频操作部分)。

```
public class operateMethod
{      public operateMethod( )
    { // TODO:在此处添加构造函数逻辑 }
    // 获取转换工具路径
    public static string ffmpegtool = ConfigurationManager. AppSettings["ffmpeg"];
    // 获取视频的文件夹名
    public static string upFile = "play/upfile/";
    // 获取图片文件的文件夹名
    public static string imgFile = "play/imgFile/";
    // 获取转换后文件的文件夹名
    public static string playFile = "play/playFile/";
    // 文件图片大小
    public static string sizeOfImg = ConfigurationManager. AppSettings["imgSize"];
    // 文件大小
    public static string widthOfFile = ConfigurationManager. AppSettings["widthSize"];
    public static string heightOfFile = ConfigurationManager. AppSettings["heightSize"];
    // 将视频文件转换成 flv 格式,并保存到 playFile 文件夹下
    // < param name = "fileName" > 需要转换视频的路径 </param >
    // < param name = "playFile" > 视频转换 flv 格式后保存的路径 </param >
    // < param name = "imgFile" > 在视频文件中抓取图片后保存路径 </param >
    // < returns > 成功:返回图片虚拟地址;     失败:返回空字符串 </returns >
    public static bool changeVideoType( string fileName, string playFile, string imgFile)
    {    // 获取视频转换工具的路径
        string ffmpeg = System. Web. HttpContext. Current. Server. MapPath("../") + ffmpegtool;
        // 获取需要转换的视频路径
        string Name = System. Web. HttpContext. Current. Server. MapPath("../") + upFile + "/" + fileName;
        if ( ( ! System. IO. File. Exists( ffmpeg) ) || ( ! System. IO. File. Exists( Name) ) )
        {    return false; }
        // 获取视频转换后需要保存的路径
        string flv_file = playFile;
        // 创建 Process 对象
        Process pss = new Process( );
        // 不显示窗口
        pss. StartInfo. CreateNoWindow = false;
        // 设置启动程序的路径
        pss. StartInfo. FileName = ffmpeg;
        // 设置执行的参数
        pss. StartInfo. Arguments = " - i " + Name + " - ab 128 - ar 22050 - qscale 6 - r 29. 97 - s " +
widthOfFile + "x" + heightOfFile + "" + flv_file;
        try
        {    // 启动转换工具
            pss. Start( );
            while ( ! pss. HasExited)
            {    continue;    }
            // 截取视频的图片
            catchImg( Name, imgFile);
            System. Threading. Thread. Sleep(4000);
```

```
            if ( ! File. Exists( imgFile) )
            { File. Copy( System. Web. HttpContext. Current. Server. MapPath( ". . /")  +  "play\\\\imgHead\\\
\default. gif", imgFile) ; }
            return true;    }
        catch
        {   return false;    }}
    // 显示视频
    public static string GetFlashText( string url)
    {   url = "player. swf? fileName = " + url;
        string str = " < object classid = ′clsid: d27cdb6e − ae6d − 11cf − 96b8 − 444553540000′ width = ′452′
height = ′360′   id = ′index′ name = ′index′ > < param name = ′allowScriptAccess′ value = ′always′/ > < param
name = ′movie′ value = ′′′ +
            url  + "′ > < embed src = ′′′ +
            url  + "′ id = ′index1′ name = ′index1′ type = ′application/x − shockwave − flash′ swLiveConnect = true
allowScriptAccess = ′always′ width = ′452′ height = ′360′ > </ embed > </ object >";
        return str; }
    // 截取字符串
    public static string interceptStr( string str, int len)
    {   if ( str. Length  > len)
        { str = str. Substring( 0, len)  + ". . . ";    }
        return str; }
    // / 过滤 HTML 字符
    // / < param name = "str" > 传入需要过滤的字符串 </ param >
    // / < returns > 返回过滤后的字符串 </ returns >
    public static string filtrateHtml( string str)
    {   str = str. Trim( ) ;
        str = str. Replace( "′′", "&quot; ");
        str = str. Replace( " < ", "&lt; ");
        str = str. Replace( " > ", "&gt; ");
        str = str. Replace( "′′", "  ");
        str = str. Replace( "\\n", " < br >");
        return str; }
    // / 回复 HTML 字符
    // / < param name = "str" > 传入需要回复的字符串 </ param >
    // / < returns > 返回回复后的字符串 </ returns >
    public static string resumeHtml( string str)
    {   str = str. Trim( ) ;
        str = str. Replace( "&quot; ", "′′");
        str = str. Replace( "&lt; ", " < ");
        str = str. Replace( "&gt; ", " > ");
        str = str. Replace( "  ", "′′");
        str = str. Replace( " < br >", "\\n");
        return str; }
    // / 对视频进行图片截取
    // / < param name = "fileName" > 需要截取图片的视频路径 </ param >
    // / < param name = "imgFile" > 截取图片后保存的图片路径 </ param >
    public static void catchImg( string fileName, string imgFile)
    {   // 获取截图工具路径
        string ffmpeg = System. Web. HttpContext. Current. Server. MapPath( ". . /")  + ffmpegtool;
        // 获取截图后保存的路径
        string flv_img = imgFile;
        // 获取截取图片的大小
        string FlvImgSize = sizeOfImg;
        Process pss = new Process( ) ;
        // 设置启动程序的路径
        pss. StartInfo. FileName = ffmpeg;
        pss. StartInfo. Arguments = " − i" + fileName + " − y − fimage2 − ss2 − vframes1 − s" + FlvImgSize + "′′" + flv
_img;
        // 启动进程
```

```
pss. Start();    |    }
```

2. 工具 ffmpeg. exe 和视频播放器 player. swf 的使用

ffmpeg 是一个源于 Linux 的工具软件，是 flv 视频转换器，可以轻易地实现 FLV 向其他格式 avi、asf、mpeg 的转换或者将其他格式转换为 flv。player. swf 是利用 Flash 制作的一个简易视频播放器，能实现动态加载视频及实时控制播放。这两个工具的使用使得视频点播中心模块视频的上传和播放有载体，得以顺利进行。

ffmpeg. exe 的使用需要在 Web. config 文件中增加如下代码：

在 < configuration > 节点下：

```
< appSettings >
<! -- 工具文件夹 -- >
< add key = "ffmpeg"value = ". . /play/tool/ffmpeg. exe"/ >
<! -- 图片大小 -- >
< add key = "imgSize"value = "240x180"/ >
< add key = "widthSize"value = "480"/ >
< add key = "heightSize"value = "360"/ >
</appSettings >
```

3. 自定义用户控件

对于一些在个页面中需要重复使用的功能,使用自定义控件来进行设计,在各页面引用,优化代码。视频点播中心模块涉及的自定义用户控件主要有 4 个,均位于 WebUser 文件夹下。

(1)搜索按钮代码如下。

```
protected void btnSearch_Click(object sender, EventArgs e)
{   if (txtKeys. Text. Trim() ! = "")
    {   Session["searchKeys"] = txtKeys. Text;
        Response. Redirect("~/play/searchList. aspx");}
    else
    {   Page. RegisterStartupScript("", "< script > alert('关键词不可以为空') </script >");   }}
// searchList. aspx 的关键代码
protected void bindDataList()
{   int noncePage = Convert. ToInt32(labPage. Text);
    PagedDataSource ps = new PagedDataSource();
    string sqlSel = "select * from videoInfo link where videoTitle like '%" + Session["searchKeys"]
+ "%'";
        ps. DataSource = operateData. getRows(sqlSel). DefaultView;
        ps. AllowPaging = true;
        ps. PageSize = 8;
        ps. CurrentPageIndex = noncePage - 1;
        this. lnkbtnFront. Enabled = true;
        this. lnkbtnNext. Enabled = true;
        this. lnkbtnLast. Enabled = true;
        this. lnkbtnFirst. Enabled = true;
        if (noncePage == 1)
    {   this. lnkbtnFirst. Enabled = false; //不显示第一页按钮
        this. lnkbtnFront. Enabled = false; //不显示上一页按钮
    } if (noncePage == ps. PageCount)
    {   this. lnkbtnNext. Enabled = false; //不显示下一页
        this. lnkbtnLast. Enabled = false; //不显示最后一页 }
        labBackPage. Text = Convert. ToString(ps. PageCount);
        DataList1. DataSource = ps;
        DataList1. DataBind();   }
```

(2) Top 控件代码。

```
< % @ Control Language = "C#"AutoEventWireup = "true"CodeFile = "Top. ascx. cs"Inherits = "WebUserControl"%
> < % @ Register Src = "Search. ascx"TagName = "Search"TagPrefix = "uc1"% >
< link href = "css/css. css"rel = "stylesheet"type = "text/css"/ >
< style type = "text/css" >
    #stop_top{ margin:0px; padding:0px; }
    #stop_top ul{ list - style:none;
```

```
            padding:0px; margin:0px; }
    #stop_top li{ float:left;
        text-algn:center;
        width:100px;
        cursor: hand;
        background-color:transparent ; }
    /*隐藏div*/
    #stop_div2{ display:none; }
    /*设置选择项*/
    #stop_div1,#stop_div2{ margin:0px; padding:0px; }
    #stop_div1 ul,#stop_div2 ul{ list-style:none;
        padding:0px; margin:0px; }
    #stop_div1 li,#stop_div2 li{ float:left;
        text-algn:center;
        width:100px;
        cursor: hand; }
</style>
<script>
    function so()
    { document.getElementById('stop_div1').style.display = 'block';
      document.getElementById('stop_div2').style.display = 'none'; }
      function shi()
    { document.getElementById('stop_div1').style.display = 'none';
      document.getElementById('stop_div2').style.display = 'block'; }
    function z()
    { document.getElementById('stop_div1').style.display = 'none';
      document.getElementById('stop_div2').style.display = 'none'; }
</script>
<div>
<table      height="61"align="center"cellpadding="0"cellspacing="0"style="width:700px;">
        <tr style="width:60px; background-color:#3366FF; background-image:url('../images/sy_03.jpg');">
            <td style="width:37px; background-image:url('../images/sy_03.jpg');"> </td>
            <td style="width:502px">
            <div   id="stop_top">
    <ul>
            <li class="cubai"   onmousemove="so()"> <span style="color:White; font-size:16px; font-weight:bold;">&gt;</span> <a href="../play/index.aspx">首页</a></li>
            <li class="cubai"onmousemove="shi()"> <span style="color:White; font-size:16px; font-weight:bold;">&gt;</span> <a href="#">视频</a></li>
                <li class="cubai"> <span style="color:White; font-size:16px; font-weight:bold;">&gt;</span> <a href="../play/user/userIndex.aspx">个人管理</a></li>
    </ul>
    </div>
            </td>
        </tr>
        <tr>
            <td style="width:37px"> </td>
            <td style="width:502px">
            <div id="stop_div1"align="left">
    <ul>
            <li class="shenhong"id="LI1"> <img src="../images/sanjiao.gif"width="9"height="11"/> <a href="../play/videoNew.aspx">最新视频</a></li>
            <li class="shenhong"> <img src="../images/sanjiao.gif"width="9"height="11"/> <a href="../play/videoPlaySum.aspx">人气视频</a></li>
    </ul>
    </div>
<div id="stop_div2"align="left">
    <ul>
```

```
        < li class = "shenhong" > < img src = ".. /images/sanjiao. gif"width = "9"height = "11"/ > < a href = ".. /
play/videoS. aspx" > 师范教学技能 < /a > < /li >
        < li class = "shenhong" > < img src = ".. /images/sanjiao. gif"width = "9"height = "11"/ > < a href = ".. /
play/videoJ. aspx" > 专业工种技能 < /a > < /li >
        < li class = "shenhong" > < img src = ".. /images/sanjiao. gif"width = "9"height = "11"/ > < a href = ".. /
play/videoZ. aspx" > 职业道德规范 < /a > < /li >
      < /ul >
    < /div >
      < /tr >
    < /table >
    < /div >
```

（3）Web User Control Loop AD 控件代码。

```
< SCRIPT type = text/javascript >
      < ! --
      var focus_width = 294
      var focus_height = 297
      var text_height = 0
      var swf_height = focus_height + text_height
      var pics = ' < % = str % > '
      var links = ' < % = loopId % > '
      var texts = "
      var banner = ' < param name = "allowScriptAccess"value = "sameDomain" > < param name = "movie"value = "
tool/banner. swf" > < param name = "quality"value = "high" > < param name = "bgcolor"value = "#DADADA" > '
      document. write( ' < object classid = "clsid:d27cdb6e - ae6d - 11cf - 96b8 - 444553540000"codebase = "http:
// fpdownload. macromedia. com/pub/shockwave/cabs/flash/swflash. cab#version = 6,0,0,0"width = "' + focus_
width + '"height = "' + swf_height + '" > ');
      document. write( banner);
      document. write( ' < param name = "menu"value = "false" > < param name = wmode value = "opaque" > ');
      document. write( ' < param name = "FlashVars"value = "pics = ' + pics + '&links = ' + links + '&texts = ' + texts
+ '&borderwidth = ' + focus_width + '&borderheight = ' + focus_height + '&textheight = ' + text_height + '" > ');
      document. write( ' < /object > ');
      // -- >
    < /SCRIPT >
    public partial class WebUserControlLoopAD ：System. Web. UI. UserControl
    {     public string loopId;
    public string str;
    protected void Page_Load( object sender，EventArgs e)
    {     string rd = DateTime. Now. Ticks. ToString( );
          str = "img/1. jpg? rd = " + rd + " |img/2. jpg? rd = " + rd + " |img/3. jpg? rd = " + rd + " |img/
4. jpg? rd = " + rd + "";
          string path = Server. MapPath( ". /")  + "tool/LoopId. txt";
          loopId = File. ReadAllText( path);
          loopId = loopId. Replace( ',',' | ');}}
```

（4）Web User Control User Login 控件代码。

```
protected void Page_Load( object sender，EventArgs e)
    {     string rd = DateTime. Now. Ticks. ToString( );
          str = "img/1. jpg? rd = " + rd + " |img/2. jpg? rd = " + rd + " |img/3. jpg? rd = " + rd + " |img/
4. jpg? rd = " + rd + "";
          string path = Server. MapPath( ". /")  + "tool/LoopId. txt";
          loopId = File. ReadAllText( path);
          loopId = loopId. Replace( ',', ' | ');
    }
```

U